Summa de Legibus

NORMANNIE

in Curia Laicali

ou

Coutumier Latin

de Normandie

INTRODUCTION

RENNES

Imprimerie Fr. Simon, successeur de A. Le Roy

Imprimeur breveté

M DCCC XCVI

INTRODUCTION

OBSERVATIONS PRÉLIMINAIRES.

L'ancien coutumier ou Grand Coutumier de Normandie est le principal monument du droit normand. Il occupe en même temps une place à part dans l'ensemble des sources du droit français et des juges compétents, MM. Warnkœnig[1] et H. Brunner[2], sont allés jusqu'à le considérer comme un des ouvrages juridiques les plus remarquables du moyen âge. Cette manière de voir est peut-être moins exagérée qu'elle ne le paraît au premier abord. Le coutumier normand est en effet une œuvre de doctrine plus encore qu'un livre de pratique. L'auteur ne s'est pas contenté d'exposer les coutumes de son pays ; il a essayé de les codifier et de mettre en relief les principes de chaque matière. Il y a réussi en soumettant son exposition à une logique rigoureuse. La précision

---

[1] Warnkœnig, *Franz. Staats- und Rechtsgeschichte,* t. II, p. 45.
Dans une lettre adressée au Congrès scientifique tenu à Caen en 1834, L. A. Warnkœnig, professeur de droit à l'Université de Gand, s'exprimait ainsi : « L'ancienne coutume de Normandie est un des monuments législatifs les plus remarquables du droit germanique du moyen âge, et important, non seulement pour l'histoire du droit français, mais encore pour le Nord, et surtout pour l'histoire du droit anglais. » Cette lettre est reproduite en tête de la dissertation de Daviel, *Recherches sur l'origine de la Coutume de Normandie,* p. 4.
[2] « Das hauptsächliche Depositorium des normannischen Rechtes ist ein meisterhaft geschriebenes Rechtsbuch... » Brunner, *Die Entstehung der Schwurgerichte,* p. 137.

de la méthode, les procédés savants employés dans la composition assurent à son œuvre une supériorité incontestable et lui donnent un caractère scientifique, qui la distingue des traités rédigés en France à cette époque et la rapproche plutôt des ouvrages anglais contemporains; mais le coutumier normand a beaucoup moins subi que ces derniers l'action du droit romain et du droit canonique. Aussi présente-t-il dans toute sa pureté le droit d'une province dont les traditions primitives se sont si longtemps conservées en dépit de la conquête française, et mériterait-il à ce titre seul d'attirer l'attention. C'était l'ouvrage d'un simple particulier, mais il reproduisait si fidèlement les usages alors en vigueur qu'il a eu dans tout le duché l'autorité d'un véritable Code. Il y a régné pendant plus de trois siècles et il exerce encore aujourd'hui son empire dans les Iles de la Manche, dernier débris de la nationalité normande [1].

L'importance du coutumier de Normandie s'étend au-delà des frontières du pays où il a vu le jour et il offre le plus grand intérêt pour l'histoire du droit en général. La procédure des gages de bataille et les formalités du duel judiciaire y sont décrites avec beaucoup de détails [2]. La matière des successions y est plus déve-

---

[1] Une décision du Conseil privé sous Élisabeth a consacré l'usage du coutumier de Normandie dans l'île de Guernesey : « In all matters not restrained by the Booke of Precept and extent or other order afore sayd, they shall follow the Custcmarie of Normandie, and according to the customes thereof minister justice within the said Isle. » Order in Council of the 9th of october 1580. *Reports of the commissioners appointed to inquire into the state of the criminal law in the Channel islands.* London, 1847, 2 vol. in fol. Second report, p. 313.

[2] Etienne Pasquier dit en parlant des gages de bataille que l'ancien Coustumier de Normandie est « le livre de tous ceux que j'ay jamais leuz, qui nous en baille les plus fideles instructions... » *Les recherches de la France,* l. IV, ch. 1. Paris, 1607, Sonnius, p. 548.

loppée que dans la plupart des coutumiers du temps[1]. La théorie des actions est exposée avec plus de soin que partout ailleurs et les nombreux chapitres consacrés à la procédure des brefs jettent une vive lumière sur l'histoire du jury[2]. Enfin la comparaison de ce texte avec les ouvrages des juristes anglais contemporains permet de se rendre compte du développement simultané du droit anglo-normand des deux côtés de la Manche.

L'influence considérable de l'ancien coutumier de Normandie est attestée par le grand nombre d'exemplaires qui ont échappé à l'action du temps. On compte plus de soixante manuscrits tant latins que français : c'est en effet un des rares ouvrages de droit qui se soient conservés sous une triple forme, un texte latin, un texte français en prose et un autre en vers. La rédaction en prose française est la plus connue : elle porte le titre de Grand Coutumier de Normandie. Quant au texte latin, il paraît être plus ancien et est désigné dans un grand nombre de manuscrits sous le nom de *Summa de legibus in curia laicali;* c'est la dénomination qui semble devoir être adoptée. Le coutumier latin l'emporte en clarté et en concision sur la rédaction française; ces qualités toutefois sont peu sensibles dans le texte imprimé. Il existe plusieurs éditions de la *Summa de legibus in curia laicali;* mais elles sont si fautives qu'elles ne peuvent donner une idée de l'ouvrage. Il y a ainsi des chapitres entiers qui sont littéralement reproduits à quelques pages de distance. L'examen des manuscrits permet de recon-

---

[1] « Die normannischen Coutumes... welche... für unsere Frage besonders ergiebige Ausbeute gewähren. » Brunner, *Anglonorm. Erbfolgesystem*, p. 11.

[2] Biener, *Beiträge*, p. 230.

naître là des additions dues au zèle inintelligent d'un copiste ou à la main maladroite des compilateurs qui ont remanié maintes fois le texte du traité. Ces impressions, qui sont presque toutes en caractères gothiques, sont d'ailleurs fort rares.

A tous égards une nouvelle édition de la *Summa de legibus in curia laicali* était devenue nécessaire, et des voix autorisées la réclamaient depuis longtemps ; il suffit de citer celles de MM. E. de Rozière[1] et Brunner. Vers 1850, MM. Léopold Delisle et Adolphe Tardif avaient songé à entreprendre cet important travail et ce dernier avait déjà transcrit en entier le manuscrit latin 4651 de la Bibliothèque nationale. Il est très regrettable que les hautes fonctions auxquelles ils furent appelés ne leur aient pas laissé le loisir de mettre ce dessein à exécution. Lorsque la Société de l'histoire de Normandie vint à se créer, ses fondateurs comprirent dans leur programme de publications les coutumiers de la province et il nous fut donné de réaliser, à quarante ans de distance, le projet de ces deux savants.

Pour rendre à la *Summa de legibus in curia laicali* sa physionomie originaire, nous avons cru devoir distinguer dans cette édition la partie primitive du traité des remaniements et interpolations qu'il a subis. Le texte courant en gros caractères représente la rédaction première dans la mesure où elle peut être restituée aujourd'hui; les chapitres de seconde formation sont placés à la suite, mais en caractères plus faibles. Quant aux additions postérieures, elles sont disposées au bas des

---

[1] E. de Rozière, *De l'histoire du droit en général, du Grand Coutumier de Normandie...* (*Revue historique de droit,* 1867, t. XIII, p. 71 et 76).

pages en petit texte. Les notes contiennent les principales variantes et des éclaircissements philologiques ou géographiques.

Le texte du coutumier est précédé d'une introduction dont les deux premiers chapitres sont consacrés à la description et au classement des manuscrits. Les chapitres suivants traitent des remaniements qu'a subis le traité, du plan et de la méthode qui y sont suivis, de la date de l'ouvrage, de ses auteurs et des diverses éditions du texte latin. Les limites étroites assignées à cette préface ne nous ont pas permis d'y faire entrer les questions des sources et de l'influence du coutumier; elles trouveront place dans un travail ultérieur.

BIBLIOGRAPHIE.

BASNAGE. *La coutume réformée du païs et duché de Normandie.* Rouen, 1681, 2 vol. in-f°, t. I, p. 7-8.

BIENER (FR. A.). *Beiträge zu der Geschichte des Inquisitions-Processes und der Geschwornengerichte.* Leipzig, 1827, in-8°, p. 230-232.

BIENER (FR. A.). *Das englische Geschwornengericht.* Leipzig, 1852, 3 vol. in-8°, t. I, p. 39-40.

BLANCHE. *Discours prononcé à l'audience solennelle de rentrée de la Cour royale de Rouen,* le 3 novembre 1847. Rouen, 1847, in-8°.

BRUNNER (H.). *Das anglonormannische Erbfolgesystem... nebst einem Excurs über die älteren normannischen Coutumes.* Leipzig, 1869, in-8°, p. 76-88.

BRUNNER (H.). *Die Entstehung der Schwurgerichte.* Berlin, 1872, in-8°, p. 137.

BRUNNER (H.). *Ueberblick über die Geschichte der Französischen, Normannischen und Englischen Rechtsquellen* (F. v. Holtzendorff, *Encyclopädie der Rechtswissenschaft.* Leipzig, 1889, in-8°, t. I, p. 326-327).

COKE. *The second part of the Institutes of the Lawes of England.* London, 1642, in-fol., proeme, p. 5.

COOPER. *Catalogue of books on foreign jurisprudence. Laws and jurisprudence of France.* London, 1849, p. 27.

DANIELS. *System und Geschichte des französischen und rheinischen Civilprocessrechtes.* Berlin, 1849, in-8°, t. I, p. 48-50.

DAVIEL. *Recherches sur l'origine de la Coutume de Normandie* (Extrait de la *Revue Normande,* 3° partie, t. II). Caen, 1834, in-8°.

DE LA FOY]. *De la constitution du duché ou état souverain de Normandie.* 1789, in-12, p. 88-99.

DELISLE (L.). *Catalogue des actes de Philippe-Auguste.* Paris, 1856, in-8°. Introduction, p. XXIV et XXV.

DELISLE (L.). *Recueil de jugements de l'Échiquier de Norman-die au XIII° siècle* (Extrait avec additions des *Notices et extraits des manuscrits de la Bibliothèque nationale*, t. XX, 2° partie, et des *Mémoires de l'Académie des Inscriptions et Belles-lettres*, t. XXIV, 2° partie). Paris, 1864, in-4°, p. 250.

ESMEIN (A.). *Cours élémentaire d'histoire du droit français.* Paris, 1895, in-8°, p. 734.

FLOQUET. *Histoire du parlement de Normandie.* Rouen, 1840-42, 5 vol. in-8°, t. III, p. 184-190.

FRÈRE (Éd.). *Manuel du bibliographe normand.* Rouen, 1858-1860, 2 vol. in-8°, t. I, p. 303.

FROLAND. *Recueil d'arrets de réglement... donnez au Parlement de Normandie.* Paris, 1740, in-4°, t. I, part. I, ch. I, p. 40 ; ch. III, p. 90-104.

GLASSON. *Histoire du droit et des institutions de l'Angleterre.* Paris, 1882-83, 6 vol. in-8°, t. II, p. 102-108 ; p. 117-123.

GLASSON. *Histoire du droit et des institutions de la France.* Paris, 1887-94, 6 vol. in-8°, t. IV, p. 126-127.

GUNDERMANN. *Englisches Privatrecht*, I. Die Common Law. Tübingen, 1864, in-8°, p. 131-133.

GRUCHY (W. L. de). *L'ancienne Coutume de Normandie.* Jersey, 1881, in-8°, p. 339-376.

HALE (M.). *History of the Common Law*, ed. by Runnington. London, 1820, in-8°, p. 147-157.

KLIMRATH. *Travaux sur l'histoire du droit français* recueillis, mis en ordre... par L. A. Warnkœnig. Paris, 1843, 2 vol. in-8°, t. II, p. 32-33.

KŒNIGSWARTER. *Sources et monuments du droit français anté-rieurs au* XV° *siècle.* Paris, 1853, in-12, p. 114-115.

LAFERRIÈRE. *Histoire du droit civil de Rome et du droit français.* Paris, 1847-58, 6 vol. in-8°, t. III, p. 125-129 ; t. V, p. 626 et s.

LE GEYT. *Les manuscrits de Philippe Le Geyt, écuyer, lieute-nant-bailli de l'île de Jersey, sur la constitution, les lois et les usages de cette île.* Jersey, 1846-47, 4 vol. in-8°, t. IV, p. 79-82.

MAURER (K.). *Das Beweisverfahren nach deutschen Rechten* (*Kritische Ueberschau der deutschen Gesetzgebung und Rechtswissenschaft*, 1857, t. V, p. 183, n. 1).

NICOLSON. *The english, scotch and irish historical libraries* London, 1736, in-fol., p. 222.

RATHERY. *Études historiques sur les institutions judiciaires de la Normandie* (Extrait de la *Revue française*, 1839), p. 23-24

REEVES. *History of the English Law from the time of the Romans to the end of the reign of Elizabeth,* ed. by W. F. Finlason. London, 1869, 3 vol. in-8°, t. I, p. 257.

ROZIÈRE (E. de). *De l'histoire du droit en général, du Grand Coutumier de Normandie et des rapports du droit anglais avec le droit normand.* Discours prononcé dans la Séance publique de la Société des Antiquaires de Normandie le 20 décembre 1866 (*Revue historique de droit français et étranger,* 1867, t. XIII, p. 71-76).

SAAS. *Catalogue raisonné des ouvrages qui concernent la Coutume de Normandie* (*Abrégé de cosmographie et almanach pour l'année bissextile 1760*). Rouen, 1760, in-32.

SACHSSE. *Das Beweisverfahren nach deutschem mit Berücksichtigung verwandter Rechte des Mittelalters.* Erlangen, 1855 p. 14-16.

SCHÆFFNER. *Geschichte der Rechtsverfassung Frankreichs* Francfort, 1845-50, 4 vol. in-8°, t. III, p. 89-94.

TROLLEY. *Mémoire sur l'ancien droit coutumier normand* (*Mémoires de la Société des Antiquaires de Normandie.* t. XVII, p. 95-100).

VIOLLET (P.). *Histoire du droit civil français.* Paris, 1893, in-8°, p. 177-178.

WARNKŒNIG (L. A.). *Französische Staats- und Rechtsgeschichte.* Bâle, 1848, 3 vol. in-8°, t. II, p. 45.

WARNKŒNIG (L. A.). *Kritische Zeitschrift für Rechtswissenschaft und Gesetzgebung des Auslandes,* 1835, t. VII, p. 318-324; 1841, t. XIII, p. 223-227.

CHAPITRE I.

LES MANUSCRITS DE LA *SUMMA DE LEGIBUS*.

Le texte de la *Summa de legibus in curia laicali* est aujourd'hui conservé dans vingt-quatre manuscrits. Il a dû en exister autrefois davantage, mais on est réduit sur ce point à des conjectures [1], et c'est à peine s'il est encore possible de retrouver la trace de quelques autres. Ces manuscrits ont entre eux une certaine analogie; il convient donc, avant de les décrire en détail, d'indiquer les traits de ressemblance, qui portent principalement sur leur aspect extérieur et leur contenu.

---

[1] L'abbé Saas, chanoine et bibliothécaire de la cathédrale de Rouen († 1774), un des rares auteurs qui aient fait des recherches sur ce point, cite seulement deux mss. du coutumier latin et un troisième qui en contient des extraits :

1º « *Consuetudines Normanniæ*. Ms. sur vélin, à l'Hôtel de ville de Rouen, in-folio. » C'est le ms. de M. Dutuit.

2º « Consuetudo Normaniæ seu de juribus in curia laicali. — Quomodo Domini capere possunt... — Scacaria ab anno 1207... — Libertates Normaniæ... Ms. in-folio. »

Cette description se rapporte au ms. lat. 4651 (Bigot. 106); on lit en effet sur une table collée en tête : « Consuetudo Normaniæ. — Quomodo domini capere possunt, etc. »

3º « L'Ancienne Coutume de Normandie. — Confirmatio consuetudinum civium Rothomagensium anno 1207... Ms. in-4º. »

Il désigne vraisemblablement ainsi le ms. lat. 11032 (Bigot. 292); la table ajoutée au début sur le feuillet de garde porte ces deux mentions : « Confirmatio consuetudinum civium Rotom. A. C. 1207, fol. 5. — Coustume de Normandie, fol. 21. » *Abrégé de cosmographie*, 1760.

§ 1. *Caractères communs aux divers manuscrits.*

L'exécution des manuscrits du coutumier latin est en général assez soignée : la plupart sont écrits en minuscule gothique et deux seulement en cursive [1]. L'ornementation est presque toujours fort simple : elle consiste le plus souvent dans des lettres de couleur placées au commencement des chapitres, dans des signes α également de couleur, qui servent à distinguer les subdivisions des chapitres (paragraphes), et dans des rubriques tracées à l'encre rouge. Lettres et signes sont le plus souvent de deux couleurs, alternativement rouges et bleus. Dans quelques manuscrits, dont l'exécution est tout à fait négligée, les lettres initiales et les signes des paragraphes sont seulement en rouge et quelquefois la place est restée vide [2]. Dans d'autres manuscrits, au contraire, les initiales sont en outre ornées de rinceaux, qui s'étendent sur les marges ; ces dessins sont d'une couleur autre que le corps de la lettre : rouges pour les lettres bleues, ils sont bleus, violets ou verts pour les lettres rouges [3]. Dans le manuscrit latin 4650 de la Bibliothèque nationale, un de ceux qui ont été exécutés avec le plus de soin, les hastes et les queues des lettres se prolongent au-delà des premières ou des dernières lignes et se terminent par des dessins d'animaux ou de figures

[1] Bibl. nat. mss. lat. 4652 et 4653.
[2] Bibl. nat. mss. lat. 4652, 4653, 18557 ; Bibl. Ste Geneviève, ms. F. l. 4 ; Bibl. de Rouen, ms. Y. 204.
[3] Bibl. nat. mss. lat. 4650, 11035, 12883, 14689, 15068 ; Bibl. de Rouen, ms. Y. 23 ; mss. Dutuit et Quaritch-Lormier.

grotesques. Les corrections et les annotations placées
sur les marges sont enfermées, ainsi que les réclames,
dans de petits encadrements rouges ou noirs. Quatre
volumes, les manuscrits latins 4650, 12883 de la Bibliothèque nationale et les manuscrits Dutuit et Quaritch-
Lormier sont ornés en outre de miniatures, qui ont
dans ces deux derniers volumes une vraie valeur artis-
tique.

Le contenu des manuscrits de la *Summa de legibus*
est à peu près toujours le même. Les uns renferment
uniquement le texte du coutumier précédé des deux
prologues et de la table des chapitres [1]. Les autres
comprennent en outre un certain nombre de documents
relatifs surtout à l'histoire du droit public et privé de la
Normandie. Les principaux de ces textes sont des ordonnances de saint Louis et de ses successeurs, les canons
de conciles provinciaux de Normandie, les différentes
compilations de jugements et arrêts de l'Échiquier, le
recueil des décisions des Assises, les *Statuta et consuetudines Normannie* ou texte latin du Très ancien coutumier de Normandie, la Grande Charte fausse de Henri II
pour la Normandie intitulée *Libertates Normannie*, la
requête des prélats de Normandie à Philippe-Auguste et
l'établissement de ce prince par lequel il règle la procédure
spéciale aux questions de patronage (1207), la Charte aux
Normands et ses diverses confirmations. A ces documents
il faut joindre le recueil de chartes et de pièces relatives
à la Normandie appelé par M. L. Delisle Registre G de

---

[1] Bibl. nat. mss. lat. 4652, 14690, 18557; Bibl. royale de Copenhague,
fonds de Thott, n° 303; Bibl. royale de Stockholm, fonds français,
n° 9.

Philippe-Auguste [1], ainsi que l'état des fiefs de cette province connu sous le nom de Registre des fiefs de Philippe-Auguste [2].

Le lieu d'origine de la plupart des manuscrits du coutumier latin est inconnu ; c'est à peine si six ou sept d'entre eux renferment des calendriers ou des indications permettant de retrouver à quelle région de la Normandie ils appartiennent [3]. Il est encore plus rare que ces volumes soient datés et surtout signés : deux seulement sur vingt-quatre font connaître le nom de ceux qui les ont copiés [4] et quatre l'année de leur transcription [5] ; pour les autres, on est réduit à en fixer l'âge à l'aide des caractères paléographiques et de la date des documents qu'ils contiennent. Ces manuscrits s'échelonnent depuis les dernières années du XIII° siècle jusqu'à la fin du XV°, époque à laquelle le texte latin a été reproduit dans les impressions gothiques du Grand Coutumier. Toutefois, à cause de la rareté et du prix élevé des premières éditions de nos coutumes, on continua encore quelque

---

[1] La table de cette compilation a été imprimée par M. L. Delisle et la plupart des pièces qu'elle comprend ont été publiées par M. Léchaudé d'Anisy. L. Delisle, *Catalogue des actes de Philippe-Auguste*, p. xxij-v ; Léchaudé d'Anisy, *Grands rôles des Échiquiers de Normandie (Mémoires de la Société des Antiquaires de Normandie*, t. XV, p. 154-168).

[2] Le registre des fiefs commence ainsi : « *Hic incipit registrum domni illustrissimi regis Philippi de feodis*. — Robertus Bertran tenet baroniam de Briquebec...* » et se termine aux mots : « et preterea dominus abbas tenet Fiscannum cum omnibus pertinenciis a domino rege exceptis tantummodo elemosinis. »
Il est imprimé dans Léchaudé d'Anisy, *op. cit.*, p. 168, c. 1-192, c. 1, et dans le *Recueil des Historiens de France*, t. XXIII, p. 608-636, n°s 1-177.

[3] Les mss. lat. 12883 et 18557 de la Bibl. nat. sont précédés de calendriers, ainsi que les mss. Dutuit et Quaritch-Lormier. On trouve encore des indications dans le ms. de Sainte-Geneviève, le ms. lat. 4790 de la Bibl. nat. et le ms. Ottoboni.

[4] Bibl. nat. mss. lat. 4652 et 11033.

[5] Bibl. nat. mss. lat. 4652, 4653, 4764 et 11033.

temps à les transcrire, témoin le manuscrit latin 4652 de la Bibliothèque nationale terminé le 3 novembre 1498. Il était impossible avec des données si peu précises de suivre dans la description des manuscrits un ordre chronologique. Il a paru préférable de les ranger d'après les dépôts où ils sont actuellement conservés et de réunir ensuite à la fin du chapitre les renseignements qu'on a pu recueillir sur des manuscrits aujourd'hui perdus.

§ 2. *Manuscrits de la Bibliothèque nationale.*

1° *Manuscrit latin 4650*[1].

Volume de 158 feuillets de parchemin de 276 millimètres sur 173, écrits sur deux colonnes. Il a conservé la plupart des signatures et des réclames ; mais il a perdu un feuillet entre les ff. 1 et 2, deux autres entre les ff. 3 et 4 et trois entre les ff. 79 et 80. Le foliotage est moderne[2].

Ce manuscrit remonte, pour la partie correspondant au coutumier, aux dernières années du XIIIe siècle ; le reste du volume est un peu plus ancien. Les ff. 76, 77, 78 et 79, dont le parchemin est plus épais, ont été intercalés au XV° siècle. Il restait aussi des feuillets blancs qui ont été remplis, soit au XIVe (f. 110-112 ; f. 155 r°-157 r°), soit

---

[1] Montfaucon, *Bibliotheca bibliothecarum*, t. II, p. 948, c. 2. L. Delisle, *Cat. des actes de Philippe-Auguste*, p. XXIV.
[2] La marge supérieure des feuillets jusqu'au f. 73 v° porte en titre courant au verso la lettre L et au recto les chiffres I ou II.

au xv⁰ siècle (f. 75 r⁰). La place laissée pour un arbre de consanguinité est demeurée vide (f. 18).

L'exécution du volume est très soignée : il est orné de lettrines et enrichi de deux miniatures. L'une (f. 4 r⁰, c. 1) représente une séance d'une cour de justice; dans l'autre (f. 36 r⁰, c. 2), on voit figurés le roi sur son trône et à ses pieds cinq personnages.

Le manuscrit latin 4650 contient :

1⁰ F. 2 r⁰-74 v⁰. — Texte latin du coutumier de Normandie avec la table des chapitres et les deux prologues; il s'arrête à ces mots du chapitre *De lege apparenti* : « Notandum siquidem est quod omnes priores exoniatores, cum alia fit exonia, debent personaliter ad illam interesse et si deficerint (*sic*) emendabunt » (cxxiv, 8).

2⁰ F. 75 r⁰. — Ordonnance de saint Louis sur les dîmes (mars 1270). Texte français [1].

3⁰ F. 76 r⁰ et v⁰. — Mandement de Philippe le Bel aux baillis et justiciers de Normandie (23 ou 30 août 1302) [2]. Vidimus de Charles IV du 31 décembre 1324.

4⁰ F. 76 v⁰, c. 2 -77 v⁰, c. 1. — Bulle *Romani pontificis providencia circumspecta nonnunquam gesta et ordinata per eum ne lites et scandala...* de Martin V (Genzano, 21 août 1418) [3].

5⁰ F. 77 v⁰, c. 1 -79 v⁰. — Bulle *Romani pontificis providencia nonnunquam gesta per eum eciam que canonibus* (sic)... de Martin V (Genzano, 15 juillet 1428) [4].

6⁰ F. 81 r⁰-109 v⁰. — Registre des fiefs de Philippe-Auguste [5].

[1] *Ordonnances des roys de France*, t. I, p. 102, c. 2.
[2] On a laissé en blanc la place d'un mot entre *die Jovis* et *festum*.
[3] *Preuves des libertez de l'Église gallicane*. Paris, 1731, t. II, p. 158.
[4] La bulle *Insolencias transgressorum* (Vatican, 1 février 1428) est insérée en entier dans cette pièce, qui est vidimée par Charles VII (7 août 1445).
[5] Il est intitulé : *Statum* (sic) *domini regis de feodalibus tenementis*.

7° F. 110 r° -112 r°. — « Ce sont les coustumes de la forest de Bort [1]. »

8° F. 113 r°-137 r°, c. 2. — Registre G de Philippe-Auguste précédé d'une table des matières.

9° F. 137 r°, c. 2-138 r°, c. 2. — « *Capit[ula] de interceptionibus clericorum adversus domini regis juridictionem* [2]. »

10° F. 138 r°, c. 2. — Ordonnance de Philippe-Auguste sur le partage des acquêts (Pont de l'Arche, juillet 1219) [3].

11° F. 138 v°, c. 1 -139 v°, c. 1. — Enquête sur les droits des rois d'Angleterre en Normandie (13 novembre 1205) [4].

12° F. 139 v°, c. 1 -140 r°, c. 1. — Lettres de Philippe-Auguste aux prélats de Normandie sur la procédure à suivre en matière de patronage (octobre 1207) [5].

13° F. 140 r°, c. 1 -141 r°, c. 1. — Échange du manoir des Andelys entre Richard Cœur de Lion et Gautier, archevêque de Rouen (Rouen, 21 octobre 1197) [6].

14° F. 141 r°, c. 1 -141 v°, c. 2. — Confirmation de cet échange par Jean Sans Terre (Argentan, 7 juin 1200) [7].

15° F. 141 v°, c. 2 -142 v°, c. 1. — Documents relatifs à un différend entre l'archevêque de Rouen et le roi de France [8].

---

[1] Forêt de Bord ou de Pont de l'Arche (Eure).
L. Delisle, *Études sur la condition de la classe agricole en Normandie*. Evreux, 1851, p. 408. Charpillon et Caresme, *Dictionnaire historique du département de l'Eure*. Evreux, 1879, t. II, p. 673.
[2] D. Bessin, *Concilia Rotomagensis provinciæ*. Rotomagi, 1717, I, p. 103.
[3] *Ordonnances*, t. I, p. 38.
[4] Teulet, *Layettes du Trésor des Chartes*. Paris, 1863-66, t. I, p. 296, n° 785. L. Delisle, *Cat. des actes de Philippe-Auguste*, p. 220, n° 961.
Les articles 9°, 10° et 11° compris dans le registre G de Philippe-Auguste se trouvent déjà transcrits plus haut (ff. 125 v°, c. 2 ; 124 v°, c. 2 ; 127 r°, c. 1).
[5] *Ordonnances*, t. I, p. 26. L. Delisle, *op. cit.*, p. 243, n° 1051.
[6] Il y a une erreur dans la date de cette pièce : « Actum... anno Domini M°. CXC°. VII°. XXI. d[i]e octobris, regni nostri anno octavo », au lieu de « ... regni nostri anno nono ». *Gallia christiana*, t. XI, Instrumenta, c. 27. *Rotuli Normanniæ* ed. by Th. Duffus Hardy. London, 1835, t. I, p. 1. Léchaudé d'Anisy, *op. cit.*, p. 89, c. 1.
[7] *Gallia christiana*, t. XI, Instrumenta, c. 30. *Rotuli Normanniæ*, t. I, p. 2. Léchaudé d'Anisy, *op. cit.*, p. 89, c. 2.
L. Delisle, *Cartulaire normand* (*Mém. de la Soc. des Ant. de Norm.*, t. XVI), p. 307, c. 1, n° 1130.

16° F. 142 v°, c. 1 -143 v°, c. 1. — Enquête sur l'exercice du droit de régale à la mort de Rotrou, archevêque de Rouen[1].

17° F. 143 v°, c. 1 -144 r°, c. 1. — Généalogie des rois d'Angleterre de Guillaume le Conquérant à Henri II.

18° F. 144 r°, c. 1 -145 v°, c. 1. — Charte de confirmation des privilèges de Rouen par Philippe-Auguste (Pacy, 1207)[2].

19° F. 145 v°, c. 1 -147 v°, c. 2. — Charte de commune de Rouen[3].

20° F. 147 v°, c. 2 -148 r°, c. 1. — Confirmation par Louis VII des privilèges des Marchands de l'eau de Paris (1170-71)[4].

21° F. 148 r°, c. 1. — Charte de commune de Pont-Audemer (Devant Rouen, juin 1204)[5].

22° F. 148 r°, c. 1 -149 v°, c. 1. — Charte d'Eude Rigaud, archevêque de Rouen, relative à l'échange des moulins de Rouen contre le château et la ville de Gaillon (juillet 1262)[6].

23° F. 149 v°, c. 1 et 2. — Charte du chapitre de Rouen par laquelle il autorise l'échange susdit (Rouen, 6 mars 1262).

24° F. 149 v°, c. 2 -150 v°, c. 2. — Chartes de Pierre de Meulan (février 1261), de Henri de Cousances et de sa femme (9 décembre 1264)[7].

25° F. 150 v°, c. 2 -152 v°, c. 2. — Traité de paix entre saint Louis et Henri III (1259). Texte français[8].

---

[1] Olim éd. Beugnot. Paris, 1839-48, t. I, p. 977. Gallia christiana, t. XI, Instrumenta, c. 26.

[2] Giry, Les Établissements de Rouen (Bibl. de l'École des Hautes Études, fasc. 55 et 59). Paris, 1883-85, t. II, p. 56-63. L. Delisle, Cat. des actes de Philippe-Auguste, p. 236, n° 1024.

[3] Giry, op. cit., p. 4, c. 1.

[4] Ordonnances, t. II, p. 433. Luchaire, Études sur les actes de Louis VII. Paris, 1885, p. 286, n° 590.

[5] Ordonnances, t. XI, p. 288. L. Delisle, op. cit., p. 189, n° 829.

[6] Gallia christiana, t. XI, Instrumenta, c. 36.

[7] L. Delisle, Cartulaire normand, p. 132, c. 2, n° 654; p. 152, c. 2 et 153, c. 1, n°s 703 et 704.

[8] Teulet et de Laborde, Layettes, t. III, p. 487, n° 4554. Bémont, Simon de Montfort, comte de Leicester, sa vie... Paris, 1884, p. 185-187.

26° F. 152 v°, c. 2 -153 r°, c. 2. — Acte d'Henri III relatif à l'exécution de ce traité (Amiens, 30 janvier 1264).

27° F. 153 r°, c. 2 -154 r°, c. 2. — Règlement de saint Louis sur le duel judiciaire. Texte français[1].

28° F. 154 r°, c. 2 -155 r°, c. 1. — Charte de Philippe-Auguste pour l'abbaye de Fécamp (Pont de l'Arche, 1211). Vidimus de saint Louis (décembre 1267)[2].

29° F. 155 r°, c. 1. — Fragment de la lettre des prélats de Normandie à Philippe-Auguste sur la procédure à suivre en matière de patronage[3].

30° F. 155 r°, c. 1 -157 r°. — Coutumes de Vernon[4].

Le manuscrit latin 4650 ne porte ni date, ni indication de provenance[5]. Il paraît avoir appartenu à l'abbaye de Mortemer[6] avant d'arriver, au xv° siècle, à l'abbaye de Montebourg[7], en passant peut-être par Saint-Étienne de Caen[8].

---

[1] *Ordonnances*, t. I, p. 87. P. Viollet, *Les Établissements de saint Louis.* Paris, 1881-86, t. I, p. 487.

[2] L. Delisle, *Cartulaire normand*, p. 161, c. 1, n° 725.

[3] Teulet, *op. cit.*, t. I, p. 310, c. 2, n° 828. L. Delisle, *Cat. des actes de Philippe-Auguste*, p. 242, n° 1049.

[4] Le texte français des coutumes de Vernon a été publié par l'abbé Lebeurier. *Bibliothèque de l'École des chartes*, 1855, 4e série, t. I, p. 525.

[5] On remarque cependant au bas de l'avant-dernier feuillet (157 v°) cette souscription bizarre : « Ricart poit de ♡ a fait ces livre ».

[6] C'est ce qu'a fait supposer l'annotation suivante placée au xiv° siècle au haut du f. 157 v° : « La date que les relig[ieus] de Mortemer ont en la lettre du don qui leur fu faiz du Quesne Gier est M.C.XLIIII, indictione septima, epacta XIII... » — Cette acquisition eut lieu sous l'administration d'Adam, deuxième abbé de Mortemer (1138-1154). *Cartul. de Mortemer* (Bibl. nat., ms. lat. 18369), f. 12 v°. Du Moustier, *Neustria Pia*. Rothomagi, 1663, p. 773. Quelques-unes des annotations placées en marge du Registre des fiefs (ff. 84 r°, 85 v°, 86 r° et v°) semblent indiquer que le manuscrit se trouvait à Rouen ou dans les environs à une époque ancienne.

[7] La mention : « Iste liber est monasterii beate Marie de Montisburgo ordinis sancti Benedicti Constanciensis diocesis » est au commencement (f. 1 r°) et à la fin (f. 157 v°) ; une autre annotation (f. 158 r°) se réfère à l'année 1466 :
« L'an iiij° mil vj. sexante
« En decembre l'annee cessante... »

[8] Le vidimus d'une des bulles de Martin V ajoutées après coup dans le ms. (f. 77 v° -79 v°) est délivré, en 1445, à la requête de l'abbé de Saint-Étienne de Caen.

2

En 1670, il était en la possession de Pierre Mangon, vicomte de Valognes[1]. Il fut ensuite acquis par Colbert[2] et entra enfin à la Bibliothèque du roi, où il fut d'abord coté 9848. 3. 3., puis 4650 (fonds latin).

Reliure en veau plein au chiffre de Louis-Philippe.

2° Manuscrit latin 4651[3].

. Volume de 122 feuillets de parchemin de 265 millimètres sur 185, écrits pour la plupart sur deux colonnes. Les signatures ont disparu ainsi que quelques-unes des réclames. Les feuillets ont été numérotés en chiffres romains au XIVe siècle et en chiffres arabes au XVIIe. Ce manuscrit a été mutilé : les ff. xxxij et xxxiij ainsi que le f. iiij^{xx}iiij de l'ancien foliotage ont été arrachés[4]. La première de ces lacunes s'étend des mots : « defectus enim petentis que... » du ch. De defectu queruli (XCVI, 2) à ceux-ci : « tui presentes affuerint in facie ecclesie... » du ch. De dote negata (CI, 3). Le f. 47 a été aussi lacéré et la fin du ch. De lege apparenti (CXXIV), ainsi que le com-

---

[1] On lit au bas du f. 157 r° la mention : « P. Mangonius, vicecomes Valloniensis, legebam et asservabam. 1670. »
   Pierre Mangon du Houguet († 1705), érudit bas-normand, était vicomte de Valognes en 1657 et avait cessé de l'être en 1696. L. Delisle, *Les Mémoires de Pierre Mangon, vicomte de Valognes.* Saint-Lô, 1891, p. 6, 8 et 9.
   Peut-être le ms. a-t-il appartenu auparavant à « Vaut[ier] du Bison », dont la signature est au f. 158 r°.

[2] *Cod. Colb.* 4484. f. 2 r°.

[3] Saas, *Abrégé de cosmographie,* 1760. L. Delisle, *Cat. des actes de Philippe-Auguste,* p. XXV ; *Rec. de jug. de l'Échiquier,* p. 250.

[4] Ces deux lacunes se trouvent entre les ff. 35 et 36 d'une part et les ff. 107 et 108 d'autre part.

mencement du ch. *De prescriptione* (cxxv) ont disparu[1].

Ce volume se compose de quatre parties de différentes mains : 1° les trois derniers feuillets, qui sont les plus anciens et ont été réunis postérieurement au manuscrit ; 2° les ff. 71-119, qui renferment le Registre G et le Registre des fiefs de Philippe-Auguste ; 3° les ff. 1-47, qui correspondent au texte latin du coutumier ; 4° entre les ff. 48 et 71 ont été intercalés 22 feuillets contenant des recueils de jugements et arrêts de l'Échiquier, la compilation des Assises, la Charte normande ; en effet, l'ancien foliotage s'arrête au f. xlvj (48) pour reprendre au f. xlvij (71). L'écriture de ces quatre parties, qui viennent d'être énumérées à peu près dans l'ordre chronologique, date du xiiie siècle, sauf la dernière partie, qui est du commencement du xive, ainsi que les ff. 47 v°, c. 2, 48, et le f. 36 (xxxiiij) refait après coup. Les ff. 68 v° et 69, qui contiennent la transcription de la Charte normande, sont encore d'une autre main et d'une période plus avancée du xive siècle[2].

Le manuscrit latin 4651 renferme :

1° F. 1-47 v°, c. 1. — Texte latin du coutumier avec la table des chapitres et le second prologue ; il se termine à la fin du ch. *De prescriptione*.

---

[1] La lacune du chapitre *De lege apparenti* va des mots : « in continenti debet gagium suum... » (§ 13) à ceux-ci : « ut supra. Notandum siquidem quod in secutionibus hereditariis... » (§ 14). Le chapitre *De prescriptione* ne commence qu'à la phrase : « Est autem quedam prescriptio que viam respondendi precludit... » (§ 2).

[2] Ces feuillets sont vraisemblablement postérieurs à 1365, date de la transcription du ms. lat. 11033 (copie du ms. lat. 4651), où la Charte normande n'est pas reproduite.

2° F. 47 v°, c. 1 et 2. — « *Concilium contra clericos merca-ores.*
Sacri approbatione concilii Rothomagensis provincie nuper
apud Pontem Audomari... » (25 juin 1267) [1].

3° F. 48 r°, c. 1 et 2. — Lettre des prélats de Normandie à
Philippe-Auguste.

4° F. 48 r°, c. 2, et v°. — Jugement de l'Échiquier de Pâques
1257, à Caen [2].

5° F. 49 r°-55 r°, c. 2. — Deuxième compilation des jugements
de l'Échiquier [3].

6° F. 55 r°, c. 2, et v°, c. 1. — Enquête sur les droits des rois
d'Angleterre en Normandie (13 novembre 1205).

7° F. 55 v°, c. 1 -61 v°, c. 1. — Compilation des Assises de
Normandie [4].

8° F. 61 v°, c. 1 -63 r°, c. 2. — « *Libertates Normannie* » [5].

9° F. 64 r°, c. 1 -67 r°, c. 2. — « Arresta communia de scacario
Pasche anno Domini m°. cc°. septuagesimo sexto [6]. »

10° F. 67 r°, c. 2 -68 r°, c. 1. — Ordonnance sur l'organisation
du Parlement (Toussaint 1291). « Pro celeri et utili parlamentorum nostrorum Parisius sic duximus ordinandum
videlicet [7]... »

11° F. 68 v°-69 v°. — Charte aux Normands [8].

12° F. 71 r°, c. 2, et v°, c. 1. — Ordonnance de saint Louis sur
les Juifs (Melun, décembre 1230) [9].

---

[1] Concile de Pont-Audemer (25 juin 1267). D. Bessin, *Concilia*, I, p 150.
[2] Ce jugement porte dans le ms. la rubrique : *Quomodo domini
capere possunt in manu sua terras que de eis tenentur ob deffectum
redevanciarum.* L. Delisle, *Rec. de jug. de l'Échiquier*, p. 182, n° 796
[3] L. Delisle, *op. cit.*, p. 249. — Le dernier article de cette compilation est rapporté p. 126, n. 4.
[4] Warnkœnig, *Franz. Staats- und Rechtsgeschichte*, t. II, Urkundenbuch, p. 48-68. Léchaudé d'Anisy, *op. cit.*, p. 144, c. 2 — 149, c. 2
[5] Grande charte fausse de Henri II. Léchaudé d'Anisy, *loc. cit.*
[6] Compilation d'arrêts de l'Échiquier postérieurs à 1276. Warnkœnig, *op. cit.*, p. 120 et s. Léchaudé d'Anisy, *op. cit.*, p. 150, c. 1 -153.
[7] *Ordonnances*, t. I, p. 320. Ch. V. Langlois, *Textes relatifs à l'histoire du Parlement.* Paris, 1888, p. 156.
[8] Bourdot de Richebourg, *Nouveau Coutumier général.* Paris, 1724,
t. IV, p. 99.
[9] *Ordonnances*, t. I, p. 53. Teulet, *Layettes*, t. I, p. 192, n° 2083.

13° F. 71 v°, c. 1 -73 r°, c. 1. — Ordonnance de saint Louis sur
la réformation des mœurs (Paris, décembre 1254)[1].

14° F. 73 r°, c. 1, et v°, c. 2. — Règlement de saint Louis sur
le duel judiciaire. Texte français.

15° F. 73 v°, c. 2 -74 r°, c. 2. — « De la forme de pleder que
le prevost de Paris doit tenir a ses plez[2]. » Texte français.

16° F. 74 r°, c. 2, et v°, c. 1. — « Comment l'en doit asseer
tallies es viles[3]. »

17° F. 74 v°, c. 1. — « L'ordre de tenir les plez du Pallement[4]. »

18° F. 74 v°, c. 1 et 2. — Ordonnance de saint Louis sur les
guerres privées (Saint-Germain en Laye, janvier 1258)[5].

19° F. 74 v°, c. 2 -75 v°, c. 1. — Ordonnance de saint Louis
contre les blasphémateurs. Texte français[6].

20° F. 75 v°, c. 1. — Ordonnance de saint Louis sur les
rouelles des Juifs (Paris, 18 juin 1269)[7].

21° F. 75 v°, c. 1. — Mandement de Philippe III relatif à l'exécution de l'acte précédent[8].

22° F. 75 v°, c. 2. — Ordonnance de saint Louis relative à
l'expulsion des Lombards et Caorsins[9].

23° F. 76 r°, c. 1. — Ordonnance de saint Louis sur les dîmes
(mars 1270)[10].

24° F. 76 r°, c. 1, et v°, c. 1. — Fragment du traité de paix
entre saint Louis et Henri III (1259)[11]. Texte français.

25° F. 76 v°, c. 1 -95 v°, c. 1. — Registre G de Philippe-
Auguste.

[1] *Ordonnances*, t. I, p. 67.
[2] P. Viollet, *Les Établissements de saint Louis*, t. I, p. 483.
[3] *Ordonnances*, t. I, p. 291.
[4] Ch. V. Langlois, *op. cit.*, p. 128.
[5] *Ordonnances*, t. I, p. 84.
[6] *Ordonnances*, t. I, p. 99.
[7] *Ordonnances*, t. I, p. 294. D. Bessin, *Concilia*, I, p. 150.
[8] *Ordonnances*, t. I, p. 312. D. Bessin, *loc. cit.*
[9] *Ordonnances*, t. I, p. 96.
[10] *Ordonnances*, t. I, p. 102, c. 1. D. Bessin, *Concilia*, I, p. 151.
[11] Le texte s'arrête aux mots : « et de ce que il dorra a nos ou a nos
hers en fiez et en demaines nos et nos hers. »

26° F. 95 v°, c. 1 -119 r°, c. 1. — Registre des fiefs de Philippe-Auguste.

27° F. 120-122. — Liste des paroisses de la baillie de Caen.

Les ff. 6-47 portent des annotations marginales, dont la plupart sont des jugements de l'Échiquier.

Le manuscrit latin 4651 ne renferme aucune indication de provenance. Une mention inscrite sur une bande de parchemin attachée au f. 93 v° pourrait faire supposer qu'il se trouvait au xvi° siècle à Évreux[1], après avoir été d'abord à Caen[2]. Il est entré plus tard dans la collection Bigot (n° 106)[3], et de là il est passé à la Bibliothèque du roi, où il a été coté successivement 9848.1 et 4651 (fonds latin).

Reliure en veau plein aux armes de Jean Bigot.

3° Manuscrit latin 4652.

Volume de 160 feuillets de papier de 269 millimètres sur 205, dont 147 seulement sont écrits. On n'y remarque ni signatures, ni réclames. Il a été transcrit en cursive

---

[1] Cette annotation est ainsi conçue : « Ycy est l'article faisant mencion des droictures que a monseigneur d'Evreux en la forest de Brethueil »

[2] La présence à la fin du volume de la liste des paroisses de la baillie de Caen permet de supposer qu'il était anciennement dans cette ville et peut-être au bailliage.
La date « Rta Rouen xxe avril 1605 » (f. 1 r°) semble indiquer que ce ms. a été en dernier lieu conservé à Rouen.

[3] Les armes de Jean Bigot se trouvent deux fois dans l'intérieur du volume et on lit au recto du premier feuillet de garde : Codex Bigotianus, 106 ; à ce feuillet ont été collées deux tables analytiques des matières contenues dans le ms. On remarque encore sur l'un des plats la cote M. 21.
Bibliotheca Bigotiana. Parisiis, 1706. Pars V, Catalogus codicum manuscriptorum, p. 8.

gothique à longues lignes par Jacques Le Lieur, du 2 septembre au 3 novembre 1498, et folioté par lui[1].

Ce manuscrit ne comprend que le texte latin du coutumier de Normandie avec les deux prologues, suivi d'une table alphabétique des chapitres (f. 145-147); il se termine à la fin du chapitre *De prescriptione* (cxxv). On y trouve intercalées les lettres de Philippe-Auguste aux prélats de Normandie et la requête adressée à ce prince par l'archevêque de Rouen et ses suffragants[2].

Les annotations marginales qu'il porte consistent en références à des textes de droit romain ou canonique et en décisions de l'Échiquier du xiv° siècle.

Il est probable que ce manuscrit est resté quelque temps dans la famille de celui qui l'avait transcrit[3]. Il a ensuite fait partie de la bibliothèque de Bigot[4] et enfin il est arrivé à la Bibliothèque du roi, où il a reçu successivement les cotes 9848 et 4652 (fonds latin).

Reliure souple en parchemin.

---

[1] On lit au f. 147 v° la souscription suivante écrite en capitales gothiques de deux couleurs : « Iacques || Le Lieur a || escript ce || livre « depuis || le ii° iour de Septembre || iusques au iii° de || Novembre l'an « Mil || iiii° iiii^xx xviii. » avec la signature « Lieur ».
Il y a eu deux membres de la famille Le Lieur qui ont porté le prénom de Jacques : l'un, Jacques Le Lieur, seigneur du Bosc-Bénard, conseiller en la ville de Rouen, mort en 1502, était le frère de Robert Le Lieur, avocat du roi au bailliage de Rouen; l'autre, l'auteur du *Livre des Fontaines* et le poète des Palinods, secrétaire et notaire du roi, conseiller-échevin de la ville de Rouen, seigneur de Bresmetot et du Bosc-Bénard, mort vers 1550, était le fils de Robert Le Lieur. La ressemblance de l'écriture du copiste de ce volume avec celle du poète rouennais pourrait peut-être permettre de lui attribuer plutôt qu'à son oncle la transcription du ms. latin 4652. De Jolimont, *Notice historique sur la vie et les œuvres de Jacques Le Lieur*, Rouen, 1847, p. 7 et planche 2.
[2] F. 110 v° et f. 111 v°.
[3] Au-dessous de la signature du copiste est celle de « Francoys Le Lieur », fils du poète Jacques Le Lieur et chanoine de Rouen, qui vivait en 1550. De Jolimont, *op. cit.*, p. 8.
[4] Peut-être était-ce le n° 102 de cette collection? *Bibliotheca Bigotiana*, p. 8.

4° *Manuscrit latin 4655*[1].

Volume de 172 feuillets de papier de 265 millimètres sur 205 ; à partir du f. 125, la dimension des feuillets est moins grande. Il a perdu un feuillet entre les ff. 76 et 77, et un autre entre les ff. 78 et 79. Il n'y a ni signatures, ni réclames, ni foliotage ancien.

Ce volume est un recueil factice formé de cahiers écrits en cursive gothique à trois époques différentes. La première partie (f. 1-91), qui est sur deux colonnes, date de 1430[2], la deuxième (f. 92-124) est de la fin du xve siècle, et la troisième (f. 125-170) du commencement du xvie siècle.

Voici le contenu du manuscrit latin 4655 :

1° F. 1-62 v°, c. 1. — Texte latin du coutumier de Normandie. Il commence au milieu du chapitre *De justicia,* aux mots : « fieri super aliquem secundum quod dicitur aliquis justiciare suos homines et hujusmodi justicia fit per capcionem mobilium vel feodi vel corporis... » (III, 2) et il s'arrête à ces mots du chapitre *De lege apparenti* : « Notandum siquidem est quod omnes priores exoniatores cum alia fit exonia debent personaliter ad illam interesse. *Explicit cursus Normannie & cet*ᵃ. »

2° F. 62 v°, c. 1 -73 r°, c. 2. — Seconde partie des *Statuta et consuetudines Normannie.*

3° F. 73 r°, c. 2 -78 v°, c. 2. — Compilation des Assises. Texte incomplet qui s'arrête à cette phrase : « remanebit in saisina patris sui super hoc quod dominus Guillelmus

---

[1] Montfaucon, *Bibliotheca bibliothecarum*, t. II, p. 950, c. 1. L. Delisle, *Rec. de jug. de l'Échiquier*, p. 250. J. Tardif, *Coutumiers de Normandie*, t. I. *Le Très ancien coutumier de Normandie*. Rouen, 1881, p. XXII et s.

[2] C'est la date que porte l'*explicit* du f. 91 v° : « Script[um] anno Domini Mᵒccccᵒ xxxᵒ ».

Pouchin dicebat quod habebat moulturam quictam... »
(Assise du 29 mars 1238, à Caen) [1].

4° F. 79 r°, c. 1. — Fragment de l'enquête de 1205 sur les
droits des rois d'Angleterre en Normandie, des mots : « ex
causa et ecclesia eum requirat debet reddi ecclesie... »
à la fin.

5° F. 79 r°, c. 1 et v°, c. 1. — Document relatif à la levée du
fouage (Registre G de Philippe-Auguste, n° 61) [2].

6° F. 79 v°, c. 1 -90 v°, c. 2. — Deuxième compilation des jugements de l'Échiquier [3].

7° F. 90 v°, c. 2 -91 v°. — Fragment d'une compilation de
jugements de l'Échiquier [4].

8° F. 92 r° et v°. — Liste des paroisses de la vicomté de Pont-
Audemer.

9° F. 93 v°-95 v°. — État des redevances dues à l'abbaye de
Préaux dans cette paroisse et à Saint-Symphorien, Selles [5],
Étreville [6].

10° F. 96 r°-111 r°. — Registre de la forêt de Brotonne ou
« Grael de Vatteville » [7].

11° F. 112 r°-118 r°. — Canons d'un synode tenu à Lisieux
en 1321. « *Incipiunt precepta sinodalia recitata et ordinata a
domino Guidone, Lexoviensi episcopo, in sua sinodo estivali
anno Domini M°.ccc°.xxj°* [8]. »

12° F. 118 r°-119 r°. — « *Hec sunt precepta facta decanis* [9] ».

13° F. 119 v°-120 r°. — Nova precepta Petri de Collemedio [10].

---

[1] Léchaudé d'Anisy, *op. cit.*, p. 148, c. 1. Warnkœnig, *op. cit.*, p. 62.
[2] Brussel, *Nouvel examen de l'usage général des fiefs*. Paris, 1750,
t. I, p. 212, n. c. L. Delisle, *Cat. des actes de Philippe-Auguste*, p. xxiii.
[3] L. Delisle, *Rec. de jug. de l'Échiquier*, p. 129, n. 5 ; p. 249.
[4] Warnkœnig, *op. cit.*, p. 68 et 69.
[5] Eure, arr. et cant. de Pont-Audemer.
[6] Eure, arr. de Pont-Audemer, cant. de Routot.
[7] L. Delisle, *Cond. de la classe agricole en Normandie*, p. 341, n. 33.
[8] D. Bessin, *Concilia*, II, p. 479. Cette compilation a beaucoup d'analogie avec les *Præcepta antiqua seu institutorum synodalium diocœsis
Rotomagensis... opusculum. Ibid.*, p. 53-65.
[9] D. Bessin, *Concilia*, II, p. 78.
[10] *Ibid.*, p. 75.

14° F. 120 r°. — « *Sentencia Galonis* [1]. »

15° F. 120 r° -121 v°. — « *Nova statuta de consilio de Ponte Odomari*. Anno Domini M°cc°lxx° nono die Jovis Ascencionis apud Pontem Odomari fuerunt salubriter ordinata... [2] ».

16° F. 121 v° -122 v°. — « Incipiunt instituciones facte in ecclesia Beate Marie de Prato juxta Rothomagum... anno Domini millesimo [cc°] nonagesimo nono die Jovis post octabas Penthecostes [3]. »

17° F. 122 v° -124 v°. — « Hii sunt casus de quibus sacerdos curatus potest absolvere et de quibus debet remittere ad dominum papam... »

18° F. 125 r°. - 170 r°. — « Le livre du secret de l'art de l'artillerye et canonnerye. »

Le lieu d'origine de ce manuscrit est inconnu. Il se trouvait très vraisemblablement à l'abbaye de Préaux avant d'appartenir à Colbert[4]; il entra ensuite à la Bibliothèque du roi, où il fut désigné successivement sous les numéros 9848.1.a. et 4653 (fonds latin).

Reliure en parchemin.

5° *Manuscrit latin 4764* [5].

Volume de 61 feuillets de parchemin, écrits sur deux colonnes, de 250 millimètres sur 175. Il a perdu toutes ses signatures et n'a conservé que quelques réclames. Il a été folioté au XIV° siècle, partie en chiffres romains,

---

1 D. Bessin, *Concilia*, I, p. 107.
2 *Ibid.*, p. 149.
3 *Ibid.*, p. 162.
4 *Cod. Colbert. 1469.* f. 1 r°.
5 Montfaucon, *Bibliotheca bibliothecarum*, t. II, p. 987, c. 1.

partie en chiffres arabes; l'humidité a rongé le haut de presque tous les feuillets.

Il a été transcrit en 1346, comme l'indique l'*explicit*[1]; mais les ff. 1, 2 et 61 sont d'une autre main et datent d'une époque plus récente; l'exécution en est peu soignée.

Ce volume comprend :

1º F. 1-2. — Fragments d'un traité de physique en latin.

2º F. 3-56 vº. — Texte latin du coutumier de Normandie avec la table des chapitres et le second prologue seulement; il se termine à la fin du chapitre *De prescriptione* (cxxv) et est accompagné de notes marginales formées de jugements de l'Échiquier.

3º F. 57 rº, c. 1 et 2. — Jugement de l'Échiquier de Pâques 1257, à Caen.

4º F. 59 rº, c. 2-59 vº, c. 2. — Jugements et arrêts de l'Échiquier postérieurs à 1276 rangés dans l'ordre des chapitres du coutumier[2].

5º F. 60 rº. — Établissement de Philippe-Auguste sur la procédure à suivre en matière de patronage en Normandie. Texte français.

Le manuscrit latin 4764, qui faisait partie de la collection de Colbert[3], est entré avec les autres manuscrits de ce fonds à la Bibliothèque du roi, où il a porté les numéros 10391. 8.8. et 4764 (fonds latin).

---

[1] « Completus est anno quo Anglici intraverunt Franciam. Mºcccºxlvjº ». f. 59 rº, c. 2.

[2] « Hec sunt judicia facta in scacario et p[r]imo super capitulo *De deliberatione nantorum* ». f. 57 rº, c. 2.

[3] *Codex Colb. 4287.* f. 3 rº.

6° *Manuscrit latin 4790*[1].

Volume de 145 feuillets de parchemin de 173 millimètres sur 120, écrits à longues lignes, plus un feuillet
de garde au début. La plupart des réclames se sont conservées; quelques feuillets, notamment le premier, sont
déchirés. Le volume a été folioté à l'époque où il a été
transcrit du f. 23 (j.) au f. 108 (lxxxvj) et, dans le cours
du xv⁰ siècle, le foliotage a été continué jusqu'à la fin.

L'écriture est du commencement du xiv⁰ siècle[2]; dans
le siècle suivant on a ajouté sur les marges des citations
de droit romain et de droit canonique et quelques décisions de jurisprudence normande.

Les nombreux documents que renferme ce manuscrit
sont les suivants :

1° F. 1-15. — Recueil de jugements et d'arrêts de l'Échiquier
postérieurs à 1276[3].

2° F. 15 r⁰-18 r⁰. — Charte aux Normands.

3° F. 18 v⁰-19 r⁰. — Mandement de Louis X aux baillis et
autres justiciers de Normandie relatif à l'exécution de la
Charte normande (Crécy, 20 juillet 1315)[4].

4° F. 20 r⁰-109 r⁰. — Texte latin du coutumier de Normandie
avec les deux prologues et la table des chapitres ; ce texte,
dans lequel ont été intercalées diverses décisions de l'Échiquier[5], finit avec le chapitre *De prescriptione* (cxxv).

---

[1] Montfaucon, *Bibliotheca bibliothecarum*, t. II, p. 1013, c. 2.
[2] Ce manuscrit a été transcrit après 1296, puisqu'un arrêt de l'Échiquier de cette année est intercalé dans le coutumier (f. 42 r⁰). Les ff. 1-19,
qui sont d'une autre main, sont postérieurs à 1315, date de la Charte
normande.
[3] Warnkœnig, *op. cit.*, p. 120.
[4] Bourdot de Richebourg, *Coutumier général*, t. IV, p. 101.
[5] F. 42 r⁰ et v⁰. Warnkœnig, *op. cit.*, p. 143.

5° F. 109 r°-112 v°. — Ordonnance de saint Louis sur la réformation des mœurs (Paris, décembre 1254).

6° F. 112 v°-114 r°. — Règlement de saint Louis sur le duel judiciaire. Texte français.

7° F. 114 r° et v°. — « Coment l'en doit asséer talles en ville. »

8° F. 114 v° et 115 r°. — Ordonnance de saint Louis (mars 1270) et mandement de Philippe IV (23 avril 1294) sur les dîmes[1].

9° F. 115 r°-116 r°. — Fragment du traité dè paix entre saint Louis et Henri III. Texte français.

10° F. 116 r°-124 v°. — Documents extraits du Registre G de Philippe-Auguste, dont ils forment les articles 1, 2, 59, 60, 61, 62, 63, 64 et 79[2].

11° F. 124 v°-126 r°. — Instructions de Philippe III pour l'exécution de l'ordonnance sur les amortissements[3].

12° F. 126 r° et v°. — « C'est la justize as barons et as chevaliers de Normandie[4]... »

13° F. 126 v°-127 r°. — Ordonnance de saint Louis sur les rouelles des Juifs (Paris, 18 juin 1269).

14° F. 127 r°. — Mandement de Philippe III relatif à l'exécution de l'ordonnance précédente.

15° F. 127 r° et v°. — Ordonnance de saint Louis relative à l'expulsion des Lombards et Caorsins.

16° F. 128 r°. — Ordonnance de saint Louis sur les dîmes (mars 1270).

17° F. 128 r° et v°. — Mandement de Philippe IV relatif à l'exécution de cette dernière ordonnance[5].

18° F. 128 v°-129 r°. — Lettre des prélats de Normandie à Philippe-Auguste.

---

[1] *Ordonnances*, t. I, p. 325. D. Bessin, *Concilia*, I, p. 151.
[2] L. Delisle, *Cat. des actes de Philippe-Auguste*, p. xxij et s.
[3] *Ordonnances*, t. I, p. 305, n. e, c. 1-2, et v°, c. 1.
[4] Léchaudé d'Anisy, *op. cit.*, p. 192, c. 2.
[5] Ce document et le précédent sont transcrits plus haut, ff. 114 v° et 115 r°.

19° F. 129 r° et v°. — « *Concilium contra clericos mercatores* »
(Pont-Audemer, 1267).

20° F. 129 v°-130 r°. — Jugement de l'Échiquier de Pâques
1257, à Caen.

21° F. 130 r°-134 v°. — « *Libertates Normannie* ».

22° F. 134 v°-136 v°. — *L'ordenance du Parlement.* Pro celeri
utilitate parlamentorum nostrorum Parisius... »
« Diem habens in Parlamento ipsa die veniat... »

23° F. 136 v°-140 v°. — Coutumes de la prévôté de Caen [1].

24° F. 140 v°-145 r°. — Compilation de jugements et d'arrêts
de l'Échiquier postérieurs à 1276 [2].

Le manuscrit latin 4790 ne porte ni date, ni indication
de provenance. Il renferme toutefois deux documents qui
permettent de croire qu'il a été transcrit soit à Caen, soit
à Bayeux [3]. Diverses mentions et notamment des naissances inscrites sur le feuillet de garde du commencement indiquent qu'il a dû rester quelque temps dans
cette dernière ville [4]. Il offre d'ailleurs une grande analogie de contenu avec le manuscrit latin 12883, qui vient
de Caen. Il a fait partie de la collection de Colbert [5],

---

[1] Léchaudé d'Anisy, *op. cit.*, p. 193-195.

[2] Cette compilation est intitulée : « *Item arresta communia que non
habent loca propria super textum coustume.* »

[3] La présence dans ce ms. du coutumier de la prévôté de Caen
prouve qu'il a été écrit ou tout au moins qu'il dérive d'un volume exécuté à Caen. L'insertion du passage : « L'usage de la ville de Baiex
pour tant comme au pain de forment et d'orge est teil... » (f. 14 v°)
suppose d'autre part que les ff. 1-19 proviennent de Bayeux.

[4] Le feuillet de garde actuel porte des mentions de naissances et de
baptêmes, qui ont eu lieu à Bayeux de 1319 à 1329, telles que celles-ci :
« *Anno Domini M°ccc°xxiiij°* (?) *die veneris in festo exaltacionis sancte
Crucis circa pulsacionem misse B[eate] M[arie] Baiocensis...* » Ces annotations sont de deux mains différentes. La dernière en date relate la
naissance de « *Colinus filius Nicolai de Valleya clerici* ».
Le mot « Baiex » et la signature de « Robert Laude » se lisent également au verso de ce même feuillet.

[5] *Codex Colb.* 6205. f. 2 r°.

d'où il est passé à la Bibliothèque du roi; il y a reçu les cotes 10391.9.9. et 4790 (fonds latin).

Reliure moderne en veau plein au chiffre de Louis-Philippe.

7° *Manuscrit latin 11055*[1].

Volume de 139 feuillets de parchemin, de 212 millimètres sur 148, écrits à longues lignes. Il a conservé toutes ses réclames, mais il n'a pas de signatures. Il a été folioté anciennement en chiffres arabes jusqu'au f. 114.

La transcription de ce volume, assez soigné du reste, a été terminée le 26 juin 1365 par Thomas Juhel[2].

Voici la composition du manuscrit :

1° F. 1-49 r°. — Texte latin du coutumier de Normandie avec la table des chapitres et le second prologue seulement. Ce texte est incomplet : il s'arrête à ces mots du chapitre *De brevi de stabilia :* « dies ipsis et adversis partibus assignetur et exonie, si facte fuerint, ad instanciam partis adverse salvande sunt. » (CXIII, 3).

Les ff. 49 v°, 50 et 51 sont restés blancs.

2°-23° F. 52 r°-135 r°. — Les articles 2 à 23 de ce ms. figurent dans le ms. latin 4651 sous les n°s 5 à 26[3].

24° F. 135 r° et v°. — Bulle *Ad audienciam apostolatus nostri pervenit...* de Nicolas IV (Rieti, 27 septembre 1288)[4].

---

[1] *Bibl. de l'École des chartes,* 2e série, t. II, p. 384. L. Delisle, *Cat. des actes de Philippe-Auguste,* p. xxv. *Rec. de jug. de l'Échiquier,* p. 250.

[2] On lit à la fin du manuscrit la mention suivante : « *Explicit iste liber. Anno Domini M°ccc°lxv° a manu Thome Juhel clerici perfectus fuit die Jovis ante festum Sancti Petri.* » f. 139 r°.

[3] Toutefois la Charte aux Normands, qui a été ajoutée dans le ms. lat. 4651 après coup (n° 11), ne se trouve pas dans ce ms. Il n'y a qu'un fragment de l'enquête de 1205 sur les droits des rois d'Angleterre en Normandie; elle s'arrête à ces mots : « Si vero postea aliquid forisfecerit dominus rex habebit justiciam suam sicut de laico. » f. 60 v°. Teulet, *Layettes,* t. I, p. 297, c. 2, n° 785.

[4] E. Langlois, *Les Registres de Nicolas IV,* p. 70, n° 380.

25º F. 135 vº-136 rº. — Instructions relatives à l'exécution de l'ordonnance sur les amortissements.

26º F. 136 rº et vº. — Mandement de Philippe IV au bailli de Caen sur les amortissements (Paris, 24 avril 1294).

27º F. 136 vº. — Ordonnance de Philippe IV sur les engins de chasse prohibés. « Il sera crié par toutes les casteleries au jour de marchié... [1] »

28º F. 136 vº-137 vº. — Enquête sur les griefs du bailli de Caen contre l'évêque de Bayeux (1294). « Ce sunt vij. cas dont le ballif de Caen fut plaintif as mestres de l'Eschiquier de l'evesque de Baiex... [2] »

29º F. 137 vº-138 vº. — Règlement des avocats de Bayeux. « Advocati Baiocenses debent jurare et tenere ea que continentur in constitutione *Properanter* [3]... »

30º F. 138 vº.—Lettre de Pierre d'Aragon à Charles d'Anjou pour le sommer d'évacuer la Sicile. Réponse de Charles d'Anjou [4].

31º 138 vº-139 rº. — Droits de justice des barons de Normandie.

Ce manuscrit, qui ne porte aucune indication de provenance, a été acheté à la salle Silvestre, le 7 février 1846, par M. Henri Bordier et cédé par lui à la Bibliothèque nationale, où il a été classé d'abord dans le Supplément latin, nº 1290.

Reliure ancienne en velours violet.

8º *Manuscrit latin 11055* [5].

Volume de 153 feuillets de parchemin de 123 millimètres sur 90, écrits à longues lignes. On y remarque

---

[1] *Ordonnances*, t. I, p. 335.
[2] Léchaudé d'Anisy, *op. cit.*, p. 192, c. 1 et 2.
[3] Léchaudé d'Anisy, *op. cit.*, p. 195, c. 1 et 2.
[4] Léchaudé d'Anisy, *op. cit.*, p. 195, c. 1.
[5] Ce manuscrit a été retrouvé en 1832 par L. A. Warnkœnig et décrit par lui dans sa lettre au Congrès scientifique tenu à Caen en 1834. Daviel, *Recherches*, p. 6. Warnkœnig, *Franz. Staats- u. Rechtsgeschichte*, t. II, p. 44, n. 2.

seulement quelques réclames. Les feuillets ont été foliotés en chiffres romains placés au verso à partir du f. 8.
Un feuillet a été arraché entre les ff. 101 et 102. L'écriture
remonte à la première moitié du XIVᵉ siècle.

Ce volume contient :

1º F. 1 -125. — Texte latin du coutumier de Normandie avec
la table des chapitres et le second prologue seulement ; il
se termine à la fin du chapitre *De prescriptione* (cxxv). La
lettre des prélats de Normandie à Philippe-Auguste y est
intercalée.

2º F. 126 -130 vº. — Ordonnance de saint Louis sur la réformation des mœurs (Paris, décembre 1254).

3º F. 130 vº -132 vº. — Règlement de saint Louis sur le duel
judiciaire. Texte français.

4º F. 133 rº. — « Comment l'en doit assaer tallies es viles ».

5º F. 133 vº. — Ordonnance de saint Louis sur les dîmes
(mars 1270).

6º F. 133 vº -135 rº. — Fragment du traité de paix entre
saint Louis et Henri III. Texte français.

7º F. 135 rº -145 rº. — Documents extraits du Registre G de
Philippe-Auguste, où ils forment les articles 1, 2, 59, 60,
61, 62, 64 et 79.

8º F. 145 rº et vº. — « *Le concile contre les clers marcheans* »
(Pont-Audemer, 25 juin 1267).

9º F. 145 vº -146 vº. — Jugement de l'Échiquier de Pâques
1257, à Caen.

10º F. 146 vº -152 rº. — Recueil de jugements et arrêts de
l'Échiquier postérieurs à 1276 [1].

Les annotations marginales renferment de nombreuses
décisions de l'Échiquier.

---

[1] Cette compilation a pour rubrique : « *Item arresta com[m]unia que
non habent locum proprium super textam* (sic) *coustume precedentis* ».

3

Le manuscrit latin 11035 ne contient aucune indication de date, ni de provenance[1]. A la fin du XVIII[e] siècle, il se trouvait à l'abbaye de Saint-Pierre à Gand ; il appartint ensuite à Lammens, bibliothécaire de l'Université de Gand[2], et fut acheté en 1840 par la Bibliothèque royale, où il a porté d'abord le n° 1048 du Supplément latin.

Reliure moderne en veau.

9° *Manuscrit latin 12885*.

Volume de 100 feuillets de parchemin de 330 millimètres sur 220, écrits sur deux colonnes. Il n'a conservé que quelques signatures et quelques réclames. Il a subi des mutilations : un feuillet a été arraché entre les ff. 13 et 14 ; deux cahiers de 12 feuillets, les cahiers v et vi, ont disparu entre les ff. 61 et 62[3], ainsi qu'un demi-cahier de 6 entre les ff. 76 et 77[4]. La partie correspondant au texte du coutumier a été foliotée de i à cj (14-84) à l'époque

---

[1] On trouve cependant dans la formule du bref de nouvelle dessaisine (XCIII, 1) le nom de lieu « *apud Touquam* » (Touques. Calvados, arr. de Pont-l'Evêque, cant. de Trouville).

[2] L'*ex libris* de Lammens est collé à l'intérieur du volume, sur l'un des plats : *Ex bibliotheca | P. P. C. Lammens.*

[3] Le f. 61 porte en effet le n° xlviij et le f. 62 le n° lxxiij. Le f. 31 v° se termine par ces mots : « querela personalis de facto procreata fit ex violencia in personam alicujus per actum irrogata ut percussiones vulner...» (*De querelis*, LXVI, 4), et le f. 62 r° débute ainsi : « corpus enormi percussione frequenter et indebite male et infamose tractare consueverit... » (*De brevi maritagii impediti*, c, 3).

La signature du f. 61 (xlviij) v° est « iiij[us] » et celle du f. 73 (iij[xx]iiij) v° est « vij[us] ».

[4] Le f. 76 correspond au f. iiij[xx]vij et le f. 77 au f. iiij[xx]xiiij. Le f. 76 v° se termine ainsi : « Revocator autem terminum debet habere usque ad primam assisiam precium persolvendi, dum tamen spatium obtineat xv. dierum et interim... » (*De feodis revocandis per bursam*, CXVI, 6) et le f. 77 r° commence en ces termes : « ad reclamationem requirentis exhibetur. Licet autem persone omnes que ad maritagii celebramentum affuerunt... » (*De recordamento maritagii*, CXXI, 16).

de la transcription; le numérotage a été ensuite continué de cij à cxiiij (85-98) dans le courant du XIVe siècle.

L'écriture de ce volume remonte au commencement du XIVe siècle, mais les ff. 1-4 et 99-100 sont de différentes mains et un peu plus anciens que les ff. 5-98[1]. L'exécution en est soignée[2], et en tête de l'ordonnance de décembre 1254 se trouve une petite miniature représentant le roi assis et devant lui un personnage à genoux en costume gris offrant un livre (f. 85 (cij) r°); le feuillet arraché entre les ff. 13 et 14, qui était le premier feuillet du coutumier, devait aussi être enrichi d'une ou de plusieurs miniatures. Entre les ff. 32 (xx) et 35 (xxij), on a coupé un feuillet et recollé un double feuillet avec deux miniatures en face l'une de l'autre, un arbre de consanguinité et un arbre d'affinité avec la légende autour. Le texte et les miniatures paraissent dater de la première moitié du XIIIe siècle.

Le manuscrit latin 12883 comprend :

1° F. 1-4. — Liste des paroisses de la baillie de Caen[3].

2° F. 5-10. — Calendrier à l'usage du diocèse de Bayeux[4].

3° F. 11-84. — Texte latin du coutumier de Normandie avec la table des chapitres et le premier prologue seulement. Ce

[1] Le calendrier, qui fait corps avec le manuscrit et est de la même main, est postérieur à la canonisation de saint Louis, c'est-à-dire à 1297, puisqu'on y lit la mention suivante : « Sancti Ludovici regis et confessoris » (f. 8 v°). De plus le calendrier contient des mentions de décès, dont une remonte à 1297. Ce manuscrit ne peut donc être placé avant 1300.

[2] Le nom de « Will' Le Normant », qui se lit à la fin de la table des chapitres (f. 12 v°, c. 1), paraît être celui du copiste des ff. 5-98.

[3] Cette liste est suivie d'un état des bailliages et sénéchaussées de France ajouté au XVe siècle, antérieurement à 1453 (f. 4 v°).

[4] C'est ce qu'indiquent les mentions suivantes (f. 8 r°) :
« Oct. sancti Johannis. Inventio reliquiarum ecclesie Baiocensis. » (1 juillet).
« Sanctorum Ravenni et Rasiphi... martyrum. » (23 juillet).
A la fin du XIVe siècle on a ajouté « S. Renobert » à la date du 16 mai.

texte ne commence qu'à ces mots du chapitre *De jure :*
« ... Iutem humani federis observatur quod in diversis
diversum invenitur provinciis, prout a diversis juris conditoribus fuerit institutum » (I, 1). Il comprend le chapitre
De prescriptione (cxxv).

4º F. 85 rº -86 vº, c. 2. — Ordonnance de saint Louis sur la
réformation des mœurs (décembre 1254).

5º F. 86 vº, c. 2 -87 vº, c. 1. — Règlement de saint Louis sur
le duel judiciaire. Texte français.

6º F. 87 vº, c. 1. — « Comment l'en doit asseoir les tailles
es viles. »

7º F. 87 vº, c. 2. — Ordonnance de saint Louis sur les dîmes
(mars 1270).

8º F. 87 vº, c. 2. — Mandement de Philippe IV relatif à l'exécution de l'ordonnance précédente (23 avril 1294).

9º F. 88 rº, c. 1 et 2, et vº, c. 1. — Fragment du traité de
paix entre saint Louis et Henri III. Texte français.

10º F. 88 vº, c. 1 -92 vº, c. 1. — Documents extraits du Registre
G de Philippe-Auguste, dont ils forment les articles 1, 2,
59, 60, 61, 62, 63, 64 et 79.

11º F. 92 vº, c. 1 -93 rº, c. 1. — Instructions relatives à l'exécution de l'ordonnance sur les amortissements.

12º F. 93 rº, c. 1 et 2. — Mandement de Philippe IV au bailli
de Caen sur les amortissements (Paris, 24 avril 1294).

13º F. 93 rº, c. 2, et vº, c. 1. — « C'est la justice as barons et
as chevaliers de Normendie... »

14º F. 93 vº, c. 1. — Ordonnance de saint Louis sur les ruelles
des Juifs (Paris, 18 juin 1269).

15º F. 93 vº, c. 2. — Mandement de Philippe III relatif a l'exécution de l'ordonnance précédente.

16º F. 93 vº, c. 2 -94 rº, c. 1. — Ordonnance de saint Louis
relative à l'expulsion des Lombards et Caorsins.

17º F. 94 rº, c. 1 et 2. — « *Concilium contra clericos mercatores* » (Pont-Audemer, 25 juin 1267).

18° F. 94 r°, c. 2, et v°, c. 1. — Jugement de l'Échiquier de Pâques 1257, à Caen.

19° F. 94 v°, c. 1 -96 v°, c. 1. — « *Libertates Normannie* ».

20° F. 96 v°, c. 1 -97 r°, c. 2. — « *L'ordenance du Parlement.* Pro celeri utilitate parlamentorum nostrorum Parisius... Diem habens in parlamento ipsa die veniat... »

21° F. 97 r°, c. 2 -98 v°, c. 2. — Coutumes de la prévôté de Caen.

22° F. 99 r°, c. 1 -100 r°, c. 2. — Recueil de jugements et d'arrêts de l'Échiquier postérieurs à 1276.

Le manuscrit latin 12883 porte des annotations marginales composées de jugements de l'Échiquier, d'ordonnances royales et d'arrêts du Parlement.

La présence d'un calendrier du diocèse de Bayeux indique le lieu d'origine de ce volume. Il était à Caen à une époque voisine de sa transcription et il semble y être resté assez longtemps ; on a en effet noté sur le calendrier des mentions concernant deux fonctionnaires royaux de cette ville[1] ; de plus il porte en marge deux mandements de Philippe le Bel au bailli de Caen (1293 et 1294)[2], et on y trouve jointe une liste de paroisses de la baillie de Caen.

Ce manuscrit a appartenu à la famille de Harlay[3] ; il est passé ensuite à l'abbaye de Saint-Germain des Prés et de là à la Bibliothèque nationale.

Reliure moderne en parchemin.

[1] F. 8 r°. « Obitus defunctorum parentum N. Pot'. nuper vic[ecomitis] Cadomi et post Baioc[arum], modo Monasterii Villare, qui obierunt mence (sic) isto [julio] M iiij°. »
F. 9 r°. « Obitus Guillelmi de Gripeello, armigeri, quondam vicecomitis Cadom[i], qui obiit anno nonagesimo septimo die sancti Mathei Pictav[is]. »
C'est sans doute cette dernière mention qui a fait attribuer à ce manuscrit la date de 1296 qu'on trouve deux fois f. 1 r° :
Jura et instituta Normanniæ. || anno 1296.
Instituta Normanniæ. 1296.

[2] F. 32(xx) v°.

[3] Il portait dans la collection de Harlay le n° 423. f. 1 r°. — On trouve encore sur le même feuillet de garde les cotes 1397 et vm. 85. 37.

10° *Manuscrit latin 14689*[1].

Volume de 138 feuillets de parchemin de 284 millimètres sur 198. Il a perdu ses signatures, mais il a conservé presque toutes ses réclames. Il a été folioté d'abord
en chiffres romains, à la fin du xive siècle, de i à cxv; il
a été de nouveau folioté entièrement en chiffres arabes
au siècle suivant.

L'écriture de ce manuscrit est sur deux colonnes, sauf
les ff. 118-120 et 133 v°-136 qui sont écrits à longues
lignes. Elle remonte pour la plus grande partie au
xive siècle; mais elle est de différentes mains : les feuillets de garde, les ff. 117-120, 133 v°-136 sont en cursive
de la fin du xive siècle.

Le manuscrit latin 14689 renferme :

1° Deux ff. de garde. — Fragments d'un traité de médecine en
français. Prières.

2° F. 1-116. — Texte latin du coutumier de Normandie avec
la table des chapitres et les deux prologues; il s'arrête à
ces mots du chapitre *De lege apparenti* : « Notandum siquidem quod omnes priores essoniatores cum alia fit essonia debent ad illam personaliter interesse » (cxxiv, 8).

3° F. 117-120 et 133 v°-136 r°. — Traité de droit canon et formulaire à l'usage des officialités par Eude de Saint-Denis.
« Quoniam proposuimus instruere literarum usualium tri-
plicem cursum... »

4° F. 121 r°-133 r°. — Compilation de droit romain. « *Cist
tires est de justice et de droit et dit dont drois est dis et en
quantes manieres il est apelés.* — Tu me demandes que est

---

[1] Marnier, *Le Conseil de Pierre de Fontaines*. Paris, 1846. Introduction, p. xliij.

justice et que est drois. La lois escrite dit : Justice est volenté ferme et perdurable... [1] »

Ce volume, qui faisait partie de la bibliothèque de Saint-Victor dès le xv⁰ siècle [2], est entré à la Bibliothèque nationale avec les autres manuscrits de cette abbaye (fonds Saint-Victor, n° 845).

Reliure en parchemin sur ais de chêne.

11° Manuscrit latin 14690.

Volume de 77 feuillets de parchemin de 278 millimètres sur 195, écrits sur deux colonnes. Il n'y a plus de signatures, mais toutes les réclames se sont conservées.

Ce manuscrit, qui date de la première moitié du xiv⁰ siècle, ne comprend que le texte latin du coutumier de Normandie avec la table des chapitres et les deux prologues. Le texte est mutilé et il finit aujourd'hui à ces mots du chapitre De lege apparenti : « de dicta querela per verba secutoris et per responsionem defensoris potest et debet prelium vadiari et tunc recipiet... » (cxxiv, 13), mais il devait comprendre le chapitre De prescriptione [3].

---

[1] Ce fragment a été publié d'après le ms. latin 14689 par Marnier, op. cit. Appendice, p. 472-504.

[2] On lit au recto du premier feuillet, au-dessous des armes de Saint-Victor, l'ex libris suivant du xv⁰ siècle :
« Iste liber est sancti Victoris Parisiensis. Quicunque eum furatus fuerit vel celaverit vel titulum istum deleverit anathema sit. Amen. »
Il est ainsi décrit dans le catalogue de Claude de Grandrue de 1513 :
« S. 13. Cursus seu constituciones ducatus Normannie... » Catalogus typographicus... a Claudio de Grandivico (Bibl. nat., ms. lat. 14767) f° 57 v°. — Il porte encore les cotes : B. b. 28 (catalogue de Ch. Le Tonnelier de 1677). — 1002, et — 1121. Franklin, Les anciennes bibliothèques de Paris. Paris, 1867, t. I, p. 175 et 183.

[3] On trouve au bas du f. 6 r° la mention suivante du xiv⁰ siècle :
« Nota quod in folio sequenti capitulum de prescriptione invenies multas declarationes que sunt de officio vicecomitis. » — La rubrique De prescriptione temporis figure du reste dans la table des chapitres. f. 2 v°, c. 2.

Les marges de ce manuscrit portent des annotations du xive et du xve siècles empruntées à des jugements de l'Échiquier, à des arrêts du Parlement ou à des ordonnances royales; on y trouve aussi quelques renvois aux textes de droit romain ou canonique.

Ce volume, avant d'entrer à la Bibliothèque nationale (fonds Saint-Victor, no 291), avait appartenu à l'abbaye de Saint-Victor, qui l'avait vraisemblablement acquis à une époque assez récente[1].

Reliure pleine en parchemin aux armes de Saint-Victor.

12° *Manuscrit latin 15068.*

Volume de 54 feuillets de parchemin de 215 millimètres sur 164, écrits sur deux colonnes. Il a conservé toutes ses signatures et toutes ses réclames et a été folioté en chiffres romains à l'époque où il a été transcrit.

Il n'est pas daté; mais d'après les documents qu'il contient, il a dû être exécuté dans les premières années du xive siècle, entre 1298 et 1317[2].

---

[1] Ce manuscrit porte au bas du f. 1 ro les mots : « *Ex Biblioth Mss Sti Victoris parisiensis* », écrits de la main de Bouet de la Noue, bibliothécaire de Saint-Victor. Il n'a pas en outre les cotes des catalogues de Claude de Grandrue et de Le Tonnelier. Il semble donc être entré à Saint-Victor entre 1677, date de ce dernier catalogue, et 1684, époque où Bouet redevint bibliothécaire. Les seules cotes qu'on y relève (897 et 423) sont en effet du xviiie siècle. Franklin, *op. cit.*, t. I, p. 154 et 160. La note marginale du f. 37 ro : « *Concordat c. Intelleximus* Extra De judiciis, *quod in parlamento et castileto non servatur* », pourrait faire supposer que ce ms. était à Paris au xvie siècle. On trouve sur le même feuillet la signature « I. » ou « Y. Courtoys », peut-être celle de l'annotateur.

[2] D'une part le plus récent des jugements insérés dans le coutumier se rapporte à l'assise tenue à Falaise en 1297 (f. xj ro, c. 2). D'autre part, dans la liste des archevéchés et évéchés de France inscrite sur le dernier feuillet, qui fait corps avec le reste du manuscrit, Toulouse figure encore comme évéché suffragant de Narbonne; or Toulouse a été érigé en archevéché par une bulle du 26 mai 1317.

Voici la composition de ce volume :

1° F. i-lj v°, c. 1. — Texte latin du coutumier de Normandie avec la table des chapitres et le second prologue seulement[1] ; il se termine à la fin du chapitre *De prescriptione* (CXXV). La table contient à la suite des chapitres du coutumier l'indication d'ordonnances et de textes de droit normand, qui font partie du Registre G de Philippe-Auguste, ainsi que l'analyse de jugements de l'Échiquier ; mais la plupart de ces documents n'ont pas été transcrits.

Le copiste a inséré dans le corps du texte un certain nombre de jugements et d'arrêts de l'Échiquier que l'on retrouve sur les marges d'autres manuscrits.

2° F. lj v°, c. 2 -lij r°, c. 2. — Fragment de l'ordonnance de saint Louis de décembre 1254.

3° F. lij r°, c. 2 et v°, c. 1 et 2. — Sept jugements de l'Échiquier, dont le dernier est de la session de Pâques 1296, à Rouen[2].

4° F. liij v°. — Liste des noms latins et français des archevêchés et évêchés de France.

Le manuscrit latin 15068 appartenait déjà au XVe siècle à l'abbaye de Saint-Victor[3] ; il est passé de là à la Bibliothèque nationale (fonds Saint-Victor, n° 492)[4].

---

[1] Le premier prologue a été copié à la fin du XVe siècle au verso du feuillet de garde actuel, qui était autrefois collé sur la reliure.

[2] Warnkœnig, *op. cit.*, Urkundenbuch, p. 144.

[3] On trouve en tête cette mention du XVe siècle :
« Hic liber est Sancti Victoris Parisiensis
« Inveniens quis ei reddat amore Dei. »

[4] Ce manuscrit a porté différentes cotes :
« S. 14, dans le catalogue de Claude de Grandrue, qui le décrit ainsi : « Liber in pargameno et papiro in quo habentur Summa de legibus in curia laicali que dicuntur consuetudines Normannie...» *Cat. typ... a Claudio de Grandivico* (Bibl. nat., ms. lat. 14767) f° 57 v°. — E. g. 27, qui correspond au classement de 1677, — 252 et — 699.

Dans une note inscrite au verso du feuillet de garde, Bouet de la Noue indique qu'il a collationné le texte de ce manuscrit avec celui des « deux autres coppies qui sont icy », c'est-à-dire les mss. lat. 14689 et 14690.

L'ancienne reliure en parchemin vert aux armes de Saint-Victor a été remplacée par une reliure moderne.

13° *Manuscrit latin 18568*[1].

Volume de 101 feuillets de parchemin à longues lignes, hauts de 192 millimètres et larges de 132. Il a été écrit dans les dernières années du XIIIe siècle[2] et probablement par le même scribe, sauf toutefois les quelques lignes ajoutées à la suite du chapitre *De lege apparenti* (CXXIV, 8), qui sont d'une autre main et d'une date plus récente (f. 88 v°). On ne remarque dans ce manuscrit que quelques réclames et une signature (f. 41 r°).

Ce volume comprend :

1° F. 1-88 v°. — Texte latin du coutumier de Normandie avec la table et les deux prologues ; il se termine à ces mots du chapitre *De lege apparenti* : « Notandum siquidem est quod omnes priores exoniatores cum alia fit exonia debent personaliter ad illam interesse » (CXXIV, 8).

Postérieurement à la transcription du coutumier, on a ajouté la suite du chapitre *De lege apparenti* jusqu'à ces mots : « et si post ejus restitutionem deficiens fuerit restitutum... » (CXXIV, 10).

2° F. 89 r°-100 v°. — Seconde partie des *Statuta et consuetudines Normannie*. « Hec sunt jura facta in tempore regis Henrici per barones suos et milites... »

---

[1] J. Tardif, *Coutumiers de Normandie*, t. I. *Le Très ancien coutumier de Normandie*, p. XIX et s.

[2] C'est la date que lui avait assignée l'abbé Lebeuf dans une note mise au recto du feuillet de garde et ainsi conçue :

« Jura Normanniæ — $\frac{E}{2}$ — à la Bibliothèque de l'Église — de Paris. — Écriture d'environ — l'an 1300. »

Les paragraphes 1 à 4 du chapitre *De monetagio* (xiv) ont été reproduits littéralement à la suite de ce dernier texte.

De même les passages additionnels que l'on trouve dans certains manuscrits de la *Summa de legibus* ont été ajoutés ici sur les marges dans le courant du xive siècle ainsi que quelques autres annotations, notamment un jugement de l'Échiquier de Pâques 1218[1].

Le manuscrit latin 18368 appartenait dans les derniers siècles au chapitre de Notre-Dame[2], et il est entré à la Bibliothèque nationale avec les autres manuscrits de ce fonds (n° 251). On rencontre sur les feuillets de garde quelques signatures d'anciens possesseurs du volume; l'une d'elles semble indiquer qu'il se trouvait anciennement dans les environs de Bayeux[3].

Reliure pleine en parchemin.

14° *Manuscrit latin 18557*[4].

Volume de 128 feuillets de parchemin de 146 millimètres sur 112[5]. Il n'a conservé qu'un petit nombre de

---

[1] F. 25 v°. L. Delisle, *Rec. de jug. de l'Échiquier*, p. 58, n° 230.

[2] Il portait dans la bibliothèque du chapitre la cote $\frac{k}{2}$.

[3] On lit au verso du feuillet de garde du commencement les souscriptions suivantes : « Cotin » — « Rob[er]ti Suhart », et f. 2 v° cette autre : « Menier ».
Cette dernière signature est de la même encre et peut-être de la même main que la date de « mil ccc. iiijxx. xvij. le premer jour d'aoust » inscrite au haut du f. 65 r°.
Quant à la famille Suhart, elle appartenait au pays de Bayeux; il est donc probable que le ms. se trouvait dans cette région de la Normandie au xive ou au xve siècle et peut-être qu'il en provenait. Léchaudé d'Anisy (*Mém. de la Soc. des Ant. de Normandie*, t. VIII, p. 548, c. 2).

[4] *Monumenta Germaniae*, in-4°. *Poetae latini aevi carolini* ed. Dümmler, t. I, p. 441.

[5] Ces mesures ne s'appliquent qu'à la seconde partie du ms. (ff. 32-128); les dimensions sont un peu moindres pour la première partie.

signatures et de réclames qui ont échappé à la rognure [1].
Il a été folioté à deux reprises : le premier numérotage
en chiffres romains, du xive siècle, ne commence qu'au
f. 41 vo ; le second, en chiffres arabes, qui date du
xviie siècle, s'arrêtait au f. 31, mais il vient d'être continué.

Ce volume se compose de deux parties de date très différente reliées ensemble au xviie siècle : 1o les 31 premiers feuillets remontent au xe siècle ; 2o les 97 derniers
feuillets, écrits à longues lignes en minuscule gothique
écrasée, ne sont pas antérieurs aux dernières années du
xiiie siècle [2]. La distribution des feuillets en cahiers n'est
pas la même [3] ; en outre, la réglure est à la pointe sèche
dans la première partie et à la mine de plomb dans la
seconde. L'exécution de cette dernière partie est peu
soignée : il n'y a ni lettrines, ni enluminures, et les blancs
laissés en tête de chaque chapitre pour y placer une lettre
ornée n'ont pas été remplis. Il manque à la fin un ou deux

---

[1] Il n'est resté que les signatures correspondant aux cahiers ij., iij.
et iiij. de la seconde partie du ms. (ff. 44 (iiij) ro, 56 (xvj) ro et 68
(xxviij) ro). On ne trouve plus que les deux dernières réclames (ff. 115
(lxxv) vo et 127 (lxxxvij) vo).

[2] Le calendrier placé en tête de la seconde partie du ms. fait corps
avec elle ; il est de la même écriture et les neuf feuillets dont il se compose forment un seul cahier avec les trois premiers du coutumier.
Ce calendrier contient la mention suivante : « Ludovici regis. ix
lectionum » (f. 38 ro). La bulle de canonisation de saint Louis étant
du 11 août 1297 (Rec. des Hist. de France, t. XXIII, p. 160 a. Acta
Sanctorum, Aug., t. V, p. 532 a), le nom de ce prince n'a pu être ins-
crit avant cette date : le calendrier et par suite le manuscrit sont donc
postérieurs à 1297 ; mais la forme arrondie de l'écriture et l'emploi du
signe archaïque ɔ pour représenter la syllabe cum ou con ne permettent
pas de reculer la transcription de ce volume au-delà des premières
années du xive siècle.
M. L. Delisle (Bull. de la Soc. des Antiquaires de Normandie, t. II,
p. 314) attribue ce manuscrit au xiiie siècle et c'est aussi la date que
donne l'abbé Lebeuf dans l'annotation inscrite sur le feuillet de garde
du commencement :
« Theodulphe est d'une ecriture du 9e siècle.
« Le reste du treize (sic) a quatorzième siècle. »

[3] Dans la seconde partie, les cahiers sauf un ont 12 feuillets, tandis que
ce nombre varie dans la première.

feuillets, puisque le f. 127 porte le chiffre lxxxvij et le f. 128 et dernier le chiffre lxxxix[1].

Le manuscrit latin 18557 comprend :

1° F. 1-31 v°. — « *Versus Teudulfi episcopi contra judices*[2]. — *Incipit epistola ejusdem ad Motuinum episcopum de carcere missa*[3] ». Il ne reste que sept vers de cette épître.

2° F. 32-40. — Calendrier à l'usage du diocèse de Coutances[4].

3° F. 41-127. — Texte latin du coutumier de Normandie avec les deux prologues et la table des chapitres, dont le dernier article est intitulé *De feodo et firma*. Le texte s'arrête avant la fin de ce chapitre aux mots : « Multi autem juris periti dicunt quod similes fieri... » (CXII, 4). ·

4° F. 128 r°. — Fragment de l'établissement de Philippe-Auguste réglant la procédure à suivre en matière de patronage d'église; il n'en reste que cette phrase : « jurabunt nec inquisitor, sed episcopus vicinus statuatur loco episcopi qui clamat vel archiepiscopus tanquam superior, si archiepiscopus non sit de querela », suivie de l'*explicit* : « Finito libro sit laus et gloria Christo ».

5° F. 128 r°. — « Ce sont les droiz taux[és] pour mallefaç[ons] de corps. » Document ajouté après coup au xiv° siècle.

La seconde partie du volume, comme l'indique le calendrier, a été exécutée dans le diocèse de Coutances et

---

[1] Le f. 127 v° s'arrête à ces mots : « Multi autem juris periti dicunt quod si... » et le f. 128 r° reprend : « jurabunt nec inquisitor... » Or la réclame du f. 127 v° porte les mots : « miles fieri », qui sont précisément la continuation de la phrase interrompue (CXII, 4).

[2] Dümmler, *Poetae latini aevi carolini*, t. I, p. 493-517.

[3] *Ibid.*, p. 563.

[4] On trouve dans ce calendrier ces mentions caractéristiques : « xvij. Kal. Aug. Sancti Helerii martyris. more oct[abarum]. » (16 juillet). « xv. Kal. Aug. Anulphi (*sic*) et Clari martyrum. ix. lectionum. » (18 juillet). « xv. Kal. Oct. Flocelli martyris. ix. lectionum. » (17 septembre). « ij. Kal. Oct. Reliquiarum ecclesie Constanciensis. Duplex. » (30 septembre). « xiiij. Kal. Dec. Rumpharii. Semiduplex. » (18 novembre).

peut-être dans une abbaye ou un prieuré ; elle a été en effet transcrite par un scribe de profession n'ayant aucune connaissance des termes juridiques[1]; on y constate parfois la main d'un correcteur et les blancs ménagés lors de la transcription attestent la présence d'un enlumineur à côté du copiste.

Le manuscrit latin 18557 a appartenu à Paul Petau[2], dont on reconnaît l'écriture dans diverses mentions inscrites au dos[3]; il est passé ensuite dans la bibliothèque du chapitre de Notre-Dame[4] et de là à la Bibliothèque nationale (fonds Notre-Dame, n° 220).

Reliure pleine en parchemin.

---

[1] Voy. p. cvi, n. 2.

[2] La cote caractéristique N. 28 se lit au haut du premier feuillet à droite. De plus la reliure pleine en parchemin blanc avec encadrement de deux filets à froid sur les plats et quatre trous pour passer des cordelettes de cuir est propre aux manuscrits de Petau. On la retrouve notamment dans le ms. latin 14192 de la Bibl. nat., qui porte la signature de Paul Petau et la cote S. 51.

Le ms. lat. 18557 est le volume désigné sous le titre de « *Registrum judicii Normannorum* » dans le plus ancien catalogue des manuscrits de la reine de Suède rédigé à Anvers en 1655, mais où I. Vossius paraît avoir simplement reproduit un catalogue de la collection Petau (Vat. 8171. Copie dans le ms. lat. 9372 de la Bibl. nat., f. 143 r°. Montfaucon, *Bibl. bibl.*, t. I, p. 93, c. 2). Ce manuscrit est le seul des exemplaires connus du coutumier latin qui porte l'intitulé « *Registrum de judiciis Norm.* », indiqué dans l'inventaire de 1655.

[3] On lit au dos de la main de Paul Petau :

Theodulphi Epi [ve]rsus ad judi[ces]	Normanniæ Consuetudines	Deus feilletz d'esclavon MS.

et au haut du f. 1 r° :

Theudulphi Epi Aurelian.
Versus ad judices.

[4] Ce ms. a porté dans la bibliothèque capitulaire les cotes $\frac{G}{4}$ et B. 8. Bibl. nat. Nouv. acq. franç. 5479, f. 234.

§ 3. *Manuscrits des autres Bibliothèques publiques de France.*

1° *Manuscrit de la Bibliothèque de l'Arsenal, n° 804*[1].

Volume de 106 feuillets de parchemin, écrits à longues lignes, de 255 millimètres sur 169. Il a conservé toutes ses réclames sauf deux, et la moitié environ des cahiers sont signés. Il a été folioté en chiffres romains à l'époque de sa transcription ; la transposition des feuillets lviij et lxiij provient d'une erreur de numérotage[2].

Il a été exécuté avec beaucoup de soin au commencement du XIVe siècle, et est orné de lettrines et d'encadrements ; le premier feuillet, aujourd'hui mutilé, devait contenir une miniature.

Ce volume ne renferme que le texte latin du coutumier de Normandie avec le second prologue seulement et sans la table des chapitres ; il se termine à la fin du chapitre *De prescriptione* (cxxv).

Le copiste a intercalé dans le texte, entre les chapitres XXII*bis* et XXIII, deux mandements de Philippe le Bel au bailli de Caen de 1293 et de 1294[3]. Des extraits de jugements et arrêts de l'Échiquier au XIIIe siècle ont été aussi notés sur les marges.

Le manuscrit 804 (Jurisprudence latine, n° 71) ne porte aucune indication de provenance.

Reliure pleine en chagrin vert.

---

[1] H. Martin, *Catalogue des manuscrits de la Bibliothèque de l'Arsenal*. Paris, 1885-92, t. II, p. 108.
[2] Les ff. lxiij et lviij doivent être reportés entre les ff. 60 et 61.
[3] F. xx r° et v°.

2° *Manuscrit de la Bibliothèque Sainte-Geneviève, F. l. 4*[1].

Volume de 96 feuillets de vélin, à deux colonnes, de 175 millimètres sur 125, dont 87 seulement sont écrits. La plupart des réclames ont disparu, mais les signatures sont restées. Les feuillets viennent d'être foliotés. L'écriture, qui est de la même main, remonte au dernier tiers du XIII° siècle[2].

Voici le contenu de ce volume :

1° F. 2 -58 v°, c. 1. — Texte latin du coutumier de Normandie sans la table des chapitres et le premier prologue ; il finit avec le chapitre *De prescriptione* (CXXV).

2° F. 58 v°, c. 2 -83 v°, c. 1.—Petits traités de droit canonique.

« *Incipit modus et ordo juris secundum quem procedendum est in causis in foro ecclesiastico ventilandis et terminandis.* Officialis de N. presbitero de C. salutem... »

« *Incipit Summa causarum de facto et usu curie. Ut nos minores in jure aliquo modo possimus instrui...*[3] ».

« *Incipiunt excepti[ones] canonice. Et primo ponamus ordinem capitulorum.* »

3° F. 88 v°. — Formules de droit canonique. *Citatio. Excommunicatio. Absolutio. Procuratio.*

Ce manuscrit a été exécuté dans le diocèse et peut-être dans la ville de Bayeux[4]. Il faisait partie de la biblio-

---

[1] Ch. Kohler, *Catalogue des manuscrits de la Bibliothèque Sainte-Geneviève*, t. II, n° 2995.

[2] Une des formules de droit canonique ajoutées par le copiste à la fin du ms. est une *citatio* de l'année 1263, f. 88 v°, c. 2.

[3] Texte de la Somme d'Adenulf d'Anagni, qui fut doyen de Bayeux, prévôt de Saint-Omer, chanoine et évêque de Paris, où il professa le droit canon. *Nouv. Revue hist. de droit français et étranger*, 1890, t. XIV, p. 163.

[4] La formule de *citatio* de l'an 1263 est empruntée à une espèce du diocèse de Bayeux :

« Cantor Baiocensis unicus judex a domino papa delegatus Sancti Petri de Cadomo et Sancti Martini de Roca presbiteris salutem in Domino... Datum anno Domini M°cc°lx°mo tercio, die tali. »

thèque des chanoines de Sainte-Geneviève en 1736 (n° 41)[1]. Aujourd'hui il est coté F. lat. 4, in-8, et désigné sous le titre d'*Elementa juris*. On ignore où il se trouvait avant d'être acquis par les Génovéfains ; on peut seulement supposer qu'il est resté jusqu'au xve siècle en Basse-Normandie[2].

Reliure en veau plein à fermoirs du commencement du xvie siècle avec petits fers sur les plats[3].

3° *Manuscrit de la Bibliothèque de Rouen, Y. 25*[4].

Volume de 83 feuillets de parchemin de 228 millimètres sur 158, écrits sur deux colonnes. Il a perdu un feuillet, qui a été coupé entre les ff. 46 et 47; il paraît aussi avoir subi une autre mutilation après le f. 79[5]. Il a été folioté récemment.

Ce manuscrit date de la fin du xiiie siècle. Peut-être les cahiers ont-ils été transcrits en même temps par

---

[1] On trouve les *ex libris* suivants :
F. 2 r° « 41. Ex libris Sanctæ Genovefæ Paris[iensis]. 1736. »
F. 23 r° « B. Sanctæ Genovefæ Parisiensis. »
et sur les plats les cotes 276 et F. 173. Le feuillet de garde du commencement porte une analyse sommaire du contenu de la main de l'abbé Lebeuf.

[2] Les notes suivantes inscrites à la fin du ms. à cette époque paraissent indiquer qu'il se trouvait alors dans cette région :
« Nicolaus Lemarié gagiavit Johanni Potier in manibus nostris summam xxxvj. s. t. ad solvendum in festo Omnium Sanctorum... »
« Die octava mensis septembris anno Domini... Petrus Gaillart de Boyseyo gagiavit Guidoni Chollet summam xxxv. s. t... »
Boissey (Calvados, arr. de Lisieux, cant. de Saint-Pierre-sur-Dive). — Léchaudé d'Anisy, *Mém. de la Soc. des Antiquaires de Normandie*, t. VII, p. 262, n° 93 ; t. VIII, p. 117, n° 901.

[3] Le nom de « Gosselin », répété plusieurs fois avec la lettre « A », dans l'ornementation des plats, peut être celui d'un ancien possesseur du volume.

[4] Daviel, *Recherches*, p. 41. L. Delisle, *Rec. de jug. de l'Echiquier*, p. 249. E. Frère, *Catalogue des manuscrits de la Bibliothèque municipale de Rouen relatifs à la Normandie*. Rouen, 1874, p. 66, n° 113. H. Omont, *Catalogue général des manuscrits des Bibliothèques publiques de France*. 1886, t. I. Rouen, p. 220, n° 818.

[5] Le f. 75 est transposé et intercalé entre les ff. 38 et 39.

plusieurs copistes ; l'écriture des différentes parties du volume ne se ressemble pas et cependant les réclames toutes conservées, sont de la même main et il y a partout même nombre de lignes et même genre de réglure. L'exécution est peu soignée : les blancs laissés pour les rubriques n'ont pas été remplis.

On trouve dans le manuscrit Y. 23 :

1° F. 1-51 v°. — Texte latin du coutumier de Normandie avec les deux prologues et la table des chapitres de la première partie seulement, quoique le texte comprenne le chapitre *De prescriptione* (CXXV).

2° F. 51 v^c, c. 1 et 2. — Fragments d'une enquête sur les droits régaliens du duc de Normandie sous Henri II[1].

3° F. 51 v° -82 v°. — Première compilation des jugements de l'Échiquier[2].

4° F. 82 v°, c. 2. — Ordonnance de saint Louis sur les dîmes (mars 1270).

Ce manuscrit, qui provient vraisemblablement de Bayeux ou des environs[3], est passé de l'abbaye de Jumièges[4] à la bibliothèque de la ville de Rouen[5].

Reliure moderne en veau plein à petits fers.

---

[1] Le texte de cette enquête a été inséré dans les *Statuta et consuetudines Normanniæ*, P. II, Add. I-V (C. LXVI-LXX). La partie conservée dans le ms. Y. 23 correspond aux ch. add. I, § 2 (LXVI, § 2), III (LXVIII) et V (LXX).

[2] Ce manuscrit a servi de base à l'édition des jugements de l'Echiquier qu'a donnée M. L. Delisle.

[3] On rencontre à deux reprises dans les formules du bref de patronage d'église (CX, 1, 2) le village de Noron (Calvados, arr. et cant. de Falaise, ou plutôt arr. de Bayeux, cant. de Balleroy).

[4] On trouve sur le feuillet de garde les mentions :
« D. 41. || Statuta et Consuetudines || Normanniæ. || Monasterii Gemmeticensis. »
Elles se rapportent au catalogue de D. Maur Benetot de 1656. Carnets de Bigot, f. 78 v° (Bibl. nat., Supplément grec, 1075). Montfaucon, *Bibl. bibl.*, t. II, p. 1211, c. 2.

[5] Le manuscrit Y. 23 a été coté autrefois Y. $\frac{9}{90}$.

4° *Manuscrit de la Bibliothèque de Rouen, Y. 204*[1].

Volume de 108 feuillets de parchemin de 218 millimètres sur 150, écrits à longues lignes. Il a conservé la
plupart des signatures et des réclames, et n'a été folioté
que de nos jours. L'exécution en est très négligée. Il a
été transcrit dans la première moitié du xiv° siècle,
après 1340[2].

Voici le contenu de ce volume :

1° F. 2-4. — Table des chapitres du coutumier de Normandie.

2° F. 5 r°. — Extrait d'un jugement de l'Échiquier de la
Saint-Michel 1296.

3° F. 5 v°-7 r°. — Charte aux Normands.

4° F. 7 v°. — Mandement de Louis X relatif à l'exécution de
l'acte précédent (20 juillet 1315).

5° F. 8-9. — Confirmation par Philippe VI de la Charte aux
Normands (Poissy, mars 1339-40)[3].

6° F. 10 v°-106 r°. — Texte latin du coutumier de Normandie
avec la version française en regard. Ce texte se termine
aux derniers mots du chapitre *De prescriptione* (cxxv). On
trouve intercalé dans le coutumier latin le mandement de
Philippe IV du 22 mars 1294 (f. 30 v°).

7° F. 107 r°-108 v°. — Ordonnance de Philippe VI sur les
monnaies (1 janvier 1337). Texte français.

---

[1] Daviel, *op. cit.*, p. 41. Frère, *op. cit.*, p. 70, n° 128. Omont, *op. cit.*,
t. I, p. 224, n° 877.

[2] Ce manuscrit a été attribué à l'année 1339 (ff. 1 r° et 10 v°), parce
qu'on trouve transcrit avant le coutumier un acte de Philippe VI du
mois de mars 1339-40 (ff. 8 et 9) ; la date de 1339 a été aussi reproduite
au dos. Ce document paraît être de la même main que le reste du
volume, sauf les ff. 5-7.
Un feuillet resté blanc (f. 106 v°) porte ces mots écrits au xiv° siècle :
« Iste Leber (*ou* Reber) || qui fecit iste liber (*sic*) sit benedictus. Amen
in secula seculorum. Amen. » Peut-être est-ce la souscription du copiste ?

[3] *Coutumier général*, t. IV, p. 99-102.

Le manuscrit Y. 204 a successivement appartenu aux abbayes de Saint-Evroul [1] et de Saint-Ouen de Rouen [2] avant d'entrer à la bibliothèque de cette ville [3].

Reliure en veau plein.

§ 4. *Manuscrits des Bibliothèques publiques de l'étranger.*

1° *Manuscrit de la Bibliothèque du Vatican,* Fonds Ottoboni, n° 2964 [4].

Volume de 136 feuillets de parchemin, y compris 2 feuillets de garde, de 235 millimètres sur 170, écrits sur deux colonnes. Il a conservé la plupart des réclames, mais a été folioté récemment; les ff. 4-20 portent seuls un ancien numérotage.

L'écriture est du commencement, les notes marginales de la seconde moitié du XIVe siècle.

Le manuscrit Ottoboni 2964 comprend :

1° F. 1 r° -81 r°, c. 2. — Le texte latin du coutumier de Normandie avec les deux prologues et la table des matières

---

[1] On y lit cette phrase comminatoire : « Cest livre est de l'aboie (*sic*) de Saint Evroul. [[Qui le vo[ler]a pendu sera au gibet » (f. 1 r°).

[2] C'est ce qu'indiquent les *ex libris* :
F. 1 r° et 2 r°. « Monasterii S. Audoeni Rotomag. ord. S. Benedicti. »
F. 5 r°. « Ex libris Monasterii S. Audoeni Rothomag. ord. S. Bened. Congregationis S. Mauri. Catal. inscript. »
Cette dernière mention se réfère vraisemblablement au catalogue de 1673 cité par Bigot, Carnets, f° 125 r° (Bibl. nat., Suppl. grec, 1075) et utilisé par Montfaucon, *Bibl. bibl.*, t. II, p. 1239, c. 2.

[3] La cote « De l'abbaye de Sᵗ Ouen. O. 136 » (f. 2 r°), se rapporte à un ancien classement de la bibliothèque de Rouen.

[4] Ce manuscrit a été signalé pour la première fois par M. Tuetey, *Archives des Missions scientifiques et littéraires*, 1880, 3ᵉ s., t. VI, p. 7, n. 2, et depuis par M. L. Auvray, *Jugements de l'Échiquier de Normandie du XIIIᵉ siècle tirés d'un manuscrit du Vatican (Bibl. de l'École des chartes*, 1888, t. XLIX, p. 635).

contenues dans le volume [1]. Il se termine à ces mots du ch. *De lege apparenti* (CXXIV, 8) : « Notandum siquidem quod omnes priores essoniatores cum alia fit essonia debent ad illam personaliter interesse. »

2° F. 81 r°, c. 2 -82 r°, c. 1. — « *Consilium regis Philippi de jure patronatus ecclesiarum* ». Établissement de Philippe-Auguste sur la procédure à suivre en matière de patronage.

3° F. 82 r°, c. 1 -106 r°, c. 2. — « *Judicia Scaquariorum* ». Quatrième compilation des jugements de l'Échiquier (1207-1248). Texte latin [2].

4° F. 106 r°, c. 2 -120 v°, c. 2. — « *Antiqua consuetudo Normannie* ». *Statuta et consuetudines Normannie*, Pars I (C. I-LXV).

5° F. 120 v°, c. 2 -121 v°, c. 2. — Enquête sur les droits des rois d'Angleterre en Normandie (1205).

6° F. 121 v°, c. 2 -122 r°, c. 2. — Fragment *De focagio* (Registre G. de Philippe-Auguste, n° 61).

7° F. 122 r°, c. 2 -123 r°, c. 2. — « *De consuetudine Normannie et primo de harou*. Consuetudo Normannie talis est... »

8° F. 123 r°, c. 2 -130 v°, c. 2. — Compilation des Assises.

9° F. 130 v°, c. 2 -133 v°, c. 1. — « Incipit consilium quod habitum fuit in Normannia apud villam que dicitur Lildeboñ. ». Concile de Lillebonne de 1080 [3].

10° F. 133 v°, c. 1. — « Hec est justitia quam Willelmus rex qui regnum Anglie acquisivit... [4] »

---

[1] Cette table présente la plus grande confusion, mais il n'y a pas de feuillets transposés ; l'interversion existait sans doute dans le volume d'où dérive ce manuscrit.

[2] L. Auvray, *op. cit.*, p. 637-644.

[3] Teulet, *Layettes*, t. I, p. 25, n° 22.

[4] Ce texte, qui est le résultat d'une enquête sur les usages de la Normandie à la fin du XIe siècle, date du règne des fils de Guillaume le Conquérant. Il a été publié par D. Martene, *Thesaurus novus anecdotorum*. Paris, 1717, in-fol., t. IV, c. 117-120. Mansi, *Concilia*, t. XX, c. 575.

Ce volume, qui est d'origine rouennaise [1], a appartenu
à P. et à A. Petau [2], à la reine Christine, puis au baron de
Stosch [3]; il est maintenant à la bibliothèque du Vatican
dans le fonds Ottoboni.

Reliure en parchemin blanc aux armes de Pie IX.

---

[1] Dans ce manuscrit un des exemples du ch. *De jure* (I, 3) est ainsi
transformé : « secundum quod dicitur : Bonum jus habuit Nicholaus de
Magno Ponte de eo qui eum derobavit. » (f. 4 vº, c. 2). Cette adapta-
tion indique la provenance rouennaise du volume; on trouve en effet
au xiiᵉ et au xiiiᵉ siècle plusieurs personnages de ce nom à Rouen :
Fin du xiiᵉ siècle. « Magistro Stephano de Grandi Ponte ». Vers 1212.
« Eustacius de Magno Ponte ». Fonds du chapitre de Rouen.

En outre le nom de lieu cité dans la formule de la loi apparente
(cxxiv, 1) est Criquebeuf, qui peut être Criquebeuf sur Seine (Eure,
arr. de Louviers, cant. de Pont de l'Arche), ou Criquebeuf la Campagne
(Eure, arr. de Louviers, cant. du Neubourg), ou encore Criquebeuf en
Caux (Seine-Inférieure, arr. du Havre, cant. de Fécamp).

[2] Le second feuillet de garde porte au haut, à droite, la cote C. 7
de la collection Petau. On trouve en outre collé au recto du même
feuillet un morceau de parchemin contenant de la main de P. Petau
l'analyse du contenu de ce volume : *Iura et in* || *stituta Normanni* || *ca...*
|| *Iudicia Squa* || *quariorum...* Cette bande de parchemin, fragment du
dos de l'ancienne reliure, ne laisse aucune incertitude sur la provenance
du manuscrit. Il figure d'ailleurs dans le catalogue de 1655 sous ces
rubriques : *Judicia scaquariorum.* 1177. *Jura et instituta Normanniæ.*
1177. *Statuta Guillelmi regis Angliæ.* 1177. (Bibl. nat., ms. lat. 9372,
f. 142 vº et 143 rº), qui sont la simple reproduction des titres mis au
dos du volume par P. Petau. Quant au chiffre 1177, il ne se rapporte
point, comme on l'a cru, à un inventaire de la collection Petau, mais
à un recolement des manuscrits de la reine Christine; le ms. lat. 18557,
qui n'est pas entré dans cette bibliothèque, ne porte aucun chiffre dans
le catalogue de 1655. Le ms. Ottoboni 2964 est un de ces soixante-
douze manuscrits du fonds de la Reine versés aux Archives du Vatican
et arrivés on ne sait comment dans la collection du baron de Stosch.
Revue des bibliothèques, 1892, t. II, p. 139. *Bibl. de l'École des chartes*,
1893, t. LIV, p. 787-789.

[3] On trouve collé au recto du premier feuillet l'*ex libris* du baron
de Stosch : PHILIP. DE STOSCH. L. B. Dans cette collection le ms
Ott. 2964 portait la cote F. XXXV (*Bibliotheca Stoschiana sive catalogus librorum bibliothecæ Philippi baron de Stosch...* Lucæ, 1758, in-8º
Index codicum manuscriptorum, p. 82).

A la mort de Philippe de Stosch, il fut acquis par le Saint-Siège avec
d'autres manuscrits de même provenance et versé dans le fonds Ottoboni.

2° *Manuscrit de la Bibliothèque royale de Stockholm,*
Fonds français, n° 9[1].

Volume de 250 feuillets de vélin de 99 millimètres
sur 74, dont 246 écrits à longues lignes. Il présente
encore quelques réclames. Il a été folioté au xv° siècle
et le travail a été complété au xvii° siècle. Le dernier
feuillet a été arraché; le f. 90 est presque entièrement
déchiré et le f. 91 est aussi lacéré[2]. La transcription a été
faite par un scribe peu attentif, qui a passé un grand
nombre de lignes. Plusieurs feuillets ont encore été transposés lors de la reliure[3].

Ce manuscrit est des premières années du xiv° siècle.
La date, qui se trouve sur le feuillet de garde de la fin :
« *Anno Domini milesimo tresentesimo* », et qui paraît
remonter à la fin du siècle suivant, pourrait être la
reproduction de la date du manuscrit inscrite sur le dernier feuillet aujourd'hui disparu.

Il ne contient que le texte latin du coutumier de Normandie avec la table des chapitres et les deux prologues.
Le chapitre *De prescriptione* s'arrête aux mots : « consanguineus venditoris illud potest revocare si revocationem suam fecerit antequam... » (cxxv, 1).

---

[1] G. Stephens, *Förteckning öfver de förnämsta brittiska och fran-
syska handskrifterna uti könglige bibliotheket i Stockholm.* Stockholm,
1847, in-8°, p. 103.
[2] La lacune correspond à la plus grande partie du chapitre *De vi* (li).
[3] Les principaux feuillets transposés sont : 1° le f. commençant par
les mots : « manu principis resumatur nec post istam visionem... » ; 2° le
f. qui débute ainsi : « contra bedellos et alios subjusticiarios... » Ils
doivent être replacés, l'un dans le chapitre *De lege apparenti* (cxxiv, 2)
et l'autre dans le chapitre *De disraisnia* (cxxiii, 4).
Il y a aussi une transposition dans le chapitre *De visionibus* (lxv).

Ce volume, dont rien n'indique le lieu d'origine, a appartenu à Alexandre Petau [1] avant d'être acheté par la reine Christine et envoyé à Stockholm.

Reliure pleine en parchemin blanc.

3° *Manuscrit de la Bibliothèque royale de Copenhague,* Fonds de Thott, n° 303 [2].

Petit volume de 277 feuillets de parchemin, à longues lignes, de 107 millimètres sur 72, plus quatre feuilles de rebut servant de feuillets de garde. Toutes les réclames sont restées, mais la plupart des signatures ont disparu lorsqu'on a rogné le volume. Les pages 199 et 200 sont mutilées [3]. La pagination est récente.

Ce manuscrit date de la fin du XIVᵉ siècle; l'exécution en est assez soignée.

Il ne renferme que le texte latin du coutumier de Normandie avec la table des chapitres et le second prologue seulement; il finit avec le chapitre *De prescriptione* (cxxv). C'est ce texte que Ludewig a imprimé dans le t. VII des *Reliquiae manuscriptorum.*

Il a appartenu successivement à Pierre Pithou [4], à

---

[1] On lit, au bas du f. 3 r°, la mention : « Alexander Pauli filius Petavius, senator Parisiensis, anno 1647 ». De plus le ms. porte la reliure caractéristique en parchemin blanc avec indication au dos du contenu de la main de Petau sous cette forme : *Consuetudines* || NORMANIAE || MS. || *de an. 1300*. Peut-être la cote *e. 31. 1.* inscrite au dos sur une ancienne étiquette a-t-elle la même origine ?
On trouve également sur le dos les chiffres xxvii et 26.
[2] Ludewig, *Reliquiae manuscriptorum,* t. VII, praefatio, p. 50-51.
[3] Cette lacune correspond à une partie du ch. *De harou* (LIII).
[4] « Erant olim hae membranae Petri Pithoei : post obvenere Nicolao Iosepho Foucault, comiti consistoriano in Gallia. Cujus bibliotheca cum Hagae in Belgio veniret sub hasta, inde aere meo illas redemi. » Ludewig, *op. cit.,* p. 50:

Nicolas Foucault[1], puis au savant allemand Jean Pierre de Ludewig[2], qui l'avait acheté à la Haye à la vente de la bibliothèque du célèbre intendant, et ensuite au baron de Thott[3] ; il est enfin entré à la bibliothèque royale de Copenhague avec la collection de cet amateur.

Reliure ancienne à petits fers en veau sur ais de bois.

§ 5. *Manuscrits conservés dans des collections privées.*

1° *Manuscrit de M. Dutuit de Rouen*[4].

Volume de 108 feuillets de vélin de 30 centimètres sur 20, écrits sur deux colonnes. Les cahiers sont signés et munis de réclames. Les dix premiers feuillets ne sont pas foliotés; le numérotage ne commence qu'avec le texte du coutumier (f. xj) et il laisse encore en dehors à la fin douze feuillets.

Ce manuscrit remonte aux premières années du xive siècle[5]. Le calendrier et le texte du coutumier sont

---

[1] Nicolas-Joseph Foucault, conseiller d'État et membre de l'Académie des inscriptions, mort le 7 février 1721 ; il avait été intendant de la généralité de Caen de 1689 à 1704.
Ses armes sont restées sur un des plats au commencement.
[2] Johann Peter von Ludewig, mort le 6 septembre 1743, professeur et chancelier de l'Université de Halle.
Ce manuscrit est ainsi indiqué dans le *Catalogus... librorum... et manuscriptorum Joannis Petri de Ludewig... publicae auctionis lege, finitis nundinis Lipsiensium... 1746 vendendi...* Halae Magdeburgicae, 1745, in-8°, Catalogus manuscriptorum, t. IV, p. 110 :
« 545. *Somma de legibus consuetudinum Normanniae.* 12mo. pag. 516.
In membrana scriptus liber ductu claro, sed cui senilis quasi aetas pallorem inducere conatur... »
[3] *Catalogi bibliothecæ Thottianæ.* Havniæ, 1795, in-12, t. VII, p. 433.
[4] Daviel, *Recherches*, p. 43-44. Richard, *Notice sur l'ancienne bibliothèque des échevins de la ville de Rouen (Précis analytique des travaux de l'Académie de Rouen*, 1845, p. 166-168). Union centrale des arts décoratifs, Exposition rétrospective de 1882. Le papier. A. Quantin, 1882, in-8°, p. 100.
[5] Le calendrier, qui est placé en tête du manuscrit et fait corps avec lui, mentionne la fête de saint Louis ; la transcription du volume est donc postérieure à 1297. D'autre part, il ne contenait pas primitivement

de la même main; les feuillets intercalés entre les ff. xviij et xix (*Tractatus de arbore consanguinitatis*), ainsi que ceux qui suivent le f. lxxxij (Charte normande), sont d'une autre écriture et d'une date plus récente, probablement du règne de Charles V. L'exécution du volume est très soignée : il a été transcrit avec attention et est orné de lettrines aux rinceaux de deux couleurs. Il renferme enfin plusieurs miniatures : la plus grande, placée en tête du coutumier, représente le roi de France sur son trône avec le sceptre et la couronne remettant le coutumier de Normandie à l'archevêque de Rouen qui est debout devant lui ; derrière l'archevêque se tiennent les six évêques de la province crossés et mitrés et au-dessous des barons et des légistes nu-tête au nombre de quinze ; c'est un travail remarquable par la finesse du dessin et la richesse du coloris. La première lettre du coutumier est aussi ornée d'une petite vignette, où est figuré un moine transcrivant un manuscrit. Deux autres miniatures aux tons gris et rouge se trouvent dans le traité de l'arbre de consanguinité (entre les ff. xviij et xix) : l'une, pour la consanguinité, représente l'ancêtre commun ; celle de l'affinité consiste dans un arbre autour duquel sont les deux époux et leurs enfants.

Le manuscrit de M. Dutuit comprend :

la Charte aux Normands de 1315. On l'a attribué au règne de Charles V à cause des filets tricolores qui se trouvent dans les encadrements des trois grandes miniatures ; mais ils peuvent avoir été ajoutés après coup et d'ailleurs ce n'est pas une preuve décisive. Le style de la grande vignette du début rappelle plutôt le commencement du xive siècle ; le costume des personnages, le peu d'élévation des mitres épiscopales et surtout la forme droite de leurs pans ne sauraient convenir à un travail du temps de Charles V (Demay, *Le costume au moyen âge d'après les sceaux*. Paris, 1880, p. 298).

1º — Calendrier à l'usage du diocèse de Rouen [1].

2º F. i-lxxxij. — Texte latin du coutumier de Normandie avec les deux prologues et la table des chapitres ; il se termine à la fin du chapitre *De prescriptione* (cxxv).

3º F. 1-5 intercalés entre les ff. xviij et xix. — « *Tractatus de arbore consanguinitatis*. Quia tractare intendimus de consanguinitate et ejus gradibus, de arboris consanguinitatis expositione... »

4º — Confirmation par Philippe VI de la Charte aux Normands (Poissy, mars 1339-40), contenant : La Charte aux Normands (Vincennes, juillet 1315). — Le mandement de Louis X aux baillis de Normandie pour l'exécution de cet acte (Crécy, 20 juillet 1315).

5º — Ordonnance de saint Louis sur la réformation des mœurs (Paris, décembre 1254).

6º — Arrêt du Parlement sur les clercs homicides. « Noverint universi quoddam arrestum domini regis Francie esse tale. De homicidis clericis et malefactoribus notoriis qui per official[es] episcopalis curie liberantur ...[2] »

Divers textes de droit normand ont été transcrits sur les marges.

Ce précieux manuscrit a été copié dans le diocèse de Rouen, comme l'indique le calendrier placé en tête. On a conjecturé que la municipalité de cette ville en serait devenue propriétaire presque aussitôt après sa trans-

---

[1] On y trouve en effet les mentions suivantes :
« Octobris Kal. Dedicacio ecclesie Rothomagensis ». (1 oct.).
« Decembris xviij. Kal. Laurentii confessoris de Augo ». (14 nov.).
« — iij. Non. Reliquiarum ecclesie Rothomagensis ». (3 déc.).
ainsi que toutes les fêtes des archevêques de Rouen, SS. Hugue, Ouen, Maurile, Evodius, Mellon, Romain.

[2] Ménard, *Histoire de la ville de Nismes.* Paris, 1750-58, t. I, Preuves, p. 104. Boutaric, *Actes du Parlement de Paris.* Paris, 1863-67, t. I, p. 258, nº 2650 B.

cription et l'aurait fait orner de riches enluminures [1].
Peut-être est-ce même l'échevinage qui l'a fait exécuter?
Dans tous les cas ce volume appartenait à la fin du
xiv° siècle à la ville de Rouen [2]. Il est mentionné dans
l'inventaire dressé en 1647 [3]; mais il ne figure pas dans
la liste des manuscrits trop généreusement offerts à Colbert par le corps de ville et remis au premier président,
Claude Pellot, au mois de janvier 1682 [4]. Dans la dernière
moitié du xviii° siècle, Froland [5] et l'abbé Saas [6] signalent
encore la présence de ce manuscrit à l'Hôtel de Ville de
Rouen. On ne s'explique donc pas comment il a pu sortir
de la bibliothèque municipale. Il a été acquis par M. Dutuit
à la vente de M. Ferry [7].

Reliure pleine en maroquin vert de Beauzonnet.

[1] Richard, *Notice sur l'ancienne bibliothèque des échevins de Rouen*,
p. 174.

[2] On trouve au recto de l'avant-dernier feuillet cette mention écrite
à la fin du xiv⁰ siècle : « Ce livre coustumier de Norm. est de l'o.....
de la ville et cité de Rouen ». M. Richard (*op. cit.*, p. 167) a proposé
très justement de lire : « de l'ostel commun de la ville et cité de Rouen »;
cette restitution est conforme aux habitudes de l'époque, ainsi que le
prouve ce passage du Registre des délibérations :
« L'an mil iiijᶜlxij, le mardi xvijᵉ jour de mars, Remon Manessier...
donna et presenta a Messeigneurs les Conseillers pour estre et demourer
en l'ostel commun de ladicte ville avec les livres illec ung livre nommé
la *Destruction de Troyes...* ». f. 209 r⁰ (Richard, *op. cit.*, p. 171). Cf.
Bibl. nat., ms. fr. 24 *in fine.*

[3] « 19. La Ccustume de Normandie en latin. » *Inventaire des livres
manuscrits et imprimés appartenant à la ville, qui ont été transportés
du grand au petit chartrier.* Richard, *op. cit.*, p. 129.

[4] *Ibid.*, p. 131.

[5] Froland mentionne : « un ancien exemplaire qui est en l'Hôtel de
ville de Rouen et que Messieurs les Officiers de la Ville ont eu la
bonté de me communiquer. Cet exemplaire est le plus beau qu'on puisse
jamais voir; écrit sur du vélin; et si bien écrit, qu'on auroit peine
à l'imiter; couvert d'un gros cuir attaché par les deux côtés de dix gros
cloux, sur chacun desquels sont imprimés les noms de la Ville; il est
tout en Latin; et il ne contient *ni François ni Glose*, en sorte qu'il paroit
etre un *Duplicata* fait pour l'Hotel de Ville de l'Original même du Coûtumier. » *Recueil d'arrets*, t. I, part. I, ch. iii, p. 97.

[6] L'abbé Saas indique ce manuscrit comme se trouvant à l'Hôtel de
Ville de Rouen en 1760. *Abrégé de cosmographie*, 1760.

[7] Richard, *op. cit.*, p. 166.

2° *Manuscrit de M. Lormier de Rouen* [1].

Volume de 182 feuillets de vélin, dont un feuillet blanc, de 294 millimètres sur 223. Il n'a pas été folioté, mais les cahiers ont conservé leurs signatures.

La richesse d'ornementation de ce manuscrit lui assigne la première place parmi les exemplaires du coutumier de Normandie : il renferme en effet trente-deux miniatures du plus beau travail ; il présente en outre de riches encadrements et des lettrines d'une grande finesse.

Les douze pages dont se compose le calendrier placé en tête sont ornées chacune de deux médaillons, l'un avec le signe du zodiaque correspondant et l'autre reproduisant la principale occupation du mois. Des huit grandes miniatures la plus remarquable est celle qui se trouve au commencement du traité (f. 7 r°) : elle représente un prélat à genoux offrant le coutumier de Normandie au roi de France, assis sur son trône sous un dais décoré de sujets héraldiques, parmi lesquels on distingue une aigle éployée et un lion rampant ; devant le roi se tient debout un personnage vêtu d'une robe de drap d'or, le bâton de commandement à la main. Le même sujet est répété un peu plus loin (f. 12 r°) avec cette différence que c'est le roi qui remet le livre de la Coutume à l'archevêque de Rouen. Le feuillet suivant (f. 13 r°) porte une peinture à deux compartiments représentant, d'un côté une séance de l'Échiquier, de l'autre une vue de terre ou descente de justice sur les lieux. La minia-

---

[1] B. Quaritch, *Catalogue of French literature,* n° 359, London, 1884 (*General catalogue,* p. 2449 et 2450, n° 25005). E. Paul, Huard et Guillemin, *Catalogue de livres précieux manuscrits et imprimés, anciens et modernes.* Vente du 27 février 1892. Paris, 1892, p. 5-7. La miniature du f. 86 v° est reproduite en héliogravure.

ture suivante (f. 26 v°), qui est également divisée en plusieurs parties, renferme divers petits sujets (une prestation d'hommage ; un naufrage ; la découverte d'un trésor ; un suicide ; la vérification des poids et mesures). Vient ensuite un arbre de consanguinité (f. 39 v°), puis une peinture à trois compartiments (f. 62 v°), avec diverses scènes (un accouchement, la tenue d'une cour de justice, le départ d'un pèlerin, une prison). Les deux dernières miniatures (f. 72 r° et 86 v°) sont de plus grande dimension et contiennent chacune trois sujets différents : la première représente une séance de l'Échiquier, une rixe à la sortie d'une taverne et une prestation de serment par quatre cojureurs ; dans la seconde, qui forme un vrai tableau, sont retracées diverses scènes de la procédure criminelle (l'arrestation d'un malfaiteur, un duel judiciaire, une pendaison et une décapitation)[1].

Ce volume a été transcrit à Rouen, ainsi que l'indique le calendrier[2], dans les premières années du règne de Louis XI, avant 1469[3].

[1] Le style de ces peintures aux fonds tout particuliers et de leurs encadrements a la plus grande analogie avec celui de certains manuscrits de la Chronique de Jean de Courcy, dite la Bourgachardière (Bibl. nat., mss. fr. 329-330 et 2685). Le manuscrit de M. Lormier appartient à la même école, s'il n'est pas du même artiste.

Il a été copié par un scribe de profession, qui a dédoublé de la façon la plus inintelligente certaines rubriques dans la table des chapitres : il a ainsi coupé la rubrique du ch. xxi : *De vadiis et empcionibus — De negatis*, et celle du ch. xcviii : *De brevio — De morte ancessoris*.

[2] On y relève ces mentions caractéristiques :

« Julii xv. Kal. Translacio sancti Romani ». (17 juin).
« Septembris xiij. Kal. Philiberti abbatis. me[moria] ». (20 août).
«   —   viij. Kal. Commemoracio sancti Audoeni ». (25 août).
«   —   ij. Kal. Oct. sancti Audoeni ». (31 août).
« Octobris Kal. Dedicacio ecclesie Rothomagensis ». (1 octobre).
« Novembris iij. Kal. Oct. sancti Romani ». (30 octobre).
«   —   Idus (*sic*). Laurentii de Augo ». (14 novembre).
« Decembris iij. Non. Translacio reliquiarum ecclesie Rothomagensis ». (3 décembre).

[3] Le costume des personnages dans les miniatures correspond à cette époque. De plus, ni le roi de France, ni les grands seigneurs qui l'en-

Le manuscrit de M. Lormier renferme :

1º F. 1 -6. — Calendrier à l'usage du diocèse de Rouen.

2º F. 7 -177 vº. — Textes latin et français du coutumier de Normandie avec les deux prologues, entre lesquels sont intercalées les tables latine et française des chapitres. Les deux textes, au lieu d'être placés en regard comme dans le ms. Y. 204 de la bibliothèque de Rouen, sont fondus, et les chapitres français sont placés à la suite du chapitre latin correspondant. Le texte latin s'arrête à ces mots du chapitre *De lege apparenti* : « Notandum siquidem est quod omnes priores exoniatores cum alia sit exonia debent personaliter ad illam interesse et si defecerint emendabunt » (cxxiv, 8). Le texte français se termine également au passage correspondant du chapitre *De loy apparissant :* « Et si doit l'en savoir que quant l'en fait une exoine tous ceulx qui firent celles de devant doivent estre presens. Cy fine le livre de la coustume de Norm[e]ndie. »

3º F. 177 vº - 181 rº. — « *La Chartre aux Normans* » (Vincennes, 19 mars 1315). Texte français.

4º F. 181 rº et vº. — « *La justice aux barons*. La justice aux barons et aux chevaliers de Nor[mendie] qui tiennent par baronnie... »

Ce manuscrit a fait partie de plusieurs collections particulières. A la fin du siècle dernier, il appartenait à une famille du Vexin, les Lemoyne de Belle-Isle[1] ; il est

tourent ne portent le collier de l'ordre de Saint-Michel fondé par Louis XI en 1469. Enfin un des exemplaires de la Chronique de Jean de Courcy enluminé par un artiste de la même école (Bibl. nat., ms. fr. 2685) a été commandé par les échevins de Rouen en 1457. Richard, *op. cit.,* p. 146.

[1] Il y a sur un des plats un fragment d'*ex-libris* semblable à celui du ms. fr. 14550 de la Bibl. nat., qui vient de la famille Lemoyne de Belle-Isle (nº 324), dont les armes étaient d'azur à trois besants d'or posés 2 et 1.

ensuite passé par les mains de M. le comte de Toustain et de M. Bernard Quaritch avant de devenir la propriété de M. Lormier, qui l'a acquis en vente publique à Paris, le 27 février 1892, et a fait ainsi rentrer à Rouen une œuvre d'art qui n'eût jamais dû en sortir.

Reliure pleine en maroquin poli rouge, avec de riches dorures sur les plats dans le style du xvie siècle.

3° *Manuscrit de sir Thomas Phillipps à Cheltenham, n° 9225* [1].

Volume de 162 feuillets de parchemin, de 178 millimètres sur 125. Il n'est pas folioté, mais porte des titres courants empruntés aux rubriques des chapitres correspondants du coutumier. L'écriture est de la fin du xve siècle; l'exécution en est peu soignée.

Il ne contient que le texte latin du coutumier de Normandie avec les deux prologues et la table des chapitres, qui est placée à la fin après le chapitre *De prescriptione* (cxxv).

Ce manuscrit, dont rien ne révèle la provenance [2], a été vendu, en 1836, par le libraire Thorpe à Sir Thomas Phillipps; il porte le n° 9223 dans cette bibliothèque.

Reliure pleine en veau du xvie siècle avec fers sur les plats.

---

[1] H. Omont, *Manuscrits relatifs à l'histoire de France conservés.. à Cheltenham* (*Bibl. de l'Ecole des chartes*, 1889, t. L, p. 200).
[2] On trouve au-dedans de l'un des plats, en tête, les signatures « Louvet » et « Viart » ou « Liart », qui sont vraisemblablement celles d'anciens possesseurs du manuscrit.

§ 6. *Manuscrits contenant des fragments de la* Summa de legibus.

Sept manuscrits renferment des fragments plus ou moins étendus de la *Summa de legibus* :

1° Le manuscrit français 5330 de la Bibliothèque nationale (Colb., 1617. Reg. 9846. 4. 4), manuscrit du coutumier en vers français de la première moitié du xve siècle[1], renferme les chapitres additionnels *De officio senescalli* (IV [bis]) et *De exercitu* (XXII [bis]).

F. 135 r° et v°. — « De officio senescalli. — Solebat autem antiquitus quidam justiciarius predictis superior... sed ubicumque veniebat hec faciebat vel fieri faciebat prout videbat expedire.

De servicio exercitus. — Excercitus autem est servicium principis cum armis faciendum...

De retrobanno. — Retrobannum autem dici solet quando princeps Normannie... ut prompti et apparati ad mandatum principis vel dominorum suorum invenirentur. »

2° Le manuscrit latin 11032 de la Bibliothèque nationale (Bigot, 292. Reg. 10390. 2), du commencement du xive siècle[2], contient intercalées dans le texte français du coutumier les formules latines de tous les brefs.

Ch. xciii, 1. « De bref de novele dessaisine. *Precipe Roberto quod juste...* » (p. 135, c. 2).

---

[1] Ce ms. contient, outre le texte en vers du coutumier (f. 2 r°-55 r°), un Stille de l'Échiquier (f. 6S r°-102 v°), les « Drois d'Olleron » (f. 105 r°-107 r°).

[2] Le ms. lat. 11032 comprend avec le Grand Coutumier et la première partie des *Statuta et consuetudines Normannie* (p. 47-188, c. 1), le Registre G de Philippe-Auguste (p. 7-44), la troisième compilation de jugements de l'Échiquier (p. 188, c. 1-214, c. 1) et la collection des Assises (p. 215, c. 2-220, c. 1). J. Tardif, *Coutumiers de Normandie*, t. I, *Le Très ancien coutumier de Normandie*, p. xiij et s.

Ch. xcviii, 1. « De dessaisine de ancesor. *Si Petrus tibi dederit plegios...* » (p. 143, c. 2).

Ch. c, 4. « De mariage encombré. *Si A. dederit plegios...* » (p. 146, c. 2).

Ch. ci, 12. « De douaire. *Si M. dederit plegios...* » (p. 152, c. 1).

Ch. cx, 1. « De bref de patronage. *Se* (sic) *A. dederit plegios...* » (p. 157, c. 1).

Ch. cxi, 1. « De feu et de gage. *Se* (sic) *A. dederit plegios..* » (p. 162, c. 2).

Ch. cxii, 1. « De fieu et de ferme. *Si A. dederit plegios...* » (p. 166, c. 1).

Ch. cxiii, 2. « D'establie. *Q[ueritur] N. quod Thomas...* » (p. 168, c. 1).

Ch. cxiv, 2. « De sordemande. *Q[ueritur] N. quod G...* » (p. 170, c. 2).

Ch. cxv, 1. « De bref de fieu et d'aumosne. *Se* (sic) *N. deaerit plegios...* » (p. 173, c. 2).

3° Le manuscrit additionnel 21971 du British Museum, qui est de la dernière moitié du xive siècle[1] et comprend seulement le Grand Coutumier et la Charte aux Normands, offre aussi cette particularité[2].

4° Il en est de même du manuscrit Hamilton 192 de la Bibliothèque royale de Berlin, écrit en 1403, qui ne con-

---

[1] *Catalogue of additions to the manuscripts in the British Museum.* Additional mss. 19720-24026, 1875, p. 566.

[2] Les formules latines du ms. add. 21971 sont presque identiques à celles du ms. lat. 11032. Ces deux mss. portent également : « *apud* N. ou *de* N. » dans les formules des brefs de saisine d'ancesseur, de douaire, de patronage d'église, de fief et de gage ; le ms. add. 21971 a, pour le bref d'establie : « *apud talem villam* » et le ms. lat. 11032 : « *apud terram villam* ». La ressemblance est surtout frappante pour les brefs de douaire et de mariage encombré. Les formules du ms. Hamilton 192 ont aussi la plus grande analogie avec celles des mss. précédents. Tous trois offrent cette particularité de ne pas donner de formule latine pour la loi apparente.

tient également que le Grand Coutumier et la Charte aux Normands.

5° Le manuscrit Harleien 785 du British Museum[1] renferme la copie faite au xviii° siècle des chapitres suivants du coutumier latin :

F. 2 r°-5 r°. — « De duce Normaniæ. — De ligantia. — De fidelitate duci exhibenda. — De jure. — De jurisdictione. — De justicia. — De justiciario. — De justiciatione. — De judicio. — De vicecomite et ejus officio. — De seneschallo ducis et ejus officio. — De curia laicali. »

F. 34 r° et v°. — « De scacario et quid sit. — De consuetudine. »

Ces fragments ont été empruntés à l'une des éditions données par Guillaume Le Rouillé en 1534 et en 1539[2].

6° Le manuscrit Harleien 2188 du British Museum[3] contient aussi la copie de deux chapitres du coutumier exécutée à la même époque (1720).

F. 124 r° et v°. — « Ex libro de antiquis consuetudinibus Normaniæ.

De vicecomite et ejus officio. c. 5. — De senescallo ducis et ejus officio. c. 10. »

---

[1] Catalogue of the Harleian manuscripts in the British Museum. 1808, in-fol., t. I, p. 437.

[2] A la fin de l'article relatif à l'Échiquier on lit :
« In libro intitulat. Incipiunt jura et consuetudines quibus regitur ducatus Normanie, f° x et ca. »
Or le ch. De scacario et quid sit se trouve au f. x r° dans les éditions de 1534 et de 1539, les seules qui aient un numérotage spécial pour le coutumier latin. De plus on a transcrit f. 34 r° le fragment suivant :
« Northmannorum origo. — Addicio. Normannia que est Gallorum regni pars... », qui est l'œuvre de Le Rouillé et ne se rencontre que dans ces deux éditions.

[3] Catalogue of the Harleian manuscripts in the British Museum, t. II, p. 555.

7° Le manuscrit Lansdowne 259 du British Museum[1] renferme encore deux courts extraits de la *Summa de legibus* :

F. 108 r°. — « In libro voc. le graund custumary of Normandʳ. De Sccio. Quid sit. cap. LVI, fol. lxviij et 143. Sccium autem dicitur congregacio...

De recordatione scii, cap. cx, f° cxij et clj. Recordatio autem scii habet fieri ad minus per septem personas... »

Ces copies, qui sont du XVIII° siècle, paraissent avoir été faites sur l'édition de 1523[2].

§ 7. *Manuscrits perdus.*

Les renseignements que l'on possède sur les anciens exemplaires du coutumier latin sont très incomplets et ils ne permettent guère de constater l'existence que d'un seul manuscrit. C'est le registre du chapitre de Coutances connu sous le nom de Livre noir, qui contenait à la fin un texte latin du coutumier de Normandie et a disparu depuis 1816[3].

Pour abréger les citations, chacun des manuscrits qui viennent d'être décrits sera représenté par une lettre dans les chapitres suivants ainsi que dans les notes qui accompagnent le texte du coutumier : c'est d'ordinaire la lettre initiale du nom de la ville ou de la bibliothèque

---

[1] *Catalogue of the Lansdowne manuscripts in the British Museum.* 1819, in-fol., p. 94.

[2] Dans l'édition de 1523, les ch. *De scacario* (LVI) et *De recordatione scacarii* (CX pour CV) se rencontrent en effet aux ff. cxliij r°, c. 2 et clj v°, c. 2. Quant à la première série de chiffres, elle ne correspond à aucune des éditions connues du texte latin.

[3] Une analyse sommaire du contenu de ce volume a été donnée par M. L. Delisle en tête des Pouillés du diocèse de Coutances. *Rec. des Hist. de France*, t. XXIII, p. 493, n. 3.

où ils se trouvent aujourd'hui. Lorsqu'un même dépôt, comme la Bibliothèque nationale, renferme un grand nombre de manuscrits, il a été nécessaire d'emprunter ces lettres, soit aux dénominations des fonds d'où proviennent les volumes, soit aux noms de leurs anciens possesseurs. Le tableau de ces sigles est en tête du texte du coutumier.

CHAPITRE II.

CLASSEMENT DES MANUSCRITS DE LA *SUMMA DE LEGIBUS*.

L'absence de date et d'indication de provenance dans la plupart des manuscrits du coutumier enlève à un classement par ordre d'ancienneté ou de lieu d'órigine la plus grande partie de son intérêt. La comparaison des divers textes et de leurs principales variantes permet seule de retrouver les manuscrits qui représentent le mieux la tradition primitive, et d'arriver ainsi à l'établissement d'un texte critique de la *Summa de legibus*.

§ 1. *Classement des manuscrits par ordre de date.*

Il faut renoncer à assigner aux manuscrits de la *Summa de legibus* un ordre chronologique rigoureux [1]. Quatre seulement sur vingt-quatre sont datés, et s'il est encore possible de fixer approximativement l'époque de la trans-

---

[1] M. L. Delisle a donné un classement chronologique des quatorze manuscrits conservés à la Bibliothèque nationale. *Bull. de la Soc. des Antiquaires de Normandie*, 1862, t. II, p. 314 et 315.

cription de quelques autres, on est réduit pour le plus grand nombre à en déterminer l'âge à l'aide de l'écriture et des autres caractères paléographiques[1].

§ 2. *Classement des manuscrits d'après leur provenance.*

Aucun des manuscrits du coutumier latin ne porte de souscription indiquant le lieu où il a été copié[2]. Quatre d'entre eux sont précédés de calendriers des diocèses de Coutances[3], de Bayeux[4] et de Rouen[5]; deux contiennent des mentions de naissances ou de décès assez rapprochées de l'exécution des volumes pour qu'elles puissent

[1] Voici l'ordre dans lequel paraissent devoir être rangés les manuscrits du coutumier :

1° Bibl. de Rouen, ms. Y. 23.		Vers 1270 ?
2° Bibl. Sainte-Geneviève, ms. F. lat. 4, in-8°.		—
3° Bibl. nat , ms. lat. 4650.		—
4° — — 4651.		Entre 1270 et 1297.
5° — — 18557.		Après 1297.
6° — — 12883.		—
7° — — 18368.		Fin du xiii° siècle.
8° Bibl. du Vatican, fonds Ottoboni, 2964.		—
9° Bibl. nat., ms. lat. 15068.		Entre 1298 et 1317.
10° — — 14690.		Après 1313.
11° — — 4790.		Vers 1318.
12° — — 11035.		Commencement du xiv° siècle.
13° — — 14689.		—
14° Bibl. de l'Arsenal, ms. 804 (anc. J. l. 71).		—
15° Bibl. de Stockholm, fonds français, 9.		—
16° Collection de M. Dutuit, de Rouen.		Avant 1340.
17° Bibl. de la ville de Rouen, ms. Y. 204.		Après 1340.
18° Bibl. nat., ms. lat. 4764.		1346.
19° — — 11033.		1365.
20° Bibl. de Copenhague, fonds de Thott, 303.		Fin du xiv° siècle.
21° Bibl. nat , ms. lat. 4653.		1430.
22° Collection de M. Lormier, de Rouen.		Avant 1469.
23° Bibl. de Sir Thomas Phillipps, 9223.		Dernière moitié du xv° siècle.
24° Bibl. nat., ms. lat. 4652.		1498.

Ces dates ne s'appliquent qu'à la partie du ms. qui contient le coutumier latin.

[2] Toutefois le ms. lat. 4652 de la Bibl. nat., transcrit par Jacques Le Lieur, a dû être exécuté à Rouen.

[3] Bibl. nat., ms. lat. 18557.

[4] Bibl. nat., ms. lat. 12883.

[5] Mss. de MM. Dutuit et Lormier.

en faire soupçonner le lieu d'origine[1]; enfin quelques autres renferment, soit dans le texte du coutumier[2], soit dans des documents contemporains transcrits à la suite, des indications qui permettent de les rapporter à une partie déterminée de la Normandie[3]. Le tableau placé en note donne un aperçu de la manière dont les manuscrits se répartissent entre les diverses régions de la province[4].

§ 3. *Classement des manuscrits par familles.*

Les manuscrits de la *Summa de legibus* présentent d'assez notables différences de détail. Il est donc indis-

[1] Bibl. nat., ms. lat. 4790 = Bayeux. — ms. lat. 12883 = Caen.
Le ms. de Copenhague, qui a appartenu à Foucault et a sans doute été acquis par lui pendant son séjour à Caen, a vraisemblablement aussi la même origine; il a une parenté assez étroite avec le ms. lat. 12883.

[2] Ms. de Rouen, Y. 23 = Noron. — Ms. Ottoboni, 2964 = Rouen. — Ms. lat. 11035 de la Bibl. nat. = Touques.

[3] Ms. lat. 4651 de la Bibl. nat. = Caen. — Ms. lat. 11033 de la Bibl. nat. Ms. de Sainte-Geneviève, F. lat. 4 = Bayeux. — La signature de Robert Suhart sur un feuillet de garde du ms. lat. 18368 de la Bibl. nat. permet aussi de l'attribuer à la même région.
La mention de l'évêque de Lisieux dans une formule transcrite en marge par le scribe du ms. lat. 4764 de la Bibl. nat. (f. 43 v°) est un indice de la provenance de ce volume.

[4]

Seine-Inférieure.	Mortemer.	Ms. lat. 4650, Bibl. nat.
	Rouen.	Ms. Ottoboni 2964.
	—	Ms. de M. Dutuit.
	—	Ms. de M. Lormier.
	—	Ms. lat. 4652, Bibl. nat.
Eure.	Préaux.	Ms. lat. 4653, —
Orne.	Saint-Evroul.	Ms. Y. 204, de Rouen.
Calvados.	Bayeux.	Ms. F. lat. 4, Bibl. Ste-Geneviève.
	—	Ms. lat. 4790, Bibl. nat.
	—	Ms. lat. 11033, —
	Caen.	Ms. lat. 4651, Bibl. nat.
	—	Ms. lat. 12883, —
	Noron.	Ms. Y. 23, de Rouen.
Manche.	Touques.	Ms. lat. 11035, Bibl. nat.
	Coutances.	Ms. lat. 18557, Bibl. nat.
Provenance probable.	Bayeux.	Ms. lat. 18368, Bibl. nat.
	Caen.	Ms. de Copenhague.
	Lisieux.	Ms. lat. 4764, Bibl. nat.
Provenance inconnue.		Mss. lat. 14689, 14690, 15068 de la Bibl. nat., de l'Arsenal et de Stockholm.

pensable pour les classer de laisser de côté les particularités propres à tel ou tel d'entre eux et de ne s'attacher qu'aux traits vraiment caractéristiques.

Si on considère d'abord l'étendue respective des divers manuscrits, on reconnaît qu'ils appartiennent à trois grandes classes :

1º La première ne compte aujourd'hui que le manuscrit latin 18557 dé la Bibliothèque nationale, qui s'arrête à ce passage du chapitre *De brevi de feodo et firma* : *Multi autem juris periti dicunt quod similes fieri...* (CXII, 4).

2º La seconde comprend six manuscrits, les manuscrits latins 4650, 4653, 14689, 18368 de la Bibliothèque nationale, le manuscrit Ottoboni et le manuscrit Quaritch-Lormier; ils n'ont pas le chapitre *De prescriptione* (CXXV) et ils se terminent à ces mots du chapitre *De lege apparenti* : *Notandum siquidem est quod omnes priores exoniatores cum alia fit exonia debent personaliter ad illam interesse* (Mss. lat. 4650 et Quaritch-Lormier aj. *et si defecerint emendabunt.* CXXIV, 8).

3º Dans la troisième se placent les quinze manuscrits qui contiennent, comme les éditions, la fin du chapitre *De lege apparenti* (CXXIV, 9-15) et le chapitre *De prescriptione* (CXXV).

Les manuscrits latins 11033 et 14690 de la Bibliothèque nationale, aujourd'hui incomplets, devaient, à en juger par la table des chapitres, appartenir à cette dernière classe.

L'examen du contenu des manuscrits permet d'établir des groupes plus nombreux. Les principaux points de comparaison sont les suivants :

1º L'addition de sous-titres dans le corps d'un certain nombre de chapitres.

Douze manuscrits, les manuscrits latins 4651, 4764, 4790, 11033, 11035, 12883, 14690, 15068 de la Bibliothèque nationale, les manuscrits de l'Arsenal, Y. 204 de Rouen, de Stockholm et le manuscrit Dutuit subdivisent en sections, avec des rubriques distinctes, les chapitres *De officio senescalli* (IV *bis*), *De officio vicecomitis* (V)[1], *De justiciatione* (VI), *De liberatione namnorum* (VII), *De banno et defensione* (VIII), *De forisfacturis* (XXII)[2], *De exercitu* (XXII *bis*)[3], *De portionibus* (XXIV), *De homagio* (XXVII), *De teneura per paragium* (XXVIII), *De custodia* (XXXI), *De exonio* (XXXVIII)[4], *De exercitu* (XLIII), *De vi* (LI)[5], *De plegiis* (LIX), *De multro* (LXVII), *De simplicibus legibus* (LXXXV), *De debitoribus* (LXXXIX), *De visione et ejus assignatione* (XCV), *De brevi maritagii impediti* (C), *De recordatione petita* (CIX)[6], *De brevi de feodo et firma* (CXII)[7], *De brevi de feodo et elemosina* (CXV), *De lege que fit per recordamentum* (CXXI)[8], *De lege apparenti* (CXXIV).

---

[1] Le ms. de Sainte-Geneviève insère en outre dans le ch. *De justiciario* (IV) la rubrique : *Qui dicuntur subjustitiarii*, et dans le ch. *De officio vicecomitis* (V) le sous-titre : *De bedellis et eorum officio*, où le ms. latin 4650 de la Bibl. nat. ajoute la rubrique : *De bedellis*.

[2] Le ms. latin 4650 et le ms. de Copenhague ajoutent dans le ch. *De forisfacturis* (XXII) la rubrique : *De liberatione crucessignatorum* (K aj. *et fugitivorum*).

[3] Le ms. latin 4650 place avant les §§ 3-9 l'intitulé : *De retrobannio*.

[4] Le ms. de Copenhague a les deux sous-titres du ch. : *De essonio* (XXXVIII) : *De exonio de via curie* et *De exonio de morbo recedenti* (sic).

[5] Les mss. de Sainte-Geneviève et de Copenhague insèrent dans le ch. *De vi* (LI) un sous-titre : G*. *De desaisiniis et spoliationibus.* — K. *De despoliatione.*

[6] Le ms. de Copenhague intercale la rubrique : *Quomodo recordatores debent esse concordes*, dans le ch. CIX.

[7] Les mss. lat. 4790, 12883, 14690 de la Bibl. nat., de Stockholm et Dutuit ne subdivisent pas le ch. CXII.

[8] Les mss. de Sainte-Geneviève et de Copenhague introduisent dans le chapitre *De lege que fit per recordamentum* (CXXI) des subdivisions intitulées : *De recordamento scacarii* (G*. aj. *quod debet fieri per vij. ad minus*). — *De recordamento assisie.* — *De recordamento duelli.* — *De recordamento visionis feodi.* — *De recordamento visionis corporis.* — *De recordamento forjurationis.* — *De recordamento judicii* (G*. aj. *in criminalibus querelis*). — *De recordamento attornationis extra curiam* (G*. aj. *facte*). — G*. *De quibus recordamentum pasnagii debeat fieri et quomodo;* K. *De recordamento pasnagii.* — G*. *Per quos recordamentum maritagii debeat fieri;* K. *De recordamento maritagii.*

Les manuscrits latin 4650 de la Bibliothèque nationale, de Sainte-Geneviève et de Copenhague ajoutent aussi ces sous-titres dans quelques-uns de ces chapitres.

2° L'insertion du chapitre *De officio senescalli* (IV *bis*) et la place qui lui est assignée.

Les manuscrits latins 4653, 14689, 18368, 18557 de la Bibliothèque nationale, Y. 23 de Rouen, Ottoboni et Quaritch-Lormier ne contiennent pas le chapitre intitulé *De officio senescalli* (IV *bis*), qui se rencontre dans les dix-sept autres manuscrits. Quatre manuscrits, les manuscrits latins 4650 et 4652 de la Bibliothèque nationale, de Sainte-Geneviève et de Cheltenham, reportent ce chapitre entre les chapitres *De judicio* (IX) et *De consuetudine* (X), tandis qu'il est habituellement placé après le chapitre *De justiciario* (IV) ; le manuscrit de Copenhague n'a conservé qu'une partie de ce chapitre qu'il intercale dans le chapitre *De officio vicecomitis* (V).

3° L'absence ou la présence du chapitre *De exercitu* (XXII*bis*) ainsi que de certains passages additionnels dans divers chapitres, principalement de la seconde et de la troisième distinction.

Les manuscrits latins 4653, 14689, 18368, 18557 de la Bibliothèque nationale, Y. 23 de Rouen et Ottoboni n'ont pas le chapitre *De exercitu* (XXII *bis*), pas plus que certains passages des chapitres *De mensuris et ponderibus* (XV, 5 *bis*) ; *De vertecis* (XVI, 4 *bis*, 4 *ter*) ; *De rebus vaivis* (XVIII, 3 *bis*) ; *De usuris* (XIX, 6 *bis*) ; *De sese homicidis* (XX, 2 *bis*) ; *De forisfacturis* (XXII, 8 *bis*, 8 *ter*, 8 *quater*, 11 *bis*, 12 *bis*) ; *De successione* (XXIII, 3 *ter*, 4 *bis*, 9 *bis*) ; *De impedimentis successionis* (XXV, 2 *ter*) ; *De juratoribus* (LXVIII, 2 *bis*)[1] ;

---

[1] Le ms. Y. 23 de Rouen a le § 2 *bis*, tandis qu'il ne se trouve pas dans le ms. latin 11033 de la Bibliothèque nationale.

De simplicibus legibus (LXXXV, 11 *bis*)[1] ; *De brevi de feodo et elemosina* (CXV, 9 *bis*)[2].

4° Les différences de rédaction des chapitres *De justiciario* (IV) et *De consuetudine* (X).

Le chapitre *De justiciario* se présente sous trois formes : tantôt le passage : *Omnia autem eorum officia...* (§ 5 *bis*), est intercalé entre les mots : *injuste capta facere liberari et vim et violenciam facere amoveri;* tantôt il est rejeté à la fin du chapitre; parfois enfin il est supprimé. C'est sous cette dernière forme qu'on trouve ce chapitre dans les manuscrits latins 4653, 14689, 18368, 18557 de la Bibliothèque nationale, dans les manuscrits Y. 23 de Rouen, Ottoboni, Dutuit et Quaritch-Lormier.

Il existe aussi trois rédactions différentes du chapitre *De consuetudine* (X) : dans l'une, il n'est formé que des paragraphes 1, 2 et 3; dans l'autre, il se compose seulement des paragraphes 1, 1 *bis* et 3 *bis*; la troisième comprend les paragraphes 1, 2, 3, 1 *bis*, 3 *bis* [3]. La première de ces rédactions est spéciale aux manuscrits latins 4653, 14689, 18368, 18557 de la Bibliothèque nationale, Y. 23 de Rouen et Ottoboni ainsi

---

[1] Le ms. Y. 23 de Rouen contient le § 11*bis* du chapitre LXXXV, qui ne se rencontre pas dans le ms. de Sainte-Geneviève.

[2] A ces passages il faut ajouter le § 11*bis* du chapitre *De liberatione namnorum* (VII), que n'ont pas les mss. latins 4653, 14689, 18368 de la Bibliothèque nationale, Y. 23 de Rouen, Ottoboni et Quaritch-Lormier, mais qui se trouve dans le ms. latin 18557 de la Bibl. nat.

[3] 1re rédaction. § 1. Consuetudines vero sunt mores...
§ 2. Leges autem sunt institutiones...
§ 3. Usus autem circa leges attenduntur...

2e — § 1. Consuetudines vero sunt mores...
§ 1 *bis*. Hee possessiones appropriant...
§ 3 *bis*. Consuetudinum autem quedam sunt speciales...

3e — § 1. Consuetudines vero sunt mores...
§ 2. Leges autem sunt institutiones...
§ 3. Usus autem circa leges attenduntur...
§ 1 *bis*. Hee possessiones approbant (*sic*)...
§ 3 *bis*. Consuetudinum autem quedam....

qu'au manuscrit Quaritch-Lormier ; quant à la dernière, elle
se rencontre dans les manuscrits latins 4652, 4790, 12883,
14690 de la Bibliothèque nationale et les manuscrits de Cheltenham, de Copenhague et Dutuit.

5° La teneur différente de certains commencements
de chapitres.

Les chapitres *De rebus vaivis* (xviii) et *De vadiis et emptionibus* (xxi) commencent de deux manières différentes : l'un
de ces débuts est propre aux manuscrits latins 4653, 14689,
18368, 18557 de la Bibliothèque nationale, Y. 23 de Rouen et
Ottoboni ; l'autre (xviii § 1 *bis* ; xxi § 1 *bis*) au reste des manuscrits du coutumier [1], sauf le manuscrit latin 4652 de la
Bibliothèque nationale et le manuscrit de Cheltenham. De
même le chapitre *De successione* (xxiii) débute d'une façon
très différente dans les six manuscrits précités et dans les
autres manuscrits ; les manuscrits latins 4650, 4652 de la
Bibliothèque nationale, de Sainte-Geneviève et de Cheltenham offrent des leçons intermédiaires [2].

[1] 1re rédaction. § 1. De rebus autem vaivis et catallis eorum qui sese
sunt homicide notandum est quod dux ea habere
debet.
2e — § 1 *bis*. De rebus autem vaivis notandum est quod dux
eas habere debet per dominicum suum et eciam
alibi ubicumque per Normanniam, si per jusi-
ciarium suum primo fuerint arrestata.

1re rédaction. § 1. Illi autem qui vadia denegant et emptiones res
pro ipsis receptas debent amittere, que eciam
principi debent remanere, si convicti super hoc in
curia fuerint evidenter, ut si Petrus...
2e — § 1 *bis*. In terris autem venditis vel invadiatis... precium vadii vel emptionis principi remanebit, ut si
Petrus...

[2] 1re rédaction. § 1. De successionibus et teneuris sive modis... consequenter videndum est.
2e — Dicto itaque de consuetudinibus ad ducem... de
communibus agendum est et primo de successione.
3e — Acto (P. dicto) itaque de consuetudine ad ducem... de
communibus agendum est videlicet de teneuris
sive modis tenendi possessiones feodales et primo
de successione.

6° La reproduction littérale du chapitre *De plegiis* (LIX) presque en entier dans la seconde partie du coutumier.

Tous les manuscrits reproduisent textuellement à la suite du chapitre *De debitoribus* (LXXXIX) la plus grande partie du chapitre *De plegiis* (LIX) jusqu'aux mots : *probabit se tercio juratorum* (§ 12) ; les manuscrits latins 18368 et 18557 font seuls exception.

7° La suppression des chapitres relatifs aux records (CIII-CIX) avant le chapitre *De brevi de jure patronatus* (CX).

Six manuscrits, les manuscrits latins 4790, 12883, 14690 de la Bibliothèque nationale, de Stockholm, de Copenhague ainsi que le manuscrit Dutuit, passent immédiatement du chapitre *De reclamatione dotis* ou *De recordatione matrimonii* (CII) au chapitre *De brevi de jure patronatus* (CX), et suppriment tous les chapitres intermédiaires, à l'exception du chapitre *De petente recordationem* ou *De recordatione petita* (CIX), que ces manuscrits, sauf celui de Copenhague, reportent à la fin du chapitre *De lege que fit per recordamentum* (CXXI), entre les paragraphes 15 et 16.

8° Les différences de rédaction des paragraphes 6, 7, 8 et 9 du chapitre *De lege que fit per recordamentum* (CXXI).

Les manuscrits latins 4652, 4790 et 14690 de la Bibliothèque nationale, de Stockholm, de Cheltenham et le manuscrit Dutuit, ont pour ces paragraphes des leçons spéciales dont quelques-unes se retrouvent dans le manuscrit de Copenhague[1].

---

[1] Le ms. de Copenhague n'a que les §§ 6 *bis*, 6 *ter*, 7 *bis* en partie, du ch. CXXI.

La comparaison des manuscrits de la *Summa de legibus* au double point de vue de leur étendue et de leur contenu oblige à mettre à part :

1° Le manuscrit latin 18557 de la Bibliothèque nationale (Famille I).

2° Les manuscrits latins 4653, 14689, 18368 de la Bibl. nat. et le ms. Ottoboni (Famille II).

3° Le manuscrit Y. 23 de Rouen (Famille III).

4° Le manuscrit Quaritch-Lormier (Famille IV).

5° Le manuscrit latin 4650 de la Bibl. nat., auquel on peut rattacher les fragments du ms. fr. 5830 de la Bibl. nat. (Famille V).

6° Le manuscrit F. lat. 4 de Sainte-Geneviève (Famille VI).

7° Les manuscrits latins 4651, 4764, 11033, 11035, 15068 de la Bibl. nat., de l'Arsenal et Y. 204 de Rouen (Famille VII).

8° Les manuscrits latins 4790, 12883, 14690 de la Bibl. nat., de Stockholm et de Copenhague ainsi que le manuscrit Dutuit (Famille VIII).

9° Le manuscrit latin 4652 de la Bibl. nat. et le manuscrit de Cheltenham (Famille IX).

On arrive ainsi à constituer neuf familles, dont quelques-unes se subdivisent à leur tour en plusieurs branches. Voici l'indication des caractères, qui sont communs à un groupe de familles ainsi que de ceux qui sont propres à chacune d'elles.

Familles I, II, III.

Caractères généraux.

Absence de sous-titres dans les ch. v, vi, vii, viii, etc. — du § 5 *bis* du ch. *De justiciario* (iv). — du ch. *De officio senes-*

calli (IV *bis*). — du ch. *De exercitu* (XXII *bis*) ainsi que des passages intercalés dans le ch. *De mensuris et ponderibus* (XV) et autres chapitres énumérés plus haut.

Première rédaction du ch. *De consuetudine* (X) et du § 1 dans les ch. *De rebus vaivis* (XVIII), *De vadiis et emptionibus* (XXI) et *De successione* (XXIII).

FAMILLE I.

Un manuscrit, le ms. latin 18557 de la Bibl. nat. (D¹).

Caractères propres.

D¹ a le § 11 *bis* du ch. *De liberatione namnorum* (VII) ; — le § 2 *bis* du ch. *De impedimentis successionis* (XXV) ; — le § 4 *bis* du ch. *De teneura per elemosinam* (XXX) ; — le § 3 *bis* du ch. *De recordatione petita* (CIX).

D¹ n'a pas le § 3 *bis* du ch. *De successione* (XXIII) ; — le § 3 *bis* du ch. *De non etate* (XLII) ; — le § 12 *bis* du ch. *De plegiis* (LIX) ; — le § 2 *bis* du ch. *De juratoribus* (LXVIII) ; — le § 11 *bis* du ch. *De simplicibus legibus* (LXXXV) ; — le § 4 *bis* du ch. *De brevi de saisina antecessoris* (XCVIII).

Il ne répète pas textuellement les §§ 3-12 du ch. *De plegiis* (LIX) à la suite du ch. *De debitoribus* (LXXXIX).

D¹ om. les mots : *alii offerunt probare ad esgardium curie,* dans le ch. *De testibus* (LXI, 5).

D¹ place la rubrique *De querimonia* du ch. LVI avant les mots : *Quoniam ad terminationem querelarum,* au lieu de la reporter devant : *Notandum itaque est quod querimonia* (§ 2).

D¹ s'arrête au commencement du § 4 du ch. *De brevi de feodo et firma.*

FAMILLE II.

Quatre manuscrits : mss. latins 4653, 14689, 18368 de la Bibl. nat.; ms. Ottoboni.

Caractères communs.

Absence du § 11 *bis* du ch. *De liberatione namnorum* (VII) ; — du § 2 *bis* du ch. *De juratoribus* (LXVIII) ; — du § 11 *bis* du ch. *De simplicibus legibus* (LXXXV) ; — du § 9 *bis* du ch. *De brevi de feodo et elemosina* (CXV). — Omission des mots : *alii offerunt probare ad esgardium curie* (LXI, 5).

Ces mss. se terminent au milieu du § 8 du ch. *De lege apparenti* (CXXIV).

La famille II se subdivise en deux branches :

BRANCHE II a. — Mss. latins 14689 (V³), 18368 (D²) de la Bibl. nat. ; ms. Ottoboni (O).

Caractères propres. Ces mss. n'ont pas le § 4 *bis* du ch. *De teneura per elemosinam* (XXX) ; — le § 3 *bis* du ch. *De recordatione petita* (CIX) ; — et suppriment, à partir du ch. *De propinquitate antecessoris* (XCIX), les locutions : *Notandum est quod, Sciendum est quod,* au commencement de la plupart des phrases [1].

Ils reportent la rubrique du ch. *De querimonia* (LVI) devant les mots : *Quoniam ad terminationem querelarum.*

Les mss. latin 18368 de la Bibl. nat. et Ottoboni n'ont pas le § 2 *bis* du ch. *De impedimentis successionis.*

Le ms. latin 18368 ne répète à la suite du ch. *De debitoribus* (LXXXIX] que les §§ 3-5 du ch. *De plegiis* (LIX).

Le ms. Ottoboni intercale seul à la fin du ch. *De brevi de stabilia* [CXIII, 11) les mots : *vel in non scire rem deduxerint.*

---

[1] *D²*, *O*, *V³* omettent ainsi :
notandum... est quod. XCIX, 1. c, 2. CI, 3, 4, 5, 7. CXI, 3, 4. CXII. 3. CXV, 6. CXVI, 3, 5, 8, 10. CXXI, 4, 6, 7, 8, 16. CXXIII, 2. CXXIV, 7 (*O*, *V³ seulement*). — notandum siquidem est quod. CX, 3. — notandum insuper est quod. CXI, 10. CXXI, 8, 16. — unde notandum est. CXI, 1. — sciendum... est quod. c, 12. CIX, 2, 3, 7. CXI, 13, 14. CXIII, 4, 10, 11. CXVI, 12. CXXI, 7, 9, 15, 16. CXXII, 2, 7. — insuper autem sciendum est quod. CIX, 1. — notandum eciam est quod. CI, 6. CIX, 3. CXII, 3, 8. CXXI, 4, 16. — animadvertendum est quod. CIX, 1.

Dans cette branche de la Famille II, il convient encore de distinguer le ms. D² des mss. O et V³, bien qu'ils aient un grand nombre de leçons et des omissions communes.

Il y a dans D² quelques méprises[1]; il a été révisé par un correcteur[2] et complété par l'insertion des passages additionnels sur les marges. O a reçu la plupart de ces additions; mais il n'a pas été revu avec le même soin et il présente un certain nombre de lacunes, qui se retrouvent dans V³. Ce dernier ms. a été exécuté avec la plus grande négligence et, outre les omissions qui viennent d'être signalées, il offre des passages absolument inintelligibles[3]. Bien que O et V³ aient de nombreux traits de ressemblance[4], ils ne dérivent pas immédiatement l'un de l'autre[5]; car on y relève parfois des leçons très différentes.

BRANCHE II b. Ms. latin 4633 de la Bibl. nat. (C⁴).

Caractères propres. C⁴ n'a pas le § 2*bis* du ch. *De impedimentis successionis* (XXV).

C⁴ ajoute les mots : *vel in non scire veritatem rei reduxerint inquirende,* à la fin du ch. *De brevi de stabilia* (CXIII, 11).

[1] La plupart des méprises sont des fautes d'inattention, comme *masnagium per tres denarios relevatur* au lieu de *per tres solidos* (XXXII, 3), *observavari, assiasiam, sanguitate,* etc.

[2] Outre les corrections contemporaines, il y en a de postérieures, qui paraissent provenir d'une collation du texte de D² avec un ms. d'une autre famille ; c'est à ce second travail qu'il faut rapporter la plupart des grattages et surcharges que l'on remarque dans ce volume.

[3] Voici quelques exemples :
probaticum spade = *placitum spade.* VI, 7. — *per annos integros sentatos* = *pannos integros sericatos.* XVI, 4. — *periculator* = *spiculator.* LXXV, 5.

[4] O et V³ ont des leçons caractéristiques, comme *winetum* au lieu de *visnetum* (D²), *manifestationibus* pour *manifesta communibus* (XIX, 6) et le nom de lieu *Criquebuef* (V³. *Criquelen.* CXXIV, 1). Ils répètent également les mots : *quam de commissione terre in custodia... omnes rationes que faciunt ut inquiratur.* CXII, 4.

[5] Telles sont les variantes suivantes :
O. pechias; *V³.* pecias. XXIV, 4. — *O.* gadrablum; *V³.* gadeablum. LXXXV, 9. — *O.* sponsam; *V³.* spondam. CI, 7. — *O.* renarrata; *V³.* retractata. CII, 1. — *O.* jus ecclesiatica; *V³.* jus patronatus. CX, 11. — *O.* tradiderit; *V³.* reddiderit. *O.* guaranto; *V³.* garantizare. CXI, 6. — *O.* retrahere; *V³.* rehabere. CXI, 11. — *O.* convincatur; *V³.* commercatur. CXVI, 7. — *O.* consequenter; *V³.* communiter. CXXI, 1. — *O.* enumeravimus; *V³.* enarravimus. CXXI, 10. — *O.* dimitti; *V³.* admitti. CXXII, 5. — *O.* requirebat; *V³.* inquirebat. CXXIII, 4. — *O.* queror; *V³.* conqueror. XXIV, 1.

Il répète littéralement dans le ch. *De brevi de stabilia* (cxiii) la plus grande partie du ch. *De brevi de feodo et firma* (cxii)[1].

Famille III.

Un manuscrit, le ms. Y. 23 de Rouen (R[1]).

Caractères propres. R[1] a le § 2 *bis* du ch. *De impedimentis successionis* (xxv); — le § 4 *bis* du ch. *De teneura per elemosinam* (xxx); — les mots : *alii offerunt probare ad esgardum curie,* dans le ch. *De testibus* (lxi, 5); — le § 2 *bis* du ch. *De juratoribus* (lxviii); — le § 3 *bis* du ch. *De recordatione petita* (cix); — les §§ 9-14 du ch. *De lege apparenti* (cxxiv) et le ch. *De prescriptione* (cxxv).

R[1] aj. à la fin du ch. *De brevi de stabilia* (cxiii, 11) les mots : *vel in non scire veritatem rei reduxerint inquirende.*

R[1] n'a pas le § 11 *bis* du ch. *De liberatione namnorum* (vii); — le § 9 *bis* du ch. *De brevi de feodo et elemosina* (cxv).

R[1] est un manuscrit assez correct, bien qu'il n'ait pas été corrigé; on y remarque quelques omissions, mais moins de fautes[2] que dans les mss. précédents. Il se rapproche beaucoup des mss. de la Famille II, dont il ne diffère guère que par l'adjonction des §§ 9-14 du ch. *De lege apparenti* (cxxiv) et du ch. *De prescriptione* (cxxv).

Famille IV.

Un manuscrit, celui de M. Lormier, qui a appartenu auparavant à M. Quaritch (Q).

---

[1] Voy. p. 288, n. 5.
[2] Les rares erreurs qu'on y relève sont peu importantes :
Subjusticiarii sub ballivis constitutis. iv, 2. — intrinsecis et intrinsecis. xvi, 2. — celatus fuerit vel legatus. xvii. — raptitudinem reportabit. xlii, 3. — percipiet fructimentum. liv. — non est admittanda submonitio. lx, 8. — non enim opus est testibus donec opus fuerit assignatus. lxi, 6. — amici speciales et notarii. lxviii, 2. — materiam querele in brevi expressam excitare. xcv, 3.

Q n'a pas de sous-titres dans les ch. v, vi et suivants, — le § 5*bis* du ch. *De justiciario* (iv); — le ch. *De officio sènescalli* (iv *bis*); — le § 11 *bis* du ch. *De liberatione namnorum* (vii); — les §§ 1 *bis* et 3 *bis* du ch. *De consuetudine* (x); — le § 2 *bis* du ch. *De vadiis et emptionibus* (xxi). — Il omet les mots : *que ad alium hujusmodi deferant dignitatem*, à la fin du ch. *De thesauro invento* (xvii).

Q a tous les passages intercalés dans les ch. xiv, xv, xvi, xviii, xix, xx, xxii, xxiii, xxv, lxviii, lxxxv, xcviii, cxv ; — le ch. additionnel *De exercitu* (xxii *bis*), reporté après le ch. *De exercitu* (xliii); — les §§ 1 *bis* des ch. *De rebus vaivis* (xviii) et *De vadiis et emptionibus* (xxi) ainsi que le début : *dicto itaque de consuetudinibus ad ducem...* du ch. *De successione* (xxiii, 1); — les mots : *alii offerunt probare ad esgardium curie* dans le ch. *De testibus* (lxi, 5).

Q se termine au milieu du § 8 du ch. *De lege apparenti* (cxxiv).

Q ajoute le passage : *que recordaciones cum lege... inferius evidenter*, à la fin du ch. *De recordatione matrimonii* (cii); — les mots : *vel in non scire rei veritatem reduxerint inquirende*, dans le § 11 du ch. *De brevi de stabilia* (cxiii); — la phrase : *Et hoc plenius tractatur superius in capitulo de officio senescalli*, dans le ch. *De disraisnia* (cxxiii, 4).

Il ajoute seul dans le ch. *De thesauro invento* (xvii) après : *nec super hoc per querelatum*, les mots : *de quo interrogatur veritas ut thesaurum reddat;* — dans le ch. *De impedimentis successionis* (xxv, 2), à la suite des mots : *procreati tamen in ipso*, la phrase : *quamvis discedat matrimonium;* — le mot *visiones* dans le ch. *De recordatione petita* (cix, 1).

Q réunit le ch. *De querimonia* (lvi) au ch. *De scacario* (lv), et le ch. *De prolocutore* (lxiii) au ch. *De placitatoribus* (lxii).

Familles V, VI, VII, VIII, IX.

Les dix-sept autres manuscrits se répartissent dans les familles V à IX.

Caractères généraux.

Ces mss. contiennent le ch. *De officio senescalli* (ɪᴠ *bis*) soit en totalité, soit en partie; — le ch. *De exercitu* (xxɪɪ *bis*); — tous les passages intercalés dans les ch. ɪᴠ[1], ᴠɪɪ, xɪᴠ, xᴠ, xᴠɪ, xᴠɪɪɪ, xɪx, xx, xxɪɪ, xxɪɪɪ (§§ 3 *bis*, 3 *ter*, 4 *bis*, 9 *bis*), xxᴠ[2], xxx, xʟɪɪ, xʟᴠɪɪ, ʟxᴠɪɪɪ[3], ʟxxxᴠ[4], xcᴠɪɪɪ, cɪx, cxᴠ; — les §§ 1 *bis* des ch. *De rebus vaivis* (xᴠɪɪɪ) et *De vadiis et emptionibus* (xxɪ) ainsi que la deuxième rédaction du début du ch. *De successione* (xxɪɪɪ); — les mots : *nullus enim alienum factum potest disraisniare,* dans le ch. *De plegiis* (ʟɪx, 12 *bis*); — *alii offerunt probare ad esgardium curie,* dans le ch. *De testibus* (ʟxɪ, 5); — *notandum est quod in omni brevi facienda est inquisitio,* dans le ch. *De brevi de feodo et vadio* (cxɪ, 10); — *vel in non scire veritatem rei reduxerint inquirende* ou *requirende* à la fin du ch. *De brevi de stabilia* (cxɪɪɪ, 11).

Ils comprennent les §§ 9 à 14 du ch. *De lege apparenti* (cxxɪᴠ) et le ch. *De prescriptione* (cxxᴠ)[5], sauf le ms. latin 4650 de la Bibl. nat., qui s'arrête au milieu du § 8 du ch. cxxɪᴠ.

Ils reportent devant : *Notandum itaque est quod querimonia...* la rubrique du ch. *De querimonia* (ʟᴠɪ).

---

[1] Le ms. Dutuit, comme les mss. précédents, n'a pas le § 5 *bis* du ch. *De justiciario* (ɪᴠ).

[2] Le ms. de Sainte-Geneviève, ainsi que les mss. latins 4653, 18363 de la Bibl. nat. et le ms. Ottoboni, ne contient pas le § 2 *bis* du ch. *De impedimentis successionis* (xxᴠ).

[3] Le ms. latin 11033 fait exception; c'est vraisemblablement une omission due à la répétition des mots : *recipi non debent.*

[4] Le ms. de Sainte-Geneviève est encore le seul, qui, avec les mss. des Familles I et II, ne renferme pas le § 11 *bis* du ch. *De simplicibus legibus* (ʟxxxᴠ).

[5] *V*[2]. s'arrête aux mots : *potest et debet prelium vadiari et tunc recipiet* (cxxɪᴠ, 13), et *S.* se termine à : *si revocationem suam fecerit* (cxxᴠ, 1).

Ils répètent tous à la suite du § 1 du ch. *De debiloribus* (LXXXIX) les §§ 3 à 12 du ch. *De plegiis* (LIX).

FAMILLE V.

Un manuscrit, le ms. lat. 4650 de la Bibl. nat. (C¹).

Caractères propres. C¹ a la deuxième rédaction du ch. *De consuetudine* (x, 1, 1 *bis*, 3 *bis*); — le § 2 *bis* du ch. *De vadiis et emptionibus* (XXI), ajouté en marge à l'époque de la transcription du ms.; — la phrase : *visiones autem recordationem habent,* intercalée dans le ch. *De recordatione petita* (CIX, 1).

C¹ omet les mots : *que ad alium hujusmodi deferant dignitatem,*à la fin du ch. *De thesauro invento* (XVII).

C¹ n'ajoute de sous-titres que dans les ch. v, VII, XXII, XXII *bis*[1]; — il n'intercale pas dans le ch. *De forisfacturis,* la rubrique *De assisia* devant les mots : *Est assisia congregatio...* (XXII, 4).

C¹ reporte le ch. additionnel *De officio senescalli* (IV *bis*) entre les ch. *De judicio* (IX) et *De consuetudine* (x), au lieu de le placer avec la plupart des mss. entre les ch. IV et V.

C¹ s'arrête au milieu du § 8 du ch. *De lege apparenti* (CXXIV).

Bien que C¹ soit un manuscrit d'une exécution assez soignée, il renferme cependant un certain nombre de fautes de transcription.

Les fragments de la *Summa de legibus* contenus dans le ms. français 5330 de la Bibl. nat. ont été vraisemblablement empruntés à un manuscrit de cette famille[2].

---

[1] Les subdivisions de C¹. sont : ch. v. *De bedellis.* — VII. *Item de liberatione nantorum.* — XXII. *De liberatione crucessignatorum.* — XXII *bis*. *De retrobannio.*

[2] Le ms. fr. 5330 est, avec C¹, le seul qui divise le ch. addit. *De exercitu* (XXII*bis*) en deux parties, dont la seconde comprenne les §§ 3-9 avec la rubrique : *De retrobannio;* la coupure est placée partout entre les §§ 8 et 9.
On y retrouve en outre ces leçons de C¹ : *leges et jura; wiriscum ejectis* (IV*bis*, 1). — *ad cursum* (5330. *cursus) antiquum ; dum... dampnum alicui ingerere; vel confossa similia* (IV*bis*, 2).
Ce ms. est très défectueux; on y lit ainsi : *per extersionem nobilium* au lieu de *per extorsionem mobilium ; in alienum* pour *in alveum ; per foveas stare* pour *per foveas factas ; froy* pour *froci.*

FAMILLE VI.

Un manuscrit, le ms. F. lat. 4 de la bibliothèque Sainte-Geneviève (G).

Caractères propres. G a la deuxième rédaction du ch. *Le consuetudine* (x, 1, 1 *bis*, 3 *bis*).

G n'a pas le § 2 *bis* du ch. *De vadiis et emptionibus* (xxi); — le § 4 *ter* du ch. *De successione* (xxiii); — le § 2 *bis* du ch. *De impedimentis successionis* (xxv); — le § 12 *bis* du ch. *De plegiis* (lix); — le § 11 *bis* du ch. *De simplicibus legibus* (lxxxv); — les mots : *visiones recordationem habent* du ch. *De recordatione petita* (cix, 1). — Il om. les mots : *que ad alium hujusmodi deferant dignitatem,* à la fin du ch. *De thesauro invento* (xvii).

G n'intercale de sous-titres que dans les ch. iv, v et li[1]; — n'ajoute pas la rubrique *De assisia* devant les mots : *Est autem assisia congregatio...* du ch. *De forisfacturis* (xxii, 4).

G reporte le ch. *De senescallo ducis et ejus officio* (iv *bis*) entre les ch. *De judicio* (ix) et *De consuetudine* (x).

G s'étend jusqu'à la fin du ch. *De prescriptione* (cxxv).

G a seul conservé les leçons : *usus* (xlii, 3 *bis*), *necui* (lxvi, 6)[2], *valorem* (xcv, 10)[3].

G est un ms. souvent incorrect, qui présente de nombreuses omissions.

FAMILLE VII.

Sept manuscrits : mss. latins 4651, 4764, 11033, 11035, 15068 de la Bibl. nat., ms. de l'Arsenal 804 et ms. Y. 204 de Rouen.

Caractères communs.

Ces mss. ont, à l'exception de celui de Rouen, la deuxième rédaction du ch. *De consuetudine* (x, 1, 1 *bis*, 3 *bis*); — le § 2 *bis* du

---

[1] « *Qui dicuntur subjustitiarii.* iv, 6. — *De bedellis et eorum officio.* v, 3. — *De desaisiniis et spoliationibus.* li, 2. »

[2] « Audi homo... quod ego patrem tuum non multrivi nec in felonia, si me Deus adjuvet et sacrosancta, necui ». f. 28 r°, c. 2.

[3] « Debet Catho Tyto restituere valorem quem haberent... » f. 38 v°, c. 2.

ch. *De vadiis et emptionibus* (XXI) ; — le § 4 *ter* du ch. *De successione* (XXIII) ; — le § 2 *bis* du ch. *De impedimentis successionis* (XXV). — Ils commencent le § 7 du ch. *De curia* (LII) par les mots : *habet eciam principaliter curiam de omnibus injuriis et;* — et ajoutent les mots : *et sciendum est*, au début du ch. *De brevi maritagii impediti* (G). Ils ont enfin un grand nombre de leçons communes[1].

Ils n'ont pas, sauf le ms. lat. 11033 de la Bibl. nat., la phrase : *visiones recordationem habent*, du ch. *De recordatione petita* (CIX, 1).

Ils omettent les mots : *que ad alium hujusmodi deferant dignitatem*, à la fin du ch. *De thesauro invento* (XVII).

Ils intercalent des sous-titres dans les ch. IV *bis*, V, VI, etc., ainsi que la rubrique *De assisia* dans le ch. *De forisfacturis* (XXII, 4).

La famille VII se subdivise en trois branches :

BRANCHE VII a. Mss. latins 4651 (B[1]) et 11033 (B[3]).

BRANCHE VII b. Mss. latins 11035 (L) et 15068 (V[1]).

BRANCHE VII c. Mss. latin 4764 (C[3]), de l'Arsenal (A) et Y. 204 de Rouen (R[2]).

BRANCHE VII a.

Caractères propres. B[1] et B[3] ont les mots : *sunt autem conjuncte persone*, dans le ch. *De simplicibus legibus* (LXXXV, 6) et un certain nombre de variantes[2] et de particularités ortho-

---

[1] Telles sont les leçons : *vallis Moretanii* (R[2]. *Moritonii*). XIV, 6. *cum feodo custodire* (*r* exponctué dans B[1]). XXXI, 7. *nequiciam ex clamore expositam* (R[2]. *oppositam*). LXXIV, 2.

[2]

B[1], B[3]. ad dominum hominis sui nanta detinentem.	A, L, V[1]. ad domum hominis sui nanta detinentem. VII, 2.
B[1], B[3]. si... pars justiciarium dixerit.	A, C[3], L, R[2], V[1]. si... pars justiciariorum dixerit. IX, 5.
B[1], B[3]. rececet.	A. et s. resecet. XXIV, 4.
B[1] (*corr.*), B[3]. in hujusmodi sequelis deducendis.	A, C[3], L, R[2], V[1]. in hujusmodi (L. *aj.* causis et; V[1] *aj.* casibus et) querelis deducendis. LXXIV, 5.
B[1] (*corr.*), B[3]. sunt autem juncte persone pater.	A, C[3], L, R[2], V[1]. *om.* sunt autem conjuncte persone. LXXXV, 6.
B[1], B[3]. quadirigenam.	A, L, V[1]. quadrigenam. CX, 4.
B[1], B[3]. implorendum est.	C[3], L, V[1]. implorandum est. CXI, 6.
B[1], B[3], L. ante regis Ricardi coronationem.	A, C[3], V[1]. ante regis Ricardi coronamentum. CXI, 13.

graphiques significatives[1], qui permettent de voir dans B^2 une copie incorrecte de B^1.

BRANCHE VII b.

Caractères propres. L et V^1 om. les mots : *sunt autem conjuncte persone,* dans le ch. *De simplicibus legibus* (LXXXV, 6) et ont quelques leçons spéciales[2].

Ils intercalent entre les ch. *De brevi de jure patronatus* (CX) et *De brevi de feodo et vadio* (CXI) l'établissement de Philippe-

---

[1] Telles sont les suivantes :
B^1, B^3. incendatores. XI. — B^1, B^3. usurias. XIX, 5. — B^1, B^3. auctum $=$ actum forisfacture. XIX, 6. — B^1, B^3. propinquior est in sanguinitate $=$ consanguinitate. XXIII, 9. — B^1, B^3. forsam. XXXV, 2.

Une preuve décisive de la parenté de ces deux mss. se trouve dans le ch. *De mensuris et ponderibus* (XV, 6) où la leçon de B^1. : *et hujusmodi exauctionis emenda ta/b'nagium...* est devenue dans B^3. : *et hujusmodi exauctionis emendata breuagium noncupatur.* Cette mauvaise lecture ne s'explique que si le copiste de B^3. a eu sous les yeux B^1, où le mot *tabernagium* est ainsi coupé et où la syllabe *ta* se trouve seule à la ligne précédente avec *emenda.* De même dans le ch. *De injuria* (L, 4), il n'a pas compris la correction de B^1., qui portait $im_{personalis}^{possessionalis}$ et il a écrit *inpossessionalis.* Il a encore la correction *nequiter* de B^1. au lieu de *crudeliter* (LXXIV, 1).

Le copiste de B^3. ne s'est pas contenté de reproduire les fautes de B^1., comme : *sollempniorum jejuniorum* (LXXX, 2); il en a ajouté d'autres : *carnatores* pour *tannatores* (IVbis, 2), *serelinas* pour *sebelinas* (XVI, 4), etc.

[2] B^1. et *s.* consilium vel juvamen.
B^1. et *s.* exceptos.
B^1. et *s.* moutas.
B^1. et *s.* n si munimenta.
B^1. et *s.* et hec sancta.
B^1. et *s.* defuerit in querela.
B^1. et *s.* per... captionem est compellendus.
B^1. et *s.* singulis annis exsolvuntur.
A. etc. inquisitio teneatur.
B^1. et *s.* poterit dotem reportare.

B^1. et *s.* ad... judicem referuntur.

B^1. et *s.* recordamentum observari.
B^1. etc. quod intendit.

L, V^1. consilium et auxilium vel juvamen. XIII, 1.
L, V^1. exemptos. XIV, 7.
L, V^1. moltas. XXXII, 4.
L, V^1. nisi juramenta. LIX, 12.
L, V^1. et sacrosancta. LXXXV, 2.
L, V^1. defuerit in sequela. LXXXV, 7.
L, V^1. per... captionem est repellendus. XCIII, 2.
L, V^1. singulis annis persolvuntur. XCIII, 8.
L, V^1. inquisitio tenenda. XCIX, 2.
L, V^1. poterit dotem reclamare. CI, 7.
L, V^1. ad... judicem proferuntur. CXX, 2.
L, V^1. recognitio observari. CXXI, 6.
L, V^1. quod ostendit. CXXII, 1.

Auguste sur la procédure en matière de patronage[1] et la lettre des évêques de Normandie au roi.

Ils reproduisent, soit sur les marges, soit dans le corps du texte, deux mandements de Philippe IV de 1293 et de 1294 après le ch. XXIIbis, ainsi que les deux derniers alinéas du § 5 du ch. *De judicio* (IX) à la suite du § 10 du ch. *De brevi de jure patronatus* (CX)[2]. L'intercalation dans le texte de V[1] de ce dernier passage, qui se trouve encore dans les annotations marginales de L, et surtout du renvoi au folio de L, indique que V[1] dérive de L, bien qu'il n'en soit pas cependant une copie absolument littérale[3].

---

[1] L'établissement de Philippe-Auguste intitulé dans la table : *Constitutio regis Philippi super patronat. ecclesiarum* (f. 4 v°) manque dans L par suite de la disparition du f. lxxxiiij. entre les ff. actuels 101 et 102.

[2] « Ne rei collatio ad ipsos propter elapsum sex mensium ordinarios divolvatur. In capitulo de judiciis superius in x° folio principii hujus libri (L. aj. vel eocirca continentur verba que secuntur : Si vero judiciarii discordes fuerint. quod a discretioribus et pluribus judicatum fuerit observetur. Si vero discretiores vel majores pauciores fuerint, ad alias assisias prorogetur judicium (L. judicium prorogetur) vel ad scacarium, si necesse fuerit. vel multorum sententiis declaretur, exceptis tamen illis casibus in quibus mora generans periculum querele ad alium rem devolvit quod patet in presentatione (L. aj. et) in contentionibus ecclesiarum. Si enim hujusmodi contentio ultra sex menses duraverit dyocesanus eam conferet episcopus cui sue placuerit voluntati ; propter quod justiciarii sollers discretio quod a pluribus discretioribus fuerit judicatum esse suspectis debet facere observari etc. In brevibus autem prenotatis... ». Ms. lat. 15038, Bibl. nat., f. xl r°, c. 2 et v°, c. 1. Ms. lat. 11035, Bibl. nat., f. 100 (lxxxij) r°.

Ce passage du ch. IX se trouve précisément dans le ms. lat. 11035 au f. x v°, tandis qu'il est dans le ms. lat. 15038 au f. vij r°. — La présence du signe *et c.* à la fin du passage et de la leçon : *quod a discretioribus et pluribus,* au lieu de : *quod a pluribus et discretioribus judicatum fuerit* (IX, 5), qui se rencontre également dans l'addition marginale de B[1]., prouve que V[1]. dérive de B[1]. par l'intermédiaire de L.

[3] L. et V[1]. ont un certain nombre de leçons indépendantes, telles que :

B[1], L. *et s.* a dominis debent conservari. — V[1]. debentur a dominis custodiri. XXII, 16.

B[1]. *et s.* redacta fuerit. — L. redigatur. — V[1]. ponatur. LIII, 2.

B[1], L. *et s.* matrimonia non possunt celebrari. — V[1]. matrimonia non possunt fieri vel celebrari. LXXX, 1.

B[1], L. *et s.* vices fungens. — V[1]. vices gerens. XCV, 5.

B[1]. *etc.* in assisia debet teneri. — V[1]. in assisia debet fieri. CV.

B[1], V[1]. *et s.* partibus in ea ad procedendum in querela constitutis. — L. partibus in ea ad producendum in ea constitutis. CIX, 7.

B[1], V[1]. *et s.* ex facili reducendum. — L. ex facili revocandum. CXI, 13.

B[1], L. *et s.* faciendus est in hac forma. — V[1]. faciendus est in hec verba. CXIII, 5.

Branche VII c.

Caractères propres. A, C³, R² ajoutent — à la fin du ch. *De teneura per paragium* (xxviii, 2) les mots : *et hec et alia plenius declarantur inferius in titulo de primogenito;* — au milieu du § 10 du ch. *De plegiis* (lix) les mots : *et de hoc tangitur superius in* (A *de*) *capitulo de homagiis.*

Ils intercalent dans le texte, à la suite du ch. *De exercitu* (xxii *bis*), deux mandements de Philippe IV de 1293 et de 1294, transcrits en marge de B¹ et de L.

Les variantes propres à ces mss. consistent soit dans la substitution de synonymes aux termes employés dans la plupart des mss., soit dans l'insertion de gloses explicatives[1].

B¹, L. et s. modo prenotato.
B¹, L. et s. ad recordamentum nominari.
B¹, L. et s. quos mihi reddere ad Pascha promisisti.

[1] *B¹* (*corr*). *et s.* a judiciariis.
B¹. et s. dignitatem obtinentes.

B¹, B³, L. incendatores.
B¹. etc. delictorum.
B¹. et s. de teneuris autem consequenter.
B¹. et s. de querimonia videndum est.
B¹. etc. ut ad assisias compareat.

B¹. etc. possint applicari.
B¹. et s. de roberia autem sciendum est.
B¹. et s. per consilium assisie exprimenda.

B¹. et s. dicitur... immobilis possessio feodum.
B¹. etc. de visione videndum est.

B¹. et s. aut per brevium de dote.

B¹. et s. per inquisitores.
B¹. et s. requirentibus exhibebit.

V¹. modo supradicto. cxxi, 13.
V¹. ad recordamentum vocari. cxxi, 16.
V¹. quos reddere debebas ad Pascha. cxxiii, 6.

A, C³, R². a justiciariis. ix, 1.
A, C³, R². dignitatem habentes. ix, 2.
A, C³, R². incendiarios. xi.
A, C³, R². meritorum. xi.
A, C³, R². de teneuris autem feodorum consequenter. xxvi, 1.
A, C³, R². de querimonia videamus. lvi, 1.
A, C³, R². ut ad assisias talis loci compareat. lx, 7.
A, C³, R². valeant applicari. lxv, 4.
A, C³, R². de roberia autem et assaltu sciendum est. lxx, 1.
A, C³, R². per consilium assisie reprimendum (*C³.* reprimendi). lxxv, 5.
A, C³, R². dicitur... immobilis possessio fundum. xci, 2.
A, C³, R². de assignatione visionis videndum est. xcv, 1.
A, C³, R². aut per brevium maritagii de dote. ci. 11.
A, C³, R². per inquisitionem. cxi, 6.
A, C³, R². exigentibus exhibebit. cxv, 10.

Cette tendance[1] est surtout marquée dans C[3]. Les trois manuscrits, malgré leur communauté d'origine[2], sont indépendants les uns des autres[3]; A et R[2] sont ceux qui paraissent avoir le plus d'affinité[4].

FAMILLE VIII.

Six manuscrits : mss. latins 4790, 12883, 14690 de la Bibl. nat., mss. Dutuit, de Stockholm et de Copenhague.

Caractères généraux.

Ces mss., qui présentent tous les caractères communs aux trois familles précédentes, se distinguent en outre par les suivants.

Ils ont le titre : *Incipit liber de juribus et consuetudinibus Normannie,* remplacé dans le ms. de Copenhague par la

---

[1] Voici quelques exemples de cette manière de faire :
« In portionibus sive portione. xxiv, 7. — custodiam sive tutellam. xxxi, 6. — licet feodum non habeat custodie vel quo custodiam debeat. xxxi, 15. — prorogationes querelarum judicium prorogantes sive retardantes. xxxvi, 1. — pax fuerit reformata. lxix, 2. — usque ad meridiem sive nonam. xcv, 2. — femina superstet (*sic*) remanserit vel fuerit. xcix, 1. — nisi fuerit de concessu. c, 12. — persone in curia existentes; memoria revocabit, cxxi, 3. — recordaverint observetur vel debet observari. cxxi, 7. — alii non poterant vel valeant. cxxii, 8. »

[2] Ces trois mss. sont les seuls qui emploient une fois le terme *titulus* au lieu du mot *capitulum* usité dans tous les autres mss. xxviii, 2 (p. 97, n. 8).

[3] D'une part C[3]. seul omet les §§ 2, 3, 4 du ch. cxvi et place le § 15 du ch. cxxi avant le § 14. D'autre part, R[2]. présente un assez grand nombre de leçons uniques, telles que les suivantes :
« Hoc non est in consuetudine burgorum. xxix, 6. — per sacramentum juratorum habeant terminari contenciones. lxviii, 2. — si tamen fuerint sorores heredes jam defuncte ante patrem primogenite filius saisinam avi sui et avite obtinebit. xcix, 1. — per vicinos et in patria residentes... gaengnia dicitur reportare. cix, 5. — secandi herbas suas. cxiv, 2. »

[4] Les leçons suivantes établissent cette parenté de *A.* et de *R*[2].:

B[1]. *et s.* fide domini Normannie.	*A, R*[2]. fide principis Normannie.	C[3]. fide ducis Normannie. xxvi, 3.
B[1]. *et s.* procreatum vel procuratum.	*A, R*[2]. procuratum vel factum.	C[3]. procreatum vel factum. xxxviii, 7.
B[1]. *et s.* vocitatur.	*A, R*[2]. recitatur. cxiii, 1.	
B[1]. *et s.* nec eciam reassignanda.	*A, R*[2]. nec eciam resignanda.	C[3]. nec eciam designanda. cxxiv, 11.

rubrique : *Somma de legibus consuetudinum Normannie*; — le § 4*ter* du ch. *De successione* (xxiii); — les §§ 6*bis*, 6*ter*, 7*bis* du ch. *De lege que fit per recordamentum* (cxxi)[1].

Ils suppriment les ch. *De recordatione curie regie* (ciii) et s jusqu'au ch. *De recordatione petita* (cix), et passent immédiatement au ch. *De brevi de jure patronatus* (cx) en intercalant, soit à la place du § 2 du ch. *De reclamatione dotis* (*De recordatione matrimonii*. cii), soit à la suite la phrase de transition : *que recordationes cum de lege... declarabuntur inferius evidenter.*

Ils reportent, à l'exception du ms. de Copenhague, le § 15 du ch. *De lege que fit per recordamentum* (cxxi) après le § 16 et placent à la fin de ce chapitre le ch. *De recordatione petita* (cix) omis plus haut.

La famille VIII se subdivise en trois branches :

BRANCHE VIII a. Ms. lat. 12883 de la Bibl. nat. (H).

BRANCHE VIII b. Mss. lat. 4790 (C²) et 14690 (V²) de la Bibl. nat., mss. Dutuit (R³) et de Stockholm (S).

BRANCHE VIII c. Ms. de Copenhague (K).

BRANCHE VIII a.

Caractères propres. H a la troisième rédaction du ch. *De consuetudine* (x, 1, 1*bis*, 2, 3, 3*bis*); — les mots : *et visiones similiter habent*, dans le ch. *De recordatione petita* (cix, 1).

Il ajoute à la fin du ch. *De reclamatione dotis* (*De recordatione matrimonii*. cii) la phrase : *Quedam vero recordationes*

---

[1] Le ms. lat. 12883 présente ici une lacune de plusieurs chapitres : il n'a conservé du ch. cxxi que le § 15 et les deux derniers alinéas du § 16, à partir des mots : *ad reclamationem requirentis exhibetur. Licet autem persone omnes...* Toutefois le chapitre *De lege que fit per recordamentum* (cxxi) étant subdivisé dans la table de ce ms. de la même manière que dans les mss. C², R³, S, V², il est permis de supposer qu'il contenait une rédaction identique du chapitre.

Le ms. de Copenhague n'a pas le passage : *injuncto eis verum dicere... nisi in causa propria,* dans le § 7*bis*.

sunt curie regie... habet fieri tractabitur declarabuntur inferius evidenter; — à la suite du § 4, 2ᵉ alinéa, du ch. De disraisnia (cxxiii) les mots : et hoc plenius tractatur superius in capitulo de offitio senescalli.

Il porte en marge du ch. De brevi de jure patronatus (cx) la lettre des prélats de Normandie à Philippe-Auguste sur la procédure à suivre en matière de patronage et les deux alinéas du ch. De judicio (ix, 5).

Branche VIII b.

Caractères propres. Ces mss. ont la troisième rédaction du ch. De consuetudine (x, 1, 1ᵇⁱˢ, 2, 3, 3ᵇⁱˢ); — les §§ 8ᵇⁱˢ, 9ᵇⁱˢ du ch. De lege que fit per recordamentum (cxxi).

Ils ajoutent les mots : et visiones similiter habent, devant de eo quod ostenditur, dans le ch. De recordatione petita (cix, 1), — cum domini principis serviente après : nulla ratione valeant amoveri, dans le ch. De lege que fit per recordamentum (cxxi, 10). Ils renferment en outre beaucoup de leçons communes.

Ils remplacent le § 2 du ch. De recordatione matrimonii (cii) par la phrase : quedam vero recordationes sunt que recordationes cum de lege... declarabuntur inferius evidenter ; — la fin du § 4, 2ᵉ alinéa, du ch. De disraisnia (cxxiii), à partir des mots : vel minus juste et ad juris plenitudinem, par le renvoi : prout superius tractatur (R³, S. tractabimus) plenius capitulo de officio senescalli.

Ils omettent les mots : et omnes persone dignitatem... priores conventuales comites, dans le ch. De lege que fit per recordamentum (cxxi, 3).

Toutefois, malgré ces nombreux traits de ressemblance, ces quatre mss. sont indépendants les uns des autres : ils paraissent seulement dériver d'un original unique diversement modifié suivant les erreurs ou les caprices de la transcription[1]. C[2] et S, qui offrent le plus de similitude, ont plusieurs transpositions ainsi qu'un certain nombre de variantes[2] et d'omissions communes[3]; mais en même temps S présente des leçons isolées[4], qui impliquent un remaniement du texte

[1] C'est ce qu'indiquent les leçons suivantes :

C[2]. fractiva.	R[3], S, V[2]. fracteria. viii, 3.
C[2]. feodalem.	R[3], S, V[2]. focalem. xiv, 7.
C[2], R[3]. aliqua actione.	S, V[2]. aliqua occasione. xxvii, 5.
C[2]. decurrere.	R[3]. accedere. S, V[2]. recurrere. xlix, 4.
C[2], R[3]. similiter agendum est.	S. similiter intelligendum est. lxxvi, 1.
C[2], V[2]. illo vivente.	R[3], S. illo vidente, c, 2.
C[2]. procedere.	S, V[2]. protendere. c, 5.
C[2]. noncupatur.	V[2]. vocitatur. cxiii, 1.
C[2]. recordamentorum copia.	V[2]. recordatorum copia. cxxi, 13.
C[2]. extendere.	R[3], S, V[2]. excedere. cxxi, 16.
C[2]. acquisivit.	V[2]. requisivit. cxxii, 4.
C[2]. consequitur.	V[2]. conceditur. cxxiii, 1.

[2]

C[2], S. provulgata.	V[2]. promulgata. ix, 1.
C[2], S. cadent cum eo.	R[3], V[2]. cedent eum eo. xxxi, 6.
C[2], S. unde petit domini regis vel principis.	V[2]. unde petit domini principis. cxiii, 2.
C[2], S. in manu principis arrestari et teneri.	R[3], V[2]. in manu principis teneri. cxvi, 7.
C[2], S. statim debent habere perpetuam firmitatem.	R[3]. V[2]. statum debent habere perpetue firmitatis. cxxi, 6 ter.
C[2], S. facere obtineri et observari.	V[2]. facere observari. cxxi, 16.
C[2], S. quintus.	V[2]. primus. cxxii, 6.
C[2], S. de natura.	R[3], V[2]. de natione. cxxii, 8.
C[2], S. ducenda est.	V[2] deducenda est. cxxiv, 1.
C[2], S. coronamentum	V[2]. coronationem. cxxiv, 1.
C[2], S. permittat.	R[3], V[2]. permutat. cxxiv, 5.

[3] C[2], S. om. les mots : *ut defectus et exonie false... excusationem pretendunt.* xxxvi, 2. — *eam debet ostendere... si dixerint illam portionem.* cxvii, 3. — *nec aliquid ulterius ipse... poterunt reclamare.* cxxiv, 14.

C[2], S. placent le § 5 *bis* du ch. iv après : *vim et violenciam facere amoveri.* V[2]. le reporte à la fin du chapitre. R[3]. om. ce paragraphe.

[4] Telles sont notamment les suivantes :

C[2], R[3], V[2]. ut nanta deliberet per plegios et recredat.	S. ut nanta liberet plegios capiat et recredat. vii, 2.
C[2], R[3], V[2]. domus debent... cremari.	S. domus debent... comburi aut cremari. xxii. 13.
C[2], R[3], V[2]. consuetudini que in Normannia solet antiquitus generaliter observari opponant.	S. consuetudini Normannie antiquitus generaliter observate opponant. xxiii, 3.
C[2], R[3], V[2]. in custodiam dominorum.	S. in manu dominorum. xxxi, 7.
C[2], R[3], V[2]. per inquisitionem patrie declarari.	S. per inquisitionem patrie terminari vel etiam declarari. xxxv, 2.
C[2], R[3], V[2]. videlicet unius anni et unius diei.	S. videlicet unum annum et unum diem. xliv, 1.

et ne permettent pas de supposer que ces deux mss. aient
été copiés l'un sur l'autre. R³ et V² marchent aussi assez
souvent de pair¹, mais cependant sans se confondre. V² est
celui des mss. de cette branche qui a le plus d'affinité avec H.

Branche VIII c.

Caractères propres. K a la deuxième rédaction du ch. *De
consuetudine* (x, 1, 1 *bis*, 3 *bis*); — la 1ère phrase seulement des
§§ 7 *bis*, 8 *bis*, 9 *bis* du ch. *De lege que fit per recordamentum* (cxxi).
Il ajoute à la fin du ch. *De reclamatione dotis* (*De recordatione matrimonii.* cii) la phrase : *quedam vero sunt recordationes... declarabuntur inferius evidenter;* — dans le § 4 du
ch. *De disraisnia* (cxxiii) les mots : *et hoc plenius tractatur
superius in capitulo de officio senescalli.*

Dans ce ms. il n'est resté que les §§ 2, 3, 4 du ch. additionnel *De officio senescalli* (iv *bis*), qui sont intercalés entre
les §§ 2 et 3 du ch. *De officio vicecomitis* (v).

*C*², *R*³, *V*². poterunt postulare.	*S.* poterunt requirere. lxvii, 4.
*C*², *R*³, *V*². quousque querela plene fuerit declarata.	*S.* quousque querela plene fuerit terminata vel etiam declarata. xcv, 4.
*C*², *R*³, *V*². sed dotem in hujusmodi habere non poterit.	*S.* sed dotem vel in hujusmodi breve non poterit exercere. ci. 5.
*C*², *R*³, *V*². recognitum fuerit.	*S.* fuerit recordatum. cii, 1.
*C*², *R*³, *V*². ad ecclesiam Vernolii.	*S.* ad ecclesiam talem. cx, 1, 2.
*C*², *R*³, *V*². de rectore recipiet.	*S.* de rectore percipiet. cx, 13.
*C*². rei veritatem voluerint inquirende.	*R*³, *V*². rei veritatem noverint inquirende. *S.* rei voluntatem voluerint inquirere. cxiii, 10.
*C*², *V*². fundum situm est.	*S.* fundus situs est. cxiii, 10.
*C*², *R*³, *V*². requiratur.	*S.* inquiratur. cxvii, 1.
*C*², *R*³, *V*². ad recordamenti observanciam.	*S.* ad recordationis observanciam. cxxi, 7.
*C*². per quintum. *V*². per se quintum.	*S.* per quinque. cxxii, 6.
*C*², *R*³, *V*². verum tulit exonium.	*S.* verum exonium fuit. cxxiv, 9.

¹ C'est ce qu'indiquent les leçons communes de *R*³ et de *V*² rapportées
précédemment. *V*² insère en outre les mots : *si vero capto in manu
principis feodo querele per judicium ac detento,* entre : *potest facere
exoniam* et *quam vero si unam primarum fecerit.* *R*³ intercale cette
phrase en y ajoutant : *dum tamen nondum per judicium visum fuerit...
remota ejus contentione.* cxxiv, 4. Cette addition empruntée au début du
§ 10 ne se trouve pas dans *C*² et *S*.

Le ms. lat. 12883 est de tous les mss. de la Famille VIII celui dont se rapproche le plus le ms. de Copenhague; mais ce dernier, s'il a la même origine, a subi de nombreuses retouches.

FAMILLE IX.

Deux manuscrits : ms. de Sir Thomas Phillipps (P.) et ms. lat. 4652 de la Bibl. nat. (B².).

Caractères propres. Ces mss. ont même *incipit* et même *explicit : Incipiunt jura et consuetudines quibus regitur ducatus Normannie. — Finit liber jurium ac consuetudinum ducatus Normannie.*

Ils ont la troisième rédaction du ch. *De consuetudine* (x) dans un autre ordre que les mss. précédents (§§ 1, 2, 3, 1 *bis*, 3 *bis*) — le même commencement [1] et le § 4 *ter* du ch. *De successione* (XXIII); — le début : *Habet eciam principaliter curiam de omnibus injuriis personalibus et...* du ch. *De curia* (LII, 7) — les §§ 6 *bis*, 1re phrase, 6 *ter*, 7 *bis*, 8 *bis*, 9 *bis*, du ch. *De lege que fit per recordamentum* (CXXI).

Ils ajoutent dans le § 4, 2e alinéa, du ch. *De disraisnia* (CXXIII) les mots : *et hoc plenius tractatur superius de officio seneschalli.*

Ils donnent deux fois le ch. *De vadiis et emptionibus* (XXI), d'abord sous la forme des Familles I, II, III (§§ 1, 2, 2 *bis*); puis sous une autre forme (§§ 1 *bis*, 2).

Ils répètent les §§ 1-2 du ch. *De recordatione petita* (CIX) entre les §§ 15 et 16 du ch. *De lege que fit per recordamentum* (CXXI) et les §§ 3-7 de ce même chapitre à la fin du ch. CXXI.

Ils omettent les mots : *que ad alium hujusmodi deferant dignitatem*, à la fin du ch. *De thesauro invento* (XVII); — le § 3 *bis* du ch. *De propinquitate antecessoris* (XCIX).

---

[1] Le début du ch. *De successione* ne diffère dans *P.* et *B²*. que par le premier mot : *dicto* dans *P.* et *acto* dans *B²*. comme dans la première édition gothique.

Ils intercalent le ch. additionnel *De senescallo ducis et ejus officio* (*De officio senescalli*, IV *bis*) entre le ch. *De judicio* (IX) et le ch. *De consuetudine* (x̄) — et la rubrique *De assisia* dans le ch. *De forisfacturis* (XXII, 4).

Ils réunissent le ch. *De primogenito* (XXXIV) au ch. *De capitalibus auxiliis* (XXXIII).

Ils insèrent l'établissement de Philippe-Auguste sur la procédure en matière de patronage et la lettre des prélats de Normandie à ce prince entre les ch. *De patronatu ecclesie* (*De brevi de jure patronatus*, CX) et *De brevi de feodo et vadio* (CXI).

P et B² présentent ainsi de nombreux traits de ressemblance[1]; mais B² se rapproche davantage du texte de la première édition gothique[2], dont il paraît être une copie.

---

[1] Ils ont notamment ces mêmes fautes :

« Ad hoc opusculum inspicientibus. Pr. II. — non soluto indeputato. VI, 8. — de damnato illo restaurendo. VI, 9. — vel malefactum detinenciam. VII, 8. — ad dampnum illaturum detineri. VIII, 3. — forestam autem vocabat. inferiores reliquerant. IV *bis*, 1. — vallis Monetonii. XIV, 6. — decurios. XVI, 4. — sine possessionis reclamacione. XVIII, 2. — rem suam abjuraverit. XVIII, 3 *bis*. — in feodi reseracione. XXII *bis*, 6. — de curacione revii. XXIII, 4 *bis*. — de supositis in linea. XXII, 6. — partus mulieris emissionem. XL, 2. — scolide querimoniam. LVII, 2. — apud Betum. XCII, 1. — ad humani sustamentum generis. XCIII, 8. — exinde habeant... consilium. XCV, 9. — cum sponsa mariti sui cubiculum subintraverit (*Ed. pr.* subnitraverit). CI, 7. — et garantus post recepcionem. CXXV, 1. »

[2] Le numérotage des chapitres est le même dans B² et dans l'édition *princeps*; la disposition matérielle est identique : la rubrique du chapitre est au milieu et le chiffre à droite ; la table des chapitres a également pour titre courant : *Tabula hujus libri*; enfin la présence de nombreuses leçons communes, dont voici quelques exemples, achève d'établir la parenté :

P. per importunitatem locorum.	B², E. per inoportunitatem locorum. VII, 8.
P. aut suffocis.	B², E. aut suffossis. XXII, 2.
P. capitale herbagium.	B², E. capitale hebergagium (E. herbergagium). XXIV, 5.
P. in vana porcione.	B², E. in una porcione. XXIV, 7.
P. in publico conatis.	B², E. in publico convocatis. LXVII, 15.

Cependant le copiste de B² a parfois commis des fautes telles que : *innocatis innocantur* pour *innovatis innovantur* (x, 1 *bis*); *innocationes* pour *innovationes fossetorum* (XCIII, 8).

7

Les résultats auxquels conduit le classement des manuscrits sont les suivants :

1° Les manuscrits de la *Summa de legibus* présentent entre eux trop de variété pour qu'il soit possible de les ramener à un petit nombre de familles. Les neuf groupes que nous avons formés paraissent correspondre à autant de types irréductibles. Cela tient à la multiplicité des remaniements qu'a subis ce texte et aussi aux conditions particulières dans lesquelles se trouvaient exécutés les manuscrits de droit au moyen âge : la plupart des coutumiers étaient transcrits non par des scribes de profession, mais par des praticiens, qui souvent ne se faisaient pas scrupule de modifier le modèle qu'ils avaient sous les yeux[1].

2° Aucun des manuscrits de la *Summa de legibus* qui nous sont parvenus ne représente l'œuvre primitive ; les meilleurs d'entre eux sont séparés de l'original par plusieurs intermédiaires. Tous les manuscrits en effet contiennent certaines fautes[2] dont la persistance serait

---

[1] On peut rattacher à cet ordre d'idées des variantes comme *monetam* de *G* au lieu de *moltam* dans ce passage du ch. *De teneuris : ut habere garannam... vel moltam* (XXVI, 9). *G* est aussi, avec *Q, P, B*[2], un des rares mss. où l'on ait remis à l'accusatif les mots : *robe nove...* du passage additionnel du ch. *De veriscis* (XVI, 4 *bis*).

[2] Tous les mss. portent la leçon : *ad bosci forisfactum garanne... bladorum seu pratorum vel aliorum hujusmodi forisfactorum* au lieu de : *vel alicrum hujusmodi forisfactum,* ou plus simplement peut-être *vel aliorum hujusmodi,* à la fin du ch. *De justiciatione* (VI, 9).

On trouve aussi partout dans le ch. *De capitalibus auxiliis : hujusmodi relevia sunt... dimidio relevio equalia,* méprise évidente pour *hujusmodi auxilia* (XXXIII, 3).

De même les mots : *relicte sue,* que donnent tous les mss. sans exception dans cette phrase du ch. *De impeditione feodi viri viduati* : « Quod si in ea infra diem et annum probaverit, relicte sue feodum per modum viduitatis obtinebit » (CXIX, 4), sont un non-sens ; le texte primitif devait porter : *defuncte mulieris sue.*

inexplicable si les compilateurs, qui ont remanié le coutumier latin, n'avaient travaillé sur un texte déjà altéré. Quelques autres méprises communes à la plupart des manuscrits ne se rencontrent pas dans tel ou tel exemplaire[1], soit que le copiste ait suivi un texte plus conforme à la tradition primitive, soit qu'il ait fait lui-même la rectification.

Dans ces conditions il eût été superflu d'établir une filiation de manuscrits où tous les auteurs communs eussent été des inconnus. Nous donnons seulement les résultats généraux du classement dans le tableau ci-contre. Ce travail toutefois nous a permis de laisser de côté dans les Familles VII, VIII et IX la plupart des leçons fournies par les manuscrits, qui sont des copies ou des adaptations du type de chacune d'elles, et de réduire ainsi le nombre des variantes.

Le passage suivant du ch. *De custodia* : « annus conceditur... quo clamorem de revocatione saisinarum antecessorum per inquisitionem possunt in curia promovere » (XXXI, 3), fournit, entre autres, la preuve de ce fait : la véritable leçon *saisinarum*, qui ne s'est conservée que dans *D*[1], apparaît déjà déformée en *saisinam* par suite d'une mauvaise lecture de l'abréviation ꝛ = *rum* dans *C*[4], tandis que dans les autres mss. de la Famille II (*D*[2], *O*, *V*[3]), *saisinam* a été corrigé en *saisine*; dans les mss. types des autres familles (III, IV, V, VI, VII, VIII, IX), on rencontre cette phrase inintelligible : *quo clamorem de revocatione saisinam antecessorum...*, qui est passée dans tous leurs dérivés, sauf *R*[2].

[1] Le ms. Y. 23 de Rouen est le seul qui donne la vraie leçon *viduatos* au lieu de *viduatas* dans le ch. *De brevi de feodo et elemosina* : « De feodis autem in dotem traditis vel per viduitatem possessis, si per dotatas vel per viduatos fuerint impedita... » (CXV, 11. — f. 46 r°) et la leçon complète : *scilicet ex decessu patris* dans le ch. *De portionibus* (XXIV, 15. — f. 12 r°), tronquée dans tous les mss., sauf ceux de Sainte-Geneviève et Quaritch-Lormier qui portent *videlicet*.

Le ms. de Sainte-Geneviève a conservé les leçons : *usus* (XLII, 3 *bis*), *necui* (LXVII, 6) et *valorem* (XCV, 10), qui ont disparu partout ailleurs.

On peut encore citer la forme *ortus* ou *hortus*, au lieu du neutre *ortum*, qui ne subsiste que dans les mss. lat. 4653, 4790, 18557 de la Bibl. nat. et dans le ms. de Sainte-Geneviève.

TABLEAU DE CLASSEMENT DES MANUSCRITS PAR FAMILLES.

I. — D^1.

II. — { IIa — { D^2. O, V^3. / IIb — C^4.

III. — R^1.

IV. — Q.

V. — C^1, Fr. 5330.

VI. — G.

VII. — B^1. { $VIIa$ — B^3. / $VIIb$ — L. / V^1. / $VIIc$ — { A, R^2. C^3.

VIII. — { $VIIIa$ — H. / $VIIIb$ — { C^2, S. R^3,V^2. / $VIIIc$ — K.

IX. — { IXa — P. / IXb — $Éd$. / B^2.

CHAPITRE III.

LA RÉDACTION PRIMITIVE ET LES REMANIEMENTS DE LA *SUMMA DE LEGIBUS.*

La comparaison des manuscrits du coutumier normand permet de constater entre eux plus de différences que n'en signalait l'abbé de la Rue[1]. Il convient donc de

---

[1] « Il existe en France, comme en Angleterre, un grand nombre de manuscrits de la coutume normande ; mais quoiqu'ils ne soient pas tous du même âge, ils présentent très peu de variantes ; il semble que la civilisation ni le temps ne devaient produire aucune amélioration dans ce qu'on appelait la *sage* coutume ; aussi son texte latin, imprimé à Caen en 1510, ne diffère pas de celui écrit dans le XIIIᵉ siècle. » De la Rue, *Essais historiques sur les bardes, les jongleurs et les trouvères normands et anglo-normands.* Caen, 1834, in-8°, t. III, p. 221.

rechercher parmi les diverses rédactions de la *Summa de legibus* celle qui se rapproche le plus de l'original ; c'est seulement par l'étude approfondie de ces rédactions et de leur contenu respectif que l'on peut arriver à déterminer l'ancienneté relative de chacune d'elles et à retrouver par suite sous le type primitif de l'ouvrage les remaniements qui l'ont défiguré.

§ 1. *La formation successive de la* Summa de legibus.

Les différentes rédactions de la *Summa de legibus* peuvent se ramener à trois types principaux :

1º Le texte complet avec les §§ 9-14 du ch. *De lege apparenti* (cxxiv) et le ch. *De prescriptione* (cxxv); c'est celui qui se rencontre dans toutes les éditions et dans le plus grand nombre des manuscrits (Familles VI, VII, VIII et IX).

2º Un texte moins étendu, qui se termine au milieu du § 8 du ch. *De lege apparenti* (cxxiv) et ne s'est conservé que dans les mss. de la Famille II.

3º Un texte plus court encore, celui de la Famille I, qui a de nombreux traits de ressemblance avec le précédent, mais s'arrête aujourd'hui avant la fin du ch. *De brevi de feodo et firma* (cxii, 4).

On admet généralement que de plusieurs rédactions d'un même texte la moins développée est la plus ancienne pourvu qu'elle ne soit pas un abrégé des autres ; cette règle de critique peut être appliquée ici.

D'une part, le plus long de ces trois textes (Familles VI-VII-IX) offre si peu d'unité qu'il semble difficile d'y reconnaître l'œuvre d'un seul auteur. Les répétitions sont fré-

quentes et telle question y est traitée deux et trois fois
Il reproduit ainsi littéralement dans les ch. *De debito-*
ribus (LXXXIX) et *De plegiatione* la plus grande partie du
ch. *De plegiis* (LIX, 3-12). Il contient une double exposition du système des records, dont l'une est intercalée à
la suite du ch. *De recordatione matrimonii* (CII) et l'autre
se trouve plus loin dans le ch. *De lege que fit per recor-*
damentum (CXXI)[1]. La théorie de la deresne ou serment
purgatoire est traitée à deux reprises, d'abord dans les
ch. *De simplici querela personali* (LXXXIV) et *De simpli-*
cibus legibus (LXXXV), puis dans les ch. *De lege probabili*
vel monstrali (CXXII) et *De disraisnia* (CXXIII); le nombre
de témoins à fournir par celui qui administre cette preuve
est même indiqué trois fois[2]. Plusieurs paragraphes du
ch. *De lege apparenti* (CXXIV) font aussi double emploi
avec divers passages des ch. *De essonio* (XXXVIII) et *De*
brevi de stabilia (CXIII) relatifs aux formes des essoines
et à la procédure par défaut en matière immobilière. On
trouve encore à quelques pages de distance deux chapitres dont la rubrique est presque identique, les ch. *De*
exercitu (XXII^(bis)) et *De dilatione pro exercitu principis*
(*De exercitu*, XLII), qui traitent également du service

---

[1] Les anciennes éditions reproduisent en outre textuellement à la suite
du ch. *De lege que fit per recordamentum* (éd. de 1534, II, f. xxij r°, c. 2)
sous les rubriques : *De concordatione recordatorum* et *De petente recor-*
dationem les §§ 3-7 du ch. *De recordatione petita* (CIX); mais c'est là
une méprise, qui ne se rencontre pas dans la grande majorité des mss.

[2] « Inter pares enim vel vicinos
potest quilibet se tercia manu facere
disraisniam. » LXXXV, 5.

« Notandum siquidem est quod probabilia et eciam disraisnia versus
pares per trium personarum sacramenta exhibetur. » CXXII, 7.

« Notandum ergo est quod quedam
disraisnia habet fieri per sacramentum disraisniantis cum duorum tes-
tium sacramentis ; et hujusmodi disraisnia habet fieri contra pares. »
CXXIII, 2.

d'ost et de l'aide de ce nom. Enfin un alinéa du ch. *De disraisnia* (cxxiii, 4) n'est qu'un résumé du § 1 du ch. *De officio senescalli* (iv ᵇⁱˢ).

Les nécessités d'un plan aussi compliqué que celui de la *Summa de legibus* ont pu sans doute forcer le rédacteur à revenir parfois sur des points qu'il avait déjà traités ; mais on ne saurait confondre ces redites voulues avec les répétitions fortuites qui viennent d'être signalées : les premières se distinguent aisément à la brièveté de la forme et souvent aussi à la présence de renvois[1].

D'ailleurs si on comprend qu'un auteur puisse se répéter, il est moins admissible qu'il ne soit pas d'accord avec lui-même. Or il y a entre les différentes parties du texte des divergences de doctrine assez sensibles. Ainsi le mode de supputation des cojurateurs dans la deresne varie d'un chapitre à l'autre : dans le ch. *De simplicibus legibus* (lxxxv, 5), la partie qui fait la preuve est comptée au nombre des cojurateurs, tandis que dans le ch. *De disraisnia* (cxxiii, 2) ces derniers figurent seuls ; de là un écart dans les chiffres notamment pour la deresne contre le seigneur haut justicier : le ch. *De simplicibus legibus* (lxxxv, 5) parle d'un serment *sexta manu,* tandis que les

---

[1] Voici des exemples de ces renvois :

« Ad cujus rei persecutionem objector criminis esse propinquior dignoscatur ; quod superius, quando tractatum fuit de querelis et sequelis earumdem, fuit plenius declaratum. » lxxxvi, 5.

« Super quo superius in brevi nove dissaisine plenius est tractatum. » xcviii, 7.

« Quod superius in capitulo *de portionibus* fuit plenius declaratum. » c, 15.

« Hujusmodi autem inquisitio de verbis in brevi expressis omni eodem modo facienda est, sicut superius est expressum in capitulo *nove dissaisine.* » ci, 13.

« Inquisitio tenenda est et jurabitur sicut in aliis inquisitionibus superius dictum est. » cxi, 15.

« In deductione hujus querele procedendum est omnibus modis in brevi de feodo et vadio prenotatis. » cxii, 2.

ch. *De lege probabili* (CXXII, 7) et *De disraisnia* (CXXIII, 2) se contentent de cinq cojurateurs[1]. La contradiction est plus apparente entre les dispositions du chapitre *De recordatione petita* (CIX, 3) et celles du chapitre *De lege que fit per recordamentum* (CXXI, 7) : suivant le premier de ces chapitres, l'accord de six recordeurs sur sept suffit pour la validité de cette preuve dans les records d'Échiquier et d'assise, au lieu que d'après le second l'unanimité est exigée à peine de nullité[2]. De même le temps requis pour la prescription en matière de gage varie d'un chapitre à l'autre : le délai est de quarante ans d'après le chapitre *De vadiis et emptionibus* (XXI, 2 *bis*) et seulement de trente ans dans le ch. *De brevi de feodo et vadio* (CXI, 13)[3].

D'autre part les textes I et II ne sont pas des abrégés du texte VI-VII. Un résumé comporte en effet moins de détails ; il supprime les digressions et les exemples ; il

[1] « Versus autem dominum sexta manu in curia domini sui ; si autem in curia domini superioris placitaverit, se tercia manu disraisniabit versus dominum...; in curia enim domini superioris placitando sunt quasi pares. » LXXXV, 5.

« Versus autem dominum curie... per sacramenta quinque personarum habent fieri tam probabilia quam disraisnia prenotate. » CXXII, 7.

« In curia ipsorum antenatorum respondebunt... et facient disraisniam per sacramenta v. personarum. » CXXIII, 2.

[2] « Notandum eciam est quod oportet quod vj. recordatores ad minus concorditer consentiant ad hoc quod eorum recordatio conservetur... Sciendum eciam est quod recordatio septimi, si vj. eorum concordes fuerint, non potest suam irritare petenti recordationem. » CIX, 3.

« Et quod vij. eorum concorditer recordaverint debet observari. Si autem recordatorum quidam aliis contradixerit, tota similiter recordatio vacillabit ; et similiter, si nesciens fuerit, recordatio efficaciam non habebit, cum vij. persone ad minus ad recordamenti efficaciam debeant concordare. » CXXI, 7.

M. Brunner a signalé cette contradiction. *Entstehung der Schwurgerichte*, p. 104, n. 5.

[3] « Nullum autem vadium potest in Normannia requiri nisi post coronamentum regis Ricardi vel post xl. annos fuerit invadiatum. » XXI, 2 *bis*.

« Et sciendum est quod hujusmodi prescriptio solebat currere de xxx annis ; terra enim, que ultra xxx. annorum spacium dimittebatur invadiata, non erat per breve revocanda. » CXI, 13.

resserre les controverses. Or les textes I et II ne présentent aucun de ces caractères. Ils ont tous les développements, tous les exemples, qui figurent dans la rédaction la plus étendue : l'exclusion de la représentation en
ligne directe notamment est critiquée à deux reprises
différentes aussi longuement dans les chapitres *De suc-*
cessione (XXIII, 3) et *De propinquitate antecessoris* (XCIX, 1).
Les discussions ne sont pas plus abrégées dans les
textes I et II que dans l'autre; les controverses principales, celles des chapitres *De juratoribus* (LXVIII, 4) et
De brevi de feodo et firma (CXII, 4) y ont la même étendue.
Ainsi exemples, digressions, controverses, formules, rien
de ce qu'on se serait attendu à voir tomber sous la main
d'un abréviateur, n'a disparu. Les textes I et II ne dérivent
pas du texte VI-VII; ils lui sont par conséquent antérieurs [1].

[1] La priorité des Familles I, II, III, est attestée par la concordance
qu'on y remarque entre les rubriques des chapitres et la forme sous
laquelle elles sont citées dans le corps du texte, tandis que dans tous
les autres mss., surtout dans les Familles VII et VIII, cette correspon-
dance n'existe pas.
Ainsi le renvoi du ch. *De recordatione petita* : « recordatio per tales
personas debet fieri que in ducis curia a judicio faciendo non debeant
amoveri quod superius in capitulo *de judicio* plenius est expressum »
(CIX, 2) n'est exact que dans les mss. des Familles I, II, III, IV et IX,
les seuls qui aient la rubrique : *De judicio*. Partout ailleurs le chapitre
De judicio (IX) est intitulé : *De judiciis et quid possint* (ou *qui possunt
esse*) *judices et per quos barones habeant judicari*, et cependant le
renvoi est toujours conçu dans les mêmes termes. Il en est de même
de ce passage du ch. *De lege apparenti* : « cujus modus visionis in
capitulo *de visionibus* superius est ostensus » (CXXIV, 4), qui ne concorde
qu'avec les Familles I, II, III, IX; dans les autres, cette rubrique est
plus développée : *De visionibus et recordamentis* (Q). *De diversis visionibus* (C[1]). — *De visionibus* (ou *visione*) *scilicet* (ou *videlicet*) *feodi
langoris* (ou *languidi*) *mehaignii hominis mortui et virginis deflorate*.
On peut encore tirer argument de la citation du ch. *De brevi de saisina antecessoris* : « nec eciam leprosi, quod superius in capitulo *de
successione* plenius est distinctum » (XCVIII, 6), malgré les inexactitudes
que présente ici *D*[1], dont le rubricateur aura pris pour intitulé du
ch. XXIII les premiers mots de ce chapitre : *De successionibus et teneuris.*
En effet dans les mss. des Familles IV, VII, VIII, qui ont la rubrique :
De successionibus..., le renvoi est au singulier comme dans les
Familles II, III, V, VI, où l'intitulé du chapitre est : *De successione.*

Il reste à déterminer les rapports respectifs des textes I et II. Ces deux textes ne contiennent pas les chapitres et passages additionnels énumérés dans le chapitre précédent et ils ne diffèrent que par leur étendue, le texte II comprenant de plus que le texte I les ch. CXIII à CXXIV, 8. L'absence de ces additions réduit le nombre des redites, mais ne suffit pas à les faire toutes disparaître lu texte II; il renferme encore les deux séries de chapitres sur les records et le double exposé de la théorie de la deresne avec leurs divergences de doctrine, les détails sur les essoines de voie de cour et de mal resséant du ch. De lege apparenti (CXXIV, 4-8), qui font double emploi avec les ch. De essonio (XXXVIII) et De languore (XXXIX). En outre, la plupart des manuscrits de la Famille II reproduisent littéralement les §§ 3 à 12 du ch. De plegiis (LIX) à la suite du ch. De debitoribus (LXXXIX), et dans D², le meilleur de ces manuscrits, les §§ 3, 4 et 5 sont encore répétés.

Dans le texte I, il y a moins de répétitions et d'antinomies, parce qu'elles se rencontrent surtout dans les derniers chapitres de l'ouvrage qui n'existent pas dans D¹. Ce ms. n'est pas exempt d'imperfections : il s'y est glissé quelques passages additionnels (VII, 11 *bis*; XXV, 2 *bis*; XXX, 4 *bis*; CIX, 3 *bis*)[1], qui ne figurent pas dans le texte II; on y constate également des omissions et des erreurs de transcription[2]. Toutefois, malgré les négli-

---

[1] Dans *D*¹ l'addition du ch. De impedimentis successionis (XXV, 2 *bis*) se présente sous une forme : *Item procreati...* qui trahit une interpolation récente. Ce ms. ajoute seul : *item* devant *dextrarios francos canes* (XVI, 4).

[2] Voici les principales fautes :

« prostirpissent (= proscripsisset). insipientibus (= inspicientibus. Pr. II. — per sacramentorum (= sacramentum) plurimorum. precepta

gences du scribe, la brièveté de rédaction du ch. *De ple-giatione* (LXXXIX, 2), qui ne contient qu'un renvoi au cha-pitre *De plegiis*[1], et la présence de meilleures leçons assignent une place à part au texte I[2]. C'est le seul qui ne confonde pas dans le chapitre *De multro* (LXVII, 6) les parties en cause et distingue nettement les formules que devaient prononcer les combattants avant le duel judi-

assisiorum. v, 1, 2. — accedens (= accedat) faciens illud idem. vii, 7. — caret (= carte) munimine collato (= convallato). vallis Moretanei. xiv, 4, 6. — latet (= licet)...apponant (= opponant). xxiii, 3. — firmarie (= firme) feodales. xxiv, 1. — ut preemptione (= per emptionem). xxv, 6. — juri paribit (= parebit). xxvii, 6. — revocandas per recogitationem (= recogni-tionem). xxxi, 10. — cum sanguinitate (= sanitate). xxxviii, 8. — in non scire seducta (= reducta). lii, 2. — ex parte descendentis (= defendentis). lxi, 2. — vel truncis consutis (= tunicis cum scutis). lxvii, 3. — notarii (= notorii) consanguinei. lxviii, 2. — de pace...est tradendum (= trac-tandum). lxxv, 3.— sacramento...sue fornicationis (= forjurationis). lxxxi, 2. — istam lesiam (= lesionem). lxxxiv, 4. — in sollempnis (= sollempnibus) peregrinationibus. xc, 4. — terram... interdici (= videri). diem...quere-bant (= querelanti) assignare. xciii, 1, 2. — ex dampno (= dampnato) sanguine. xcviii, 6. — hec probanda (= reprobanda) consuetudo. obes-sendum (= observandum) est. xcix, 1, 3. — mariti sponsam (= spondam) cubiculi. ci, 7. — persona nec... potest sociari (= soniari). ciii, 1. — parente adverse partis (= partes autem adverse). civ, 2. — concordamentum (= recordamentum). xij. denariorum (= duodenarium) numerum. cix, 3. — faciendi inh'ē (= fundo inhereat). ipsius defectionem (= confectionem) cx, 5, 12. — que conjuncta (= quinta) erit. cxi, 15. »

[1] « Harum autem quedam sunt ex plegiatione debitum retinente. — *De plegiatione*. De plegiatione autem simplici quomodo fieri habeat et eciam de plegiatione debitum retinente superius tractavimus sufficienter; quod requiri poterit in capitulo *De plegiis* post capitula *De querulo*; unde hiis omissis consequenter de pacto agendum est. » (LXXXIX, 2) f. 106 (lxvj) v°. La variante *capitula* suppose une leçon primitive telle que : *post capitula* De querulo *et* De querelato.

[2] *D*[1] a seul la leçon primitive du § 5 du ch. *De successione* (xxiii, 5, 1er al.) : *Solent ergo hee consuetudines de successione in Normannia antiquitus observari*, f. 61 (xxj) v°, qui est déjà altérée de cette manière dans *D*[2] : *Sunt ergo hee consuetudines... observari*, f. 18 v°. Il termine ce chapitre (xxiii, 11) par les mots : *quod plenius declarabitur in sequenti*, f. 62 (xxij) v°, au lieu de l'expression *in figura*, qui se trouve dans tous les autres mss., qu'ils renferment ou non un arbre de consanguinité. — Il donne seul au renvoi du § 9 du ch. *De impedimentis successionis* (xxv) sa vraie forme : *quod alibi plenius in forisfacturis declaratum est* au lieu des variantes : *declarabitur* (*C*[4], *D*[2], *G*, *O*, *R*[1], *R*[2], *V*[3]), qui est un non-sens, et *declaratur* (*B*[1]. etc.) qui n'est pas en harmonie avec la forme *diximus* du paragraphe précédent.

Il offre aussi sous sa forme première la phrase finale du ch. *De injuria* (L, 5) : *de qua cum de querelis tractabitur plenius exeque-tur*, au lieu que la leçon de tous les autres mss. : *de quibus in secunda*

ciaire[1]. C'est aussi le seul qui n'ajoute pas à la suite du ch. *De non etate* (XLII) une référence au bref de saisine d'ancesseur et qui supprime une phrase de transition placée dans tous les manuscrits en tête du ch. *De querela possessionali* (LXXXVII)[2]. La supériorité du texte _ est enfin attestée par une plus grande simplicité de forme,

---

parte hujus operis cum de querelis tractabitur plenius exequemur, est certainement amplifiée ; les mots *in secunda parte hujus operis* font double emploi avec l'expression : *cum de querelis tractabitur*, qui est le mode habituel de renvoi.

D^1 a aussi une rédaction spéciale pour le § 2 du ch. *De multro* (LXVII) et un passage du ch. *De recordatione petita* (CIX).

D^1.	B^1, D^2. etc.
« Et quoniam custodes eamdem penam subirent quam custoditus subier (*sic*) si ab eorum custodia ita se evaderet quod eum justiciario ad diem non valerent reddere terminatam. » f. 93 (liij) r°.	« Et quoniam ipsi custodes penam quam custoditus subiret si per defectum suum de duello dampnaretur ex antiqua consuetudine subire soleart (C^1, D^2. solebant) judicari (L^2, V^1. judicati) si ab eorum custodia ita se subtraxerit quod eum jusiciario reddere ad diem non valeant terminatam. » LXVII, 2.

D^1.	B^1, D^2. etc.
« et in isto casu majori parti concedendum est. » f. 120 (lxxx) v°.	« et in hujusmodi majori parti corsenciendum est. » CIX, 3.

1 D^1.	B^1. etc.
« Item defensor in hac forma : *Audi homo quem teneo per manum sinistram...* Jurabit autem et appellator in hac forma : *Audi homo...* » f. 93 (liij) v°.	« Tunc jurabit in hac forma : *Audi homo quem teneo per manum sinistram...* Jurabit eciam (C^1, C^4, D^2. add., G, R^1. autem) et alius sic : *Audi homo...* » LXVII, 6.

2 D^1. contient encore les leçons uniques suivantes :

« molendinum ad bannum. XIV, 4. — a principibus introducta. XV, 5. — prout commodius et melius viderit. XVI, 2. — signa odii seu amicicie apparentis. XVII, 1. — nullum subsidium prestiterit animabus. XX, 1. — se exponere... justicie seculari. XXII, 7. — potest addi malicia. XXIV, 7. — ad utilitatem unius fecit. XXXV, 1. — terminum redeundi. XLIV, 1. — ex injuria oriuntur. LII, 1. — duellum vadiari vel probare. LXI, 5. — coram hominibus habentibus recordationem. LXIV, 1. — pax fuerit concordata. LXIX, 2. — sacramentum illud quod Th. hic juravit. LXXXV, 2. — ultra valorem hereditatis quam ratione ejus dinoscitur. LXXXVIII, 3. — ut si Cato pro Platone se obligaverit versus Nasonem. LXXXIX, 1. — plenius est distinctum. XCVIII, 6. — fui. plenius declaratum. C, 15. — de dote negata postea videndum est. CI, 1. — cum in eadem re exigatur veritas. CVII, 1. — sint de mundo sublati. CX, 5. — quam in aliis causis. CX, 9. — si eciam presbiteri ad hujusmodi visionem accedere noluerint... requisiti... recordationem hujusmodi tractabit. CX, 10. — utrum sit invadiatio. CXI, 5.

tandis que le texte II a' subi des retouches qui en ont rendu le style plus recherché[1]. Le texte I se rapproche donc plus que tous les autres de l'original.

La conclusion qui se dégage de l'examen comparatif de ces divers textes est que la *Summa de legibus* se compose d'une partie primitive complétée après coup par l'insertion de passages additionnels, les uns intercalés dans le corps du texte, les autres placés simplement à la suite. Ce mode de formation est le seul qui puisse expliquer que le défaut d'homogénéité soit plus sensible dans la dernière partie du coutumier : les ch. *De lege que fit per recordamentum* (CXXI), *De lege probabili vel monstrali* (CXXII), *De disraisnia* (CXXIII) et *De lege apparenti* (CXXIV) sont ceux qui renferment le plus de répétitions et de contradictions, si bien qu'il suffirait de les retrancher avec quelques-uns de ceux qui les précèdent pour faire presque disparaître ce qu'il y a de plus défectueux dans l'ouvrage.

Les données fournies par l'analyse des textes sont confirmées par la disposition des manuscrits. Quelques-uns d'entre eux portent sous forme d'annotations marginales les parties additionnelles entrées plus tard dans le texte. Tantôt ce sont des passages empruntés à une autre partie du coutumier, qui doivent leur insertion à la présence d'un renvoi. C'est ainsi que dans le ms. latin 18368 de la Bibl. nat. les §§ 7-12 du ch. *De plegiis* (LIX) ont été ajoutés en marge du ch. *De debitoribus*

---

[1] Ce travail a consisté surtout dans le remaniement d'un certain nombre de finales dont les termes ont été disposés dans un ordre plus conforme aux lois du rythme et dans la suppression des mots : *Notandum est quod,* ou *Sciendum est quod,* en tête de la plupart des phrases. Voy. p. LXXX, n. 1.

(LXXXIX.)[1], tandis que dans tous les autres manuscrits ils sont intercalés dans le chapitre même. Le ch. *De brevi de jure patronatus* (cx) fournit encore un exemple de ce fait : en regard du § 10 de ce chapitre, un possesseur du ms. latin 4651 de la Bibl. nat. a reproduit au bas du feuillet les deux derniers alinéas du § 5 du ch. *De judicio* (ix), qui traitent de la même matière; cette addition est encore reléguée sur les marges des mss. latins 4764, 11035 et 12883 de la Bibl. nat. et du ms. de l'Arsenal, mais elle est de la main des copistes qui ont transcrit ces manuscrits; dans le ms. latin 15068 de la Bibl. nat., elle a franchi une dernière étape et a pris place dans le corps du texte[2]. La même marche a été suivie pour les passages additionnels[3] des ch. *De justiciario* (IV, 5 *bis*), *De liberatione nammorum* (VII, 11 *bis*), *De veriscis* (XVI, 4 *bis*, 4 *ter*), *De usuris* (XIX, 6 *bis*), *De sase*

---

[1] L'addition, placée sur les marges inférieures des ff. 54 v°, 55 et 56 r°, s'étend des mots : *Notandum est quod plegius in curia inventus...* à *sed querulus debitum suum probabit se tercio juraturum.* Elle a vraisemblablement été sollicitée par le renvoi suivant, qui ne s'est conservé que dans *D[1]* : *quod requiri poterit in capitulo* De plegiis *post capitula* De querulo. f. 106 (lxvi) v°.

[2] « In capitulo de judiciis continentur scilicet verba sequencia versus principium istius libri : Si vero judiciarii discordes fuerint... » Ms. lat. 4651 de la Bibl. nat., f. 38 (xxxvj) r°.

« In capitulo de judiciis continentur hec verba sequensia in octavo folio superius versus principium. » Ms. de l'Arsenal, f. iiij xx. ij. r°.

« In capitulo de judiciis superius in x° folio principii hujus libri vel eocirca continentur verba que sequuntur.» Ms. lat. 11035 de la Bibl. nat., f. 100 (lxxxij) r°. Ms. lat. 15068, f. xl r°, c. 2.

Dans les mss. lat. 4764 et 12883 de la Bibl. nat., le renvoi est conçu en ces termes : « Superius in capitulo de judiciis continentur verba que secuntur.» f. 46 r° et f. 66 (lxxvij) r°, c. 2.

[3] Lorsque ces additions ont été fondues dans le texte, on a oublié souvent d'en remanier la teneur pour la mettre d'accord avec le reste. Ainsi la phrase : *Et robe nove que nunquam fuerunt indute...* du ch. *De veriscis* (XVI, 4 *bis*), dont le sujet est au nominatif sauf dans les mss. lat. 4652 de la Bibl. nat., de Sainte-Geneviève de Cheltenham et Quaritch-Lormier, tranche au milieu d'une énumération dont tous les termes sont à l'accusatif : *et pelles sebelinas... omnes trossellos... omnes pannos integros sericatos.*

homicidis (xx, 2*bis*), *De vadiis et emptionibus* (xxi, 2*bis*),
De forisfacturis (xxii, 8*bis*, 8*ter*), *De successione* (xxiii, 4*bis*,
4*ter*), *De impedimentis successionis* (xxv, 2*bis*), *De teneura
per elemosinam* (xxx, 4*bis*), *De simplicibus legibus* (lxxxv,
11*bis*)[1]. D'autres fois, ce sont des documents étrangers au
coutumier, comme la lettre des prélats de Normandie à
Philippe-Auguste et l'établissement de ce prince sur la
procédure en matière de patronage, qui figurent sur les
marges des mss. latins 4764, 12883, 14690 de la Bibl. nat. et
du ms. de l'Arsenal tandis qu'ils sont déjà intercalés, soit
à la fin du ch. *De brevi de jure patronatus* (mss. latins 4652,
11035, 15068 de la Bibl. nat. et de Cheltenham), soit même
dans ce chapitre à la suite du passage où il y est fait allusion (ms. latin 18368 de la Bibl. nat.). Tel est encore le
cas de deux mandements de Philippe IV de 1293 et
de 1294; ils sont passés dans le texte du ch. additionnel
De exercitu (xxii*bis*) dans le ms. lat. 15068 de la Bibl. nat.,
alors qu'ils sont au nombre des annotations postérieures
des mss. latins 4651, 11035, 12883 de la Bibl. nat.[2]. Ce
procédé d'amplification n'est pas spécial du reste à la
Summa de legibus; on le retrouve dans d'autres ouvrages
juridiques du moyen âge, notamment dans le *Tractatus*

---

[1] C. iv, 5*bis*. — *O.*
C. vii, 11*bis*. — *D²*.
C. xvi, 4*bis*, 4*ter*. — *O.*
C. xix, 6*bis*. — *D²*.
C. xx, 2*bis*. — *D²*.
C. xxi, 2*bis*. — *B¹*. et *C¹*.

C. xxii, 8*bis*, 8*ter*. — *D²*. et *O.*
C. xxiii, 4*bis*. — *D²*.
C. xxiii, 4*ter*. — *B¹*.
C. xxv, 2*bis*. — *D²*. et *O.*
C. xxx, 4*bis*. — *D²*. et *O.*
C. lxxxv, 11*bis*. — *D²*.

Toutes ces annotations dans *D²* et *O* sont, à une ou deux exceptions
près, de la même main.
Le ms. 11033 de la Bibl. nat. (f. 6 r°), où le ch. *De consuetudine* (x)
ne se compose que des §§ 1, 1*bis* et 3*bis*, porte en marge les §§ 2 et 3.

[2] Dans les mss. de l'Arsenal, lat. 4764 de la Bibl. nat. et Y. 204 de
Rouen, les mandements sont reportés à la fin du ch. add. *De exercitu*
(xxii *bis*).

de legibus de Bracton[1] et dans le Grand coutumier de France de Jacques d'Ableiges[2]. Il était si conforme aux habitudes d'esprit des contemporains qu'ils en étaient venus à considérer comme incomplets les exemplaires auxquels manquaient ces passages additionnels[3].

§ 2. *La rédaction primitive de la* Summa de legibus.

S'il est possible de reconnaître parmi les divers textes de la *Summa de legibus* celui qui représente le mieux le premier état du coutumier, il est moins aisé de déterminer exactement l'étendue et le contenu de la rédaction primitive. Le manuscrit latin 18557 de la Bibl. Nat. est aujourd'hui incomplet : il a perdu à la fin quelques feuillets, tout en conservant le dernier avec l'*explicit ;* il s'arrête brusquement à ces mots du chapitre *De brevi de feodo et firma : Multi autem juris periti dicunt quod similes fieri...* (CXII, 4). Par une regrettable coïncidence le manuscrit F. fr. 2 de la bibliothèque Sainte-Geneviève, qui renferme le texte français sous une forme correspon-

---

[1] Dans le ms. Digby 222 de la Bibl. Bodléienne, un certain nombre de passages intercalés d'ordinaire dans le texte de Bracton sont encore placés en marge. F. W. Maitland, *Bracton's Note book.* London, 1887, t. I, p. 28.

[2] L. Delisle, *Bibl. de l'École des chartes*, 1880, t. XLI, p. 326.

[3] fraudem in sui actorem retorqueri. XXI, 2]. *Deficit ad* § Nullum. Ms. lat. 4650 de la Bibl. nat., f. 14 r°.

capiendo in omnibus agendum est. XXII, 8]. *Ibi deficit unum capitulum de fugitivis.* Ms. Ottoboni, f. 16 r°, c. 1.

de forbanito... capiendo in omnibus est agendus (*sic*). XXII, 8]. *Quod ibi deficit queratis in quodam folio sic signato ultra cursus normanie.* Ms. lat. 18368 de la Bibl. nat., f. 17 r°, c. 2. Cette annotation n'est pas de la même main que les notes marginales, qui contiennent des passages additionnels.

in sequentibus apparebit. XVIII, 3]. *Deficit gallicum e sequentibus hic :* De rebus autem gaivis... (XVIII, 3 *bis*).

In successione autem indirecta. XXIII, 10]. *Deficit gallicum :* Sciendum autem *super ibi :* In successione... (XXIII, 9 *bis*). Ms. Y. 204 de Rouen, f. 24 v° et 32 v°.

dante, a été également mutilé et s'interrompt presque au même endroit du ch. *De fieu et de ferme*[1].

Toutefois d'autres indications permettent de retrouver, malgré ces lacunes, le point d'arrêt de la rédaction originaire.

Le manuscrit latin 18557, bien qu'incomplet aujourd'hui, a conservé une table des chapitres, dont le dernier est précisément le chapitre *De feodo et firma*. De même le chapitre *De fieu et de ferme* forme le dernier article de la table dans un des plus anciens manuscrits du texte français, le manuscrit français 5963 de la Bibl. nat., transcrit en 1303. Les données de ces tables sont en harmonie avec la disposition matérielle du manuscrit latin 18557. La seconde partie de ce volume a été foliotée à une époque où elle était encore complète ; aujourd'hui l'avant-dernier feuillet a le numéro . *lxxxvij.* et le dernier porte un chiffre presque effacé, mais où on peut cependant reconnaître . *lxxxix* . La lacune du manuscrit, dont il est ainsi possible de mesurer l'étendue, correspond à peu près à la fin du chapitre *De brevi de feodo et firma* et à l'établissement de Philippe-Auguste sur le droit de patronage, dont les dernières lignes se lisent au recto du dernier feuillet, immédiatement avant l'*explicit*[2].

Il y a du reste entre les premiers chapitres du traité jusqu'au chapitre *De brevi de feodo et firma* (CXII) et ceux qui le suivent des différences de rédaction assez sensibles

---

[1] Le texte du ms. de Sainte-Geneviève se termine par cette phrase : « E autresi creo[n]s nos de t[er]res bailliees en p[re]st & q[ue] autretiels « e[n]q[ue]stes en doivent estre fetes. » p. 176, c. 2.

[2] Le dernier feuillet (128 = lxxxix?) ne porte que ces mots de l'établissement de Philippe-Auguste : *jurabunt nec inquisitor, sed episcopus vicinus statuatur loco episcopi qui clamat vel archiepiscopus tanquam superior, si archiepiscopus non sit de querela.*

pour qu'on ne puisse les attribuer à la même main. Le style est moins précis, les phrases sont longues et surchargées d'inversions ; on y relève des expressions plus recherchées[1] et même un essai d'imitation du second prologue[2]. La formule du bref d'establie est incomplète, tandis que partout ailleurs les modèles de brefs sont reproduits avec exactitude[3]. Enfin le début du chapitre *De brevi de stabilia* (cxiii, 1) renferme une erreur historique répétée dans le chapitre suivant *De brevi de superdemanda* (cxiv, 2)[4], que n'aurait probablement pas commise l'auteur de la rédaction primitive : d'après ce texte, les deux « reconnoissants » d'establie et de surdemande auraient une origine législative[5] bien que le dernier de

[1] Telles sont notamment les expressions : *Cum... jurisdictio corporum ad ducem iam plebis pertineat quam magnatum*. cxiii, 1. — *qui... residenciam obtinent originalem vel in parrochiis eidem adherentibus*. cxiii, 10.
On peut encore citer le terme *causari*, qui ne se trouve que dans le ch. *De lege probabili* : *si causetur quod...* (cxxii, 4) et dans l'addition du ch. *De debitoribus : super hoc causatus se poterit liberare* (lxxxix, 1bis).

[2] « *Cum ineffrenate cupiditatis malicia humanum genus ardore suo insaciabili teneat irretitum... si non ejus anxios impetus... juris severitas refrenasset... Quoniam ergo leges et instituta, que Normannorum principes... prelatorum, comitum et baronum nec non et ceterorum virorum prudentium consilio et consensu... statuerunt.* » Prol. II.

« *Volens divitum ac potentium injuriosam reprimere maliciam duas leges recognitionum communi tam prelatorum consilio pia intentione stabilivit quam baronum...* » cxiii, 1.

[3] Il manque à cette formule l'ordre donné au bailli de semondre les jurés ; cette clause impérative s'est conservée dans la formule du bref de surdemande (cxiv, 2), ainsi que dans tous les exemples de brefs rapportés dans le coutumier.

[4] « *Duas leges recognitionum communi tam prelatorum consilio... stabilivit quam baronum, unam videlicet que dicitur stabilia et alteram que recognitio de superdemanda vocatur, per brevia decurrentes.* » cxiii, 1.

[5] La procédure des reconnoissants a été introduite en Normandie par une assise de Henri Plantagenet, duc de Normandie, rendue entre 1150 et 1152. *Lib. nig. capituli Baiocensis*, f. vij v°, nos xxiiij et xxv ; f. viij r°, n° xxvij. Ces textes sont imprimés d'après des copies de Léchaudé d'Anisy dans l'Appendice de l'ouvrage de M. Bigelow, *History of procedure in England*, London, 1880, p. 392 et 393. Le bref d'establie remonte à l'assise ducale qui institua la nouvelle procédure.

ces brefs soit une création de la jurisprudence. Le bref d'establie a longtemps servi pour les deux reconnois-sants[1]; sa formule recevait seulement dans le cas de surdemande une légère modification. Le bref de surde-mande paraît être de date plus récente : il n'est pas cité dans un formulaire du milieu du xiiie siècle[2] et dans les documents judiciaires contemporains les deux brefs sont presque toujours confondus[3]. De plus, le bref de surdemande n'est pas mentionné dans les plus anciens manuscrits français, notamment dans le manuscrit F. fr. 2 de la bibliothèque Sainte-Geneviève[4], et s'il figure dans tous les manuscrits latins, les incertitudes que l'on remarque dans les passages où il en est question[5] sem-blent indiquer une addition postérieure.

L'état actuel des plus anciens manuscrits tant latins que français oblige à placer après le ch. *De brevi de feodo et firma* (cxii) le point d'arrêt de la rédaction pri-

[1] Brunner, *Entstehung der Schwurgerichte*, p. 317.

[2] Ce formulaire se trouve à la fin du Cartulaire de Saint-Gilles de Pont-Audemer, ff. 44 et 45.

[3] En 1232 et en 1236, c'est le bref d'establie, qui est mentionné dans les jugements de l'Échiquier comme le moyen ordinaire à opposer aux demandes de services indus. (L. Delisle, *Rec. de jugements de l'Échiquier*, n°s 485 et 596). C'est seulement en 1268 qu'on voit figurer le bref de surdemande dans une décision de l'Échiquier (*Ibid.*, n° 832). Quant au jugement de 1234 relatif aux hommes de Guillaume de Reviers, la première compilation des jugements de l'Échiquier, seule digne de foi, ne parle que de la *recognitio de superdemanda* (*Ibid.*, n° 545).

[4] Il n'est pas mentionné dans ce ms. lors de l'énumération du ch. *De possession qui n'est pas movable*, p. 126, c. 1.

[5] Dans plusieurs des plus anciens mss. les termes *stabilia* et *super-demanda* sont réunis dans la rubrique du ch. *De brevi de stabilia* (cxiii), qui traite seulement du bref d'establie :

C^1, C^{1*}. *Brevium de stabilia et recognitione de superdemanda*, f. 3 r°. — D^2. *De stabilia et superdemanda*, f. 2 v°. — G^*. *De stabilia et de recognitione de superdemanda et qualiter habent fieri*, f. 48 r°, c. 1. — V^3. *De stabilia et surdemanda*, f. 2 v°.

En outre, on constate dans le ch. *De possessione immobili* (xci, 3) une certaine hésitation pour l'emploi du terme *superdemanda*, que quelques mss. remplacent par l'expression *superrogatio* (C^1, C^4, G, K, R^1) ou même *subrogatio* (D^1).

mitive. On peut cependant supposer que dans la pensée de son auteur le texte originaire devait s'étendre au-delà des limites qui viennent de lui être assignées et comprendre encore les ch. *De brevi de stabilia* (CXIII), *De brevi de superdemanda* (CXIV) et *De brevi de feodo et elemosina* (CXV). Le ch. *De possessione immobili* (XCI, 3) renferme une énumération des différentes actions immobilières : dans le nombre figurent les « querelles » de fief et d'aumône, d'establie et de surdemande, qui font l'objet des trois chapitres placés immédiatement à la suite du ch. *De brevi de feodo et firma*. Il ne faudrait pas sans doute attribuer à cette énumération toute la rigueur d'un plan, puisque les diverses actions immobilières n'y sont pas énoncées absolument dans l'ordre qu'elles occupent ensuite dans l'ouvrage et qu'il n'est plus question de l'une d'entre elles, la querelle d'eschoite[1]. Ce n'est pas d'ailleurs la seule fois que le rédacteur du coutumier ait manqué à ses promesses : ainsi dans le ch. *De querela possessionali* (LXXXVII, 5), il indique plusieurs actions mobilières, les querelles de « choses adirées », de « choses tolues », de « dommage fait », de « larcin[2] », sur lesquelles il ne donne aucun développement. Toutefois, comme il n'est guère vraisemblable que l'auteur ait volontairement négligé des matières aussi importantes que les brefs

---

[1] M. Brunner a conjecturé que le bref de saisine ou de mort d'ancesseur du coutumier ne serait autre que le bref *de escaeta* ou *de propinquiore herede*, dont la formule aurait été adaptée aux deux hypothèses pour lesquelles servaient jadis les brefs *de saisina antecessoris* et *de escceta. Entstehung der Schwurgerichte*, p. 337.

[2] « Earum autem querelarum quedam sunt de debito, quedam de prestito, quedam de adirato, quedam de pacto, quedam de damno illato, quedam de promisso, quedam de ablato, quedam de nantatione, quedam de furto. » LXXXVII, 5.

Les différents termes de cette énumération se retrouvent dans les mss. de toutes les familles.

d'establie et de fief et d'aumône, peut-être est-il permis de conjecturer qu'il serait mort avant d'avoir pu remplir entièrement le cadre qu'il s'était tracé[1]?

Le ms. latin 18557, tout en ayant à peu près la même étendue que la rédaction première du coutumier de Normandie, n'en donne qu'une idée fort imparfaite. Il ne dérive pas immédiatement de l'original et il faut tout au moins supposer un intermédiaire : les incertitudes qu'il présente et les gloses qui s'y sont glissées en font foi; en outre les appellations savantes de *Titius, Seius, Gelus, Cato, Plato, Naso,* y sont employées concurremment avec les prénoms usuels de *Thomas, Petrus, Ricardus,* pour désigner les parties en cause[2]; l'exécution du manuscrit laisse aussi beaucoup à désirer : il a été transcrit par un copiste peu soigneux et sans connaissances juridiques, qui a commis un certain nombre de méprises et d'omissions[3], mais dont l'ignorance même garantit la fidélité de la reproduction, sinon dans les détails, du moins dans l'ensemble. Il est donc indispensable, pour reconstituer l'œuvre primitive, de contrôler les données de ce texte à l'aide des autres

---

[1] Cette conjecture peut s'appuyer sur ce renvoi du ch. *De brevi de feodo et vadio : Sciendum est quod prescriptio hujusmodi attendenda est in multis aliis querelis, sicut inferius exprimetur* (cxi, 13), qui paraît bien authentique. Or la théorie du bref de fief et d'aumône est une des matières où la prescription était d'une application fréquente.

[2] Le bref de douaire (ci, 12) est le seul où D^1 ait conservé le sigle *Th.* = *Thomas* (f. 119 (lxxix) r°). Le bref de fief et de ferme n'a pas été retouché à ce point de vue dans D^1 et dans la plupart des mss.

[3] Quelques-unes de ces fautes ont été corrigées, mais la révision dont le ms. a été l'objet n'a pas fait disparaître les suivantes : « caret (= carte). xiv, 4. — per bordagia cum bordagium per aliqua borda (= per bordagium cum aliqua borda). xxvi, 7. — essonie falle. xxxvi, 2. — terminum respondi (= respondendi). xlviii. — quous (= quousque) ad curiam accesserit. xlix, 3. — in totata cā contentionis. lii, 11. — terminum habebit reddi (= reddendi) illud. lix, 7. — ex diversis maleficiciis. lxvi, 6. — de terra pecificata (= specificata). ci, 4. »

manuscrits tant latins que français et de ne considérer comme authentiques que les chapitres ou passages qui se retrouvent dans tous les exemplaires sans exception.

La comparaison des manuscrits permet d'écarter d'abord un certain nombre de passages, qui ne se rencontrent pas soit dans un, soit dans plusieurs manuscrits, et sont cependant insérés dans le ms. latin 18557. Il ajoute ainsi à la fin du ch. *De liberatione namnorum* (VII, 11 *bis*) un paragraphe, qui n'existe ni dans les mss. latins 4653, 14689, 18368 de la Bibl. nat., Y. 23 de Rouen, Ottoboni et Quaritch-Lormier, ni dans la plupart des manuscrits français[1]. Le chapitre *De successione* (XXIII, 4 *ter*) renferme une allusion aux usages locaux de la ville de Bayeux passée sous silence dans les mss. latin 4650 de la Bibl. nat., de Sainte-Geneviève et de Copenhague, et ajoutée en marge du ms. latin 4651 de la Bibl. nat. vraisemblablement par un correcteur. La phrase du ch. *De impedimentis successionis* (XXV, 2 *bis*) relative à la légitimation par mariage subséquent ne se retrouve ni dans le ms. latin 4653 de la Bibl. nat., ni dans le ms. de Sainte-Geneviève[2], et dans les mss. latin 18368 de la Bibl. nat. et Ottoboni, elle a été ajoutée après coup; elle débute d'ailleurs dans le ms. lat. 18557 par l'adverbe *item,* qui décèle une glose. Il en est de même des mots : *dum tamen prescriptionis tempus non obsistat,* qui terminent le ch. *De teneura per elemosinam* (XXX, 4 *bis*) dans le ms. latin

---

[1] On peut citer notamment :
Ms. F. fr. 2 de la Bibl. Sainte-Geneviève. Mss. fr. 5245, 5336, 5337, 5338, 5339, 5958, 5959, 5960, 5961, 5965, 11920, 14550, 24112, lat. 1426 B et 11032 de la Bibl. nat.

[2] Cette phrase ne se rencontre pas davantage dans les mss. fr. 5336, 11920, 14550, 24112 de la Bibl. nat.

18557 et dans tous les autres mss., sauf les mss. latins 14689, 18368 de la Bibl. nat. et Ottoboni; dans ces deux derniers mss., ils sont au nombre des additions placées en marge. Les passages du ch. *De vadiis et emptionibus* (xxi, 2 *bis*), qui se réfèrent aux délais du retrait lignager et à la prescription quadragénaire en matière de gage, ne figurent pas dans les mss. de Sainte-Geneviève, de Copenhague et Quaritch-Lormier et ils sont au nombre dés annotations marginales des mss. latins 4650 et 4651 de la Bibl. nat. : l'un fait double emploi avec une disposition du ch. *De feodis revocandis per bursam* (cxvi, 1)[1], l'autre est en contradiction avec la doctrine du ch. *De brevi de feodo et vadio* (cxi, 13), qui n'admet en cette matière que la prescription de trente ans[2]. L'omission de trois de ces passages dans le ms. de Sainte-Geneviève, qui occupe une place à part dans l'ensemble des mss. et n'a pas subi l'influence de la Famille II, semble fournir une raison décisive de les considérer comme des interpolations. Tel est encore le cas de la définition de la minorité si maladroitement intercalée dans le ch. *De propinquitate antecessoris* (xcix, 3 *bis*), qui ne fait

---

[1] « Venditio eciam terre non potest revocari, si post emptionem factam emptori per diem et annum, nulla facta reclamatione in curia, dimittatur possidere, de quibus in sequentibus plenius declarabitur in tractatu querelarum. » xxi, 2 *bis*.

« Sciendum est ergo quod nullus omnino feodum venditum potest revocare per mercati precium, nisi infra diem et annum mercati facti revocator clamorem justicie de ipso fecerit revocando. » cxvi, 1.

Le renvoi du ch. *De vadiis et emptionibus* se présente sous une forme insolite : la dénomination de *tractatus querelarum* n'est jamais employée dans la rédaction primitive pour désigner la seconde partie du coutumier; quand l'auteur s'y réfère, il se sert toujours des expressions : *cum de querelis tractabitur* (L, 5. lvii, 3), *quando tractatum fuit de querelis* (lxxxvi, 5).

[2] « Sciendum est quod hujusmodi prescriptio solebat currere de xxx annis. cxi, 13.

que reproduire littéralement celle du ch. *De non etate* (XLII)[1].

A côté de ces passages additionnels dont l'absence dans tel ou tel manuscrit trahit l'origine, il en est d'autres qui reparaissent partout, mais dont l'authenticité est cependant douteuse. Ils se présentent généralement sous la forme de gloses; ils ressemblent à des notes mises par un praticien en marge de son exemplaire et fondues plus tard dans le texte par les scribes. Le chapitre *De monetagio* (XIV, 5bis) en offre un exemple : il contient une citation de l'Écriture Sainte et une allusion à l'incapacité de la femme mariée, qui est hors de propos dans la matière du fouage et fait double emploi avec une disposition du ch. *De brevi maritagii impediti* (c, 2)[2]. Il en est de même du passage : *Ex his patet quod auxilium milicie...* dans le chapitre *De capitalibus auxiliis*

---

[1] « Minorem autem etatem dicimus etatem cujuslibet qui nondum xx. annos habuerit adimpletos. Omnes enim minores, quos infra etatem dicimus, terminum habebunt de omnibus querelis quousque ad etatem pervenerint xxj. annorum. » XLII, 1, 2.

« Minorem dicimus quicumque vicesimum primum annum etatis sue nondum attigit. » XCIX, 3bis.

Cette phrase du ch. *De propinquitate antecessoris* (XCIX, 3bis) ne se rencontre pas dans *P.* et *B²*, ni dans les mss. fr. 5245, 5336-5339 5958, 5963, 11920, 14550, lat. 1426ᴮ et 11032 de la Bibl. nat.

La fin du ch. *De multro* (LXVII, 15), à partir des mots : *et si aliqui eorum se nescientes dixerint...*, ne se trouve pas dans les mss. fr. 5245, 5336, 5338, 5339. 5958 de la Bibl. nat. Il serait possible que ce fût là encore une addition.

[2] « Cum enim vir et mulier duo sint in carne una et una debeat esse eorum possessio, que soli viro approprietur, per unum monetagium liberantur. Unde notandum est quod mulieres sine consensu virorum suorum contractum nullum alicujus possessionis alienande possunt facere, quin viri earum valeant revocare. » XIV, 5[bis].

« Cum enim mulier sub potestate viri sui sit constituta, vir ejus de ea et rebus suis et hereditate poterit disponere ad sue arbitrium voluntatis, nec ea illo vivente aliquid de predictis potest vendere, alienare vel impedire in ejus absencia, quin ipse ejus factum possit revocare et irritare. » c, 2.

La première phrase du § 5 [bis] (XIV) fait défaut dans *R²*; mais peut-être est-ce une méprise du copiste causée par la répétition du mot *liberantur*.

(xxxiii, 2bis), qui n'est que la répétition de ce qui a été dit quelques lignes auparavant sur l'aide de chevalerie[1]. Le ch. *De excusatione per prisoniam* (xlvii, 2bis) se termine encore par un renvoi à une ordonnance de saint Louis rapportée plus haut dans le ch. *De justiciatione* (vi, 7); cette phrase ne fait pas corps avec le reste du chapitre et semble avoir été aussi ajoutée après coup[2]. Enfin le ch. *De defectu queruli* (xcvi) finit par un paragraphe rappelant que le recours en garantie n'est pas admis dans la procédure de la nouvelle dessaisine; or le chapitre précédent prononce déjà l'exclusion de la garantie (xcv, 6)[3]. Ce paragraphe ne se rattache d'ailleurs par aucun lien logique au reste du ch. xcvi, puisqu'il y est question du défaut du demandeur et que l'exception de garantie ne peut intéresser que le défendeur.

Le texte du manuscrit latin 18557, ainsi allégé des gloses qui l'embarrassaient, peut donner une idée assez exacte de la rédaction première du coutumier. Il a néanmoins certaines imperfections : les matières de la représentation et du bannissement contiennent encore des

---

[1] « Tria autem sunt capitalia auxilia Normannie : unum videlicet ad primogenitum filium domini in ordinem milicie promovendum; secundum ad primogenitam filiam domini maritandam; tercium ad corpus domini sui de prisonia redimendum, cum captus fuerit pro guerra ducis Normannie. » xxxiii, 2.

« Ex his patet quod auxilium milicie debetur cum primogenitus in militem promovetur. Primogenitus autem est qui primogeniture obtinet dignitatem, et hoc idem intelligendum est de auxilio maritali. Redemptionis autem auxilium tunc debetur cum domini corpus ab hostium ducis Normannie prisonia liberatur. » xxxiii, 2bis.

[2] « De prisonia autem rex Ludovicus instituit quod : Nullus in prisonia mitteretur etc., sicut continetur in sua constitutione. » xlvii, 2bis.

Les incertitudes que présente la teneur de cette référence sont un indice de son origine récente.

[3] « Et omni modo sciendum est quod nemo in nova dissaisina potest aliquem vocare ad garantum. » xcv, 6.

« Notandum eciam est quod in novis dissaisinis nullus potest aliquem trahere ad garantum. » xcvi, 2bis.

redites[1], mais, malgré ces légers défauts, l'original peut être appelé avec M. Brunner un « ouvrage fait de main de maître »[2].

§ 3. *Les remaniements de la* Summa de legibus.

La *Summa de legibus* a subi avant d'arriver jusqu'à nous une série de remaniements, qui en forment autant d'éditions distinctes. Le classement des manuscrits permet de reconnaître la marche suivie dans ce travail ainsi que les procédés employés. Ils sont de trois sortes : tantôt on s'est borné à ajouter des chapitres entiers à la suite de la rédaction primitive; tantôt des passages nouveaux y ont été intercalés; tantôt enfin le texte même de l'ouvrage a été remanié.

Le premier de ces procédés a été d'abord mis en œuvre et douze chapitres, dont le dernier est le chapitre *De lege apparenti* sous sa forme première (CXXIV, 1-8), sont venus prendre place à la suite du chapitre *De brevi de feodo et firma* (CXII). Ces chapitres diffèrent notablement de ceux qui les précèdent : ils renferment de plus longs développements, des digressions[3], des définitions savantes[4]; leur

---

[1] Cette matière est traitée dans les ch. *De forisfacturis* (XXII, 5, 7, 8) et *De damnatis* (LXXXI). Bien que ces deux chapitres présentent de nombreux points communs, ils ne sont pas la répétition textuelle l'un de l'autre : le ch. *De damnatis* complète le ch. *De forisfacturis* en y ajoutant certains détails; il renferme ainsi la formule même prononcée par le banni, tandis que le ch. *De forisfacturis* la donne sous la forme où la dictait le justicier, comme l'indiquent les expressions : *tu intrabis, te adjuvent.*

[2] Voy. p. I, n. 2.

[3] Le ch. *De disraisnia* (CXXIII) notamment contient deux longues digressions : *Pares enim sunt cum unus alii non subditur homagio...* (§ 2) et *Senescallus autem esse solebat in Normannia...* (§ 4).

[4] Il suffit de comparer les définitions du record et de la deraisne contenues dans les ch. *De lege que fit per recordamentum* (CXXI, 2) et *De disraisnia* (CXXIII, 1) avec celles des ch. *De recordatione matrimonii* (CII, 1), et *De simplici querela personali* (LXXXIV, 1).

forme est plus dogmatique et nombre de leurs dispositions font double emploi avec d'autres parties du traité[1].

Ce nouvel état du coutumier latin, qui nous est révélé par les mss. latins 4653, 14689, 18368 de la Bibl. nat. et Ottoboni (Famille II)[2], n'est peut-être pas le premier en date. La teneur du ms. fr. 5963 de la Bibl. nat., qui est un peu moins étendu que ces mss. latins et s'arrête avant la fin du ch. *De deraisne* (cxxiii, 6)[3] pourrait faire soupçonner l'existence d'une phase intermédiaire par laquelle aurait passé le coutumier avant d'arriver au type de la Famille II.

L'absence d'interpolations dans le corps du texte et l'addition du ch. *De prescriptione* (cxxv) ainsi que des paragraphes complémentaires du ch. *De lege apparenti* (cxxiv, 9-14) marquent une nouvelle étape dans la voie des remaniements. Le souvenir s'en est conservé dans un seul ms., le ms. Y. 23 de Rouen (Famille III).

Les transformations suivantes consistent au contraire dans l'insertion de passages plus ou moins étendus, soit entre les chapitres de première formation, soit dans l'intérieur de ces chapitres.

Le ms. Quaritch-Lormier et le ms. lat. 4650 de la Bibl. nat. (Familles IV et V) présentent le traité dans un troisième et un quatrième état : ils se terminent, comme les

---

[1] Les principales répétitions ont été signalées plus haut, p. cii-civ.

[2] Peut-être la division tripartite, qui se rencontre dans la table des chapitres du ms. lat. 18368 de la Bibl. nat. (f. 2 v°), et dont la troisième partie correspond presque avec le commencement des additions est-elle une trace des remaniements considérables qu'a subis la fin du traité ? Le ms. latin 18368 est celui qui nous a conservé le type le plus ancien de la Famille II.

[3] Le ms. français 5963 de la Bibl. nat. s'arrête à ces mots :
« Se l'autre nie qu'il n'oblija pas et qu'il est prest de deraisner s'en, la loy doit estre gagie et terme mis de fere la. Ausi doit l'en fere en toutes detes et en toutes choses prestees. » f. 90 r°.

mss. de la Famille II, au milieu du ch. *De lege apparenti* (cxxiv, 8), mais ils ont déjà subi de nombreuses interpolations (ch. iv*bis* et xxii*bis*, paragraphes intercalés dans les ch. xv, xvi, xviii, xix etc.). Ils servent ainsi de transition entre les remaniements précédents et la cinquième forme du coutumier latin (Familles VI et VII), qui n'en diffère que par l'adjonction du ch. *De prescriptione* (cxxv) et de la fin du ch. *De lege apparenti* (cxxiv, 9-14). C'est la forme dont il subsiste le plus grand nombre de manuscrits[1] et qui semble avoir été la plus répandue autrefois.

Un des traits distinctifs de ce nouveau remaniement, c'est un cachet d'érudition, qui ne se rencontre pas au même degré dans les parties primitives de l'ouvrage et dans les remaniements antérieurs. Ainsi le ch. *De officio senescalli* (iv*bis*) n'a dans le coutumier qu'un intérêt historique, la charge de grand sénéchal de Normandie, dont il décrit les fonctions, n'ayant pas survécu à la conquête de la province par Philippe-Auguste[2]. Aussi les tournures de phrase au passé dominent-elles dans ce morceau, tandis que dans les chapitres qui le précèdent ou le suivent, le présent est toujours employé. Il en est de même d'une phrase ajoutée au ch. *De mensuris et ponderibus* (xv, 5*bis*) : l'introduction du droit de tavernage en Normandie y est attribuée aux rois d'Angleterre[3], qui ne sont jamais mentionnés dans la rédaction première.

---

[1] Sur vingt-quatre mss. actuellement connus du coutumier latin, les Familles VI et VII en comprennent huit, c'est-à-dire le tiers.

[2] L. Delisle, *Des revenus publics en Normandie* (*Bibl. de l'École des chartes*, 2e s., t. V, p. 204). Ch. de Beaurepaire, *La sénéchaussée de Normandie* (*Précis analytique des travaux de l'Académie des sciences de Rouen*, 1881-82, p. 428).

[3] « Quam libertatem a temporibus regum Anglie habuerunt, qui hanc consuetudinem in Normanniam introduxerunt. » xv, 5*bis*.

Une réminiscence historique analogue termine le chapitre
additionnel *De exercitu* (xxii*bis*) : le dernier paragraphe
contient une allusion aux usages suivis du temps où les
Anglais étaient maîtres de la Normandie[1] ; dans le reste
de ce chapitre on rencontre également des considérations
historiques[2]. Des préoccupations du même genre se
révèlent dans le passage inséré à la fin du ch. *De usuris*
(xix, 6*bis*), où est rapportée une ordonnance de saint
Louis[3], et dans l'addition principale du ch. *De forisfacturis* (xxii, 8*quater*), qui renferme de longs développements
sur les croisés et leurs privilèges[4]. Elles s'accusent
encore dans la longue définition du *liberum feodum*
intercalée dans le ch. *De successione* (xxiii, 4*bis*)[5].
Le rédacteur de ces textes ajoutés a essayé d'en dissimuler la provenance en leur donnant des rubriques cal-

[1] « Ex predictis patet quod non immerito Anglorum temporibus solet in Normannia usitari quod omnes feodum lorice possidentes equum et arma habere tenebantur, et cum ad etatem xx. et unius anni devenissent tenebantur in militibus promoveri, ut prompti et apparati ad mandatum principis vel dominorum suorum invenirentur. » xxii*bis*, 9.

[2] « Notandum eciam est quod barones habent quedam feoda ad servicium ducis attributa ; instituta enim fuerunt antequam baronie donarentur. » xxii*bis*, 7.
La distinction entre le domaine ducal et les autres parties de la Normandie ajoutée dans le § 1 du ch. *De rebus vaivis* (xviii) se rattache vraisemblablement au même ordre d'idées.

[3] « Et ne malicia serviencium, qui ad jura ducis observanda sunt instituti, ardore cupiditatis infectorum legitimos in usurarios converteret, excellentissimus rex Ludovicus, de quo fecimus superius mentionem, tale edidit institutum videlicet : Ut si, aliquo decedente, ejus justiciario ipsum esse usurarium fuerit nunciatum... » xix, 6*bis*.

[4] L'auteur de cette addition se sert du mot *generale passagium*, tandis que le terme employé dans le ch. *De pacto* (xc, 4) est celui de *generalis crucesignatio* ou *crucis signatio*. La première de ces expressions serait peut-être d'un usage plus récent. Du Cange, *Glossarium*, t. V, p. 120, c. 3, *h. v.*

[5] « Dum tamen in feodo habeat libertatem. Liberum autem dicimus feodum quod serviciorum inhonestorum obtinet libertatem, ut de prati servicio, et de curatione bevii molendinorum, vel compostorum extramittendorum, vel hujusmodi serviciorum, que nullam retinent libertatem, que nec homagium, nec curiam, nec aliam libertatem, de jure antiquo Normannie possunt retinere. » xxiii, 4*bis*.

quées sur celles des chapitres primitifs[1], parfois aussi en se référant soit aux parties anciennes de l'ouvrage[2], auxquelles il. a fait du reste plusieurs emprunts[3], soit aux chapitres additionnels[4].

[1] La rubrique du ch. *De officio senescalli* (iv *bis*) est calquée sur celle du ch. suivant *De officio vicecomitis* (v). — Celle du chapitre additionnel *De exercitu* (C[2], H, K, R[3], S, V[2] *De exercitu principis*. xxiii *bis*) est la reproduction de la rubrique du chapitre primitif *De exercitu* (xliii), devenue dans quelques mss. : *De dilatione pro exercitu principis*.

[2] « Excellentissimus rex Ludovicus, de quo fecimus superius mentionem (vi, 7)... » xix, 6 *bis*. — La comparaison de ce renvoi avec une citation impersonnelle du même passage, qui se rencontre dans tous les mss. à la fin du ch. *De excusatione per prisoniam* (xlvii) et qui remonte par suite à une date plus reculée, montre qu'il ne faut voir là que l'artifice d'un compilateur, qui a voulu donner à son œuvre une apparence d'authenticité.

[3] Voici quelques exemples de ces imitations, qui se remarquent surtout dans le ch. *De officio senescalli* :

« *De officio vicecomitis*.
Officium vicecomitis est... vias antiquas et semitas et limites aperire, aquas indebite transmotas ad cursum debitum reducere, et de malefactoribus et seditiosis, et multris et arsionibus, et deflorationibus virginum violentis et ceteris actibus criminosis diligenter et secrete inquirere... » v, 1.

« *De disraisnia*.
Senescallus autem esse solebat in Normannia quidam justiciarius a principe per Normanniam destinatus ad ea corrigenda que per ballivos minus sufficienter erant facta vel minus juste, et ad juris plenitudinem singulis exhibendam ; qui jura principis inquirebat, conservabat et revocabat... malefactores insuper opprimebat... » cxxiii, 4.

« *De curia*.
Nullus tenens feodum suum per vile servicium potest habere curiam super tenentes de eodem... et alii qui vilia debent servicia, videlicet compostum educere, fenum facere, terras compostare. » lii, 12.

« *De officio senescalli*.
5. Ad senescallum... pertinebat... limites et semitas, vicos villarum in antiquo statu facere revocari et vias consuetas et antiquas facere aperiri...
2. Aquas transmotas... ad cursum antiquum reducebat...
1. De latronibus publicis, de deflorationibus virginum violentis, multris, arsionibus et... factis ceteris criminosis diligenter inquirebat. » iv *bis*.

« *De officio senescalli*.
1. Solebat autem antiquitus quidam justiciarius predictis superior per Normanniam discurrere, qui senescallus principis vocabatur... quod minus juste fiebat per ballivos corrigebat..., jura singulis... deliberabat, et jura principis ita discrete conservabat..., forisfactores in forestis... per diuturnam carceris oppressionem... castigabat. » iv *bis*.

« *De successione*.
Liberum autem dicimus feodum quod serviciorum inhonestorum obtinet libertatem, ut ce prati servicio... vel compostorum extramittendorum, vel hujusmodi serviciorum, que nullam retinent libertatem... nec curiam... » xxiii, 4 *bis*.

[4] Tel est le cas du renvoi : « quod duelli recipit, ut patebit inferius, probamentum », qui termine le ch. *De inquisitione antenati et garanti* (cxx, 2) et a été inséré ou tout au moins retouché pour rattacher ce chapitre au ch. *De lege apparenti* (cxxiv, 14).

Le cinquième remaniement de la *Summa de legibus* n'a pas clos la série des transformations de ce traité, bien qu'il eût dès lors atteint son complet développement. Au système des amplifications, qui ¡avait laissé à peu près intact le texte originaire, succède un travail de révision destiné à rendre à l'ouvrage la perfection qu'il avait perdue sous la main des compilateurs (Famille VIII). Le correcteur paraît avoir obéi à une double tendance. D'une part, plus perspicace que ses devanciers, il s'aperçut des nombreuses redites que l'on rencontrait dans la *Summa de legibus* et il essaya d'y porter remède en opérant quelques suppressions. C'est ainsi que dans le ch. *De disraisnia* (cxxiii, 4) il abrégea l'alinéa relatif au sénéchal de Normandie et remplaça les développements qu'il contenait par un simple renvoi au chapitre *De officio senescalli* (iv *bis*)[1]. Il retrancha également les ch. *De recordatione curie regie* et suivants (ciii à cviii), qui faisaient double emploi avec le ch. *De lege que fit per recordamentum* (cxxi). Mais d'autre part, comme s'il eût craint de ne pas être assez complet, il conserva le ch. *De recordatione petita* (cix) sous les rubriques *De recordamento pasnagii* et *De petente recordationem* et le reporta à la fin du ch. *De lege que fit per recordamentum.* En outre il remania les paragraphes 6, 7, 8 et 9 de ce même chapitre et y inséra tout ce que les ch. *De recordatione curie*

---

[1] Cet alinéa est ainsi conçu dans les mss. latins 4790, 14690 de la Bibl. nat., de Stockholm et le ms. Dutuit : « Senescallus autem esse solebat in Normannia quidam justiciarius a principe in Normannia destinatus ad ea corrigenda que per ballivos minus sufficienter erant facta, prout superius tractatur (*R³*, S. tractabimus) plenius capitulo de officio senescalli. » Dans les mss. lat. 4652, 12883 de la Bibl. nat., de Copenhague, de Cheltenham et le ms. Quaritch-Lormier, l'alinéa est complet et le renvoi a été ajouté à la fin.

regie (cm), *De recordatione scacarii* (civ), *De recorda-tione assise* (cv) et *De recordatione duelli* (cvi) pouvaient contenir de plus. C'est encore à une préoccupation du même ordre qu'est due l'addition de deux paragraphes dans le ch. *De consuetudine* (x, 1*bis*, 3*bis*). Cette révision a été en somme trop restreinte et elle n'a pas fait disparaître les principales répétitions, notamment la plus choquante, celle des paragraphes 3-12 du ch. *De ple-giis* (lix) à la suite du ch. *De debitoribus* (lxxxix)[1].

La liste des transformations de la *Summa de legibus* se termine par une combinaison de ces divers textes et spécialement des deux derniers (Famille IX). Ainsi les mss. de cette famille donnent les ch. *De consuetudine* (x) et *De vadiis et emptionibus* (xxi) sous une double forme, empruntée l'une aux Familles V, VI, VII, VIII, l'autre aux Familles I, II, III. Ils reportent le ch. *De officio senescalli* (iv*bis*) entre les ch. *De judicio* (ix) et *De consue-tudine* (x), comme les Familles V et VI. Ils remanient, à l'exemple des mss. de la Famille VIII, le texte du ch. *De lege que fit per recordamentum* (cxxi) pour y ajouter les paragraphes 6*ter*, 7*bis*, 8*bis*, 9*bis*, ainsi que le ch. *De recordatione petita* (cix), qu'ils intercalent en deux endroits différents de ce même chapitre cxxi. Ils insèrent aussi, comme eux, dans le ch. *De disraisnia* (cxxii, 4) un renvoi au ch. *De officio senescalli* (iv*bis*), mais sa présence n'y est plus justifiée par les suppressions qu'a subies cet alinéa. C'est cependant sous cette forme

---

[1] C'est ce qu'un annotateur du ms. lat. 14690 de la Bibl. nat. consta-tait ainsi :
sive plegio.] s[upra] j. parte. v. di[stinctione]. *de plegiis* in prin[cipio] et ista que secuntur habentur in terminis s[upra]. *de plegiis*. f. 48 v°, c. 1.

imparfaite que les impressions gothiques ou modernes nous ont transmis le coutumier latin et qu'il est habituellement cité.

En même temps que s'opéraient ces remaniements successifs se produisait un travail d'un autre genre, qui a aussi contribué à changer l'aspect de la rédaction originaire. Il consistait dans l'insertion sur les marges des manuscrits de définitions[1], d'explications[2], de transitions[3], de renvois à d'autres passages[4] ou d'extraits de textes analogues[5]; une de ces additions contient une citation de l'Écriture[6]; une autre se réfère aux usages locaux de la ville de Bayeux[7]. Ces gloses se sont glissées

---

[1] « Minorem dicimus quicumque vicesimum primum annum etatis sue nondum attigit. » xcix, 3 bis.

À côté de cette définition, qui a été certainement ajoutée, il y en a d'autres dont on peut encore suspecter l'authenticité :

« Ille enim habet terre saisinam qui eam per se ut suam... » vii, 4.

« Criminalem autem dicimus actionem de qua... » xxii, 3.

« Est autem assisia congregatio cum justiciario militum et virorum... »xxii, 4.

« Garantum autem maxime dicimus illum qui in curia evocatur... » xcv, 6.

L'incise : sunt autem conjuncte persone (lxxxv, 6), qui manque dans les mss. de la Famille VII, sauf B¹ et B³, et dans K, est aussi une glose postérieure ; elle a été d'abord insérée dans B¹ sous cette forme : sunt hujusmodi persone, et ensuite corrigée en : sunt autem conjuncte persone.

[2] Voici quelques exemples de ces explications :

« spade gladio (sive armis). v, 2. — et de bastardis similiter. xxv, 2 ter. — dum tamen prescriptionis tempus non obsistat. xxx, 4 bis. — illi eciam qui in causa consimili sunt ad juramentum recipi non debent. lxviii, 2 bis. — ut antenati vel filii antenatorum. xcviii, 4 bis. — visiones recordationem habent. cix, 1. — recordationem eorum veram non esse proferentes. cix, 3 bis. »

[3] « De possessionali querela sequitur declarare. » lxxxvii, 1 bis.

[4] « De quibus in sequentibus plenius declarabitur in tractatu querelarum. » xxi, 2 bis.

« Cum de brevi antecessorum usus et consuetudines exequemur. » xlii, 3 bis.

« De prisonia autem rex Ludovicus instituit... sicut continetur in sua constitutione. » xlvii, 2 bis.

[5] Telles sont les annotations formées de lettres de Philippe-Auguste et des prélats de Normandie, de mandements de Philippe le Bel, de jugements de l'Échiquier, qui ont passé dans le texte de plusieurs mss., notamment du ms. lat. 15068 de la Bibl. nat.

[6] « Cum enim vir et mulier duo sint in carne una... » xiv, 5 bis. — Gen. ii, 24. Matth. xix, 6. Marc. x, 8.

[7] « Ut apud Baiocas, fracta feste domorum, possessio... » xxiii, 4 ter.

peu à peu dans le texte : quelques-unes sont antérieures aux premières transformations du coutumier ; la plupart sont du même temps.

Les auteurs des remaniements et des gloses ont généralement pris soin de fondre les parties ajoutées avec le tout, de reproduire autant que possible le style de la rédaction primitive ; ils n'ont négligé ni les renvois, ni rien de ce qui pouvait donner à leur travail l'apparence d'une œuvre originale. Ils ont même essayé d'observer les règles du rythme, quoiqu'ils n'y aient pas toujours réussi. Grâce à ces artifices, ils sont parvenus à faire passer la *Summa de legibus* amplifiée pour un tout homogène ; elle a pris dès lors une physionomie très différente de celle qu'elle avait quand elle est sortie des mains de son auteur. On peut à juste titre adresser aux juristes qui ont retouché l'œuvre de ce dernier le reproche qu'il faisait lui-même à ses contemporains, lorsqu'il les accusait d'avoir « perverti la coutume de Normandie[1] ».

ADDITIONS ET REMANIEMENTS.

ADDITIONS ANTÉRIEURES AUX REMANIEMENTS.

1º Additions qui se trouvent dans tous les manuscrits.

C. XIV.   *De monetagio*, § 5 bis. Cum enim vir et mulier duo sint in carne una...

C. XXXIII. *De capitalibus auxiliis*, § 2 bis. Ex his patet quod auxilium milicie debetur...

C. XLVII. *De excusatione per prisoniam*, § 2 bis. De prisonia autem rex Ludovicus instituit...

C. XCVI. *De defectu queruli*, § 2 bis. Notandum eciam est quod in novis dissaisinis...

C. XCIX. *De propinquitate antecessoris*, § 3 bis. Minorem dicimus quicumque vicesimum primum annum...

---

[1] « Et sic Normannie consuetudinem in hoc casu perverterunt. » XXIII, 3.

2º Additions qui ne se rencontrent pas dans D¹.

C. v.   *De officio vicecomitis,* § 2. Sive armis.

C. xxiii.   *De successione,* § 3 *bis.* Dum tamen aliquis filiorum superstiterit.

C. xlii.   *De non etate,* § 3 *bis.* Cum de brevi antecessorum...

C. lix.   *De plegiis,* § 12 *bis.* Nullus enim alienum factum....

C. lxxxvii.   *De querela possessionali,* § 1 *bis.* De possessionali querela sequitur declarare.

C. lxxxix.   *De debitoribus,* § 1 *bis.* Plegiatio autem simplex contrahitur in hac forma...

C. xcviii.   *De brevi de saisina antecessoris,* § 4 *bis.* Ut antenati vel filii antenatorum.

3º Additions qui figurent dans D¹, mais ne se trouvent pas dans les manuscrits des familles II et III.

C. vii.   *De liberatione. namnorum,* § 11 *bis.* Si autem querulus post liberationem nantorum suorum...

C. xxv.   *De impedimentis successionis,* § 2 *bis.* Item procreati ante matrimonium...

C. xxx.   *De teneura per elemosinam,* § 4 *bis.* Dum tamen prescriptionis tempus non obsistat.

C. cix.   *De recordatione petita,* § 3 *bis.* Recordationem eorum veram non esse proferentes.

4º Additions qui se rencontrent dans les familles I, II et III, mais font défaut dans quelques manuscrits des autres familles.

C. xxi.   *De vadiis et emptionibus,* § 2 *bis.* Nullum autem vadium potest in Normannia...

C. xxiii.   *De successione,* § 4 *ter.* Ut apud Baiocas, fracta feste domorum...

C. lxxxv.   *De simplicibus legibus,* § 6. Sunt autem conjuncte persone.

REMANIEMENTS.

I. Premier remaniement.

C. cxiii.   *De brevi de stabilia-*C. cxxiv. *De lege apparenti,* § 8.

II. Deuxième remaniement.

C. cxxiv.   *De lege apparenti,* § 8-C. cxxv. *De prescriptione.*

C. lxviii.   *De juratoribus,* § 2 *bis.* Illi eciam qui in causa consimili sunt...

C. lxxxv.   *De simplicibus legibus,* § 11 *bis.* Princeps vero si in ejus curia...

III. Troisième remaniement.

C. iv.   *De justiciario,* § 5 *bis.* Omnia autem eorum officia...

C. iv *bis.*   *De officio senescalli.* Solebat autem antiquitus quidam justiciarius...

C. x.   *De consuetudine,* §§ 1 *bis.* He possessiones appropriant...
                         3 *bis.* Consuetudinum autem quedam. sunt speciales...

IV. Troisième et quatrième remaniements.

C. xv.   *De mensuris et ponderibus,* § 5 *bis*. Quam libertatem a temporibus regum Anglie...

C. xvi.   *De veriscis,* §§ 4 *bis*.   ⎰ Et robe nove que nunquam fuerunt indute...
                      4 *ter*.   ⎱ Et omnem piscem ad varbalum...

C. xviii.   *De rebus vaivis,* §§ 1 *bis*.   ⎰ Per dominicum suum et eciam alibi...
                      3 *bis*. •⎱ De rebus autem vaivis est attendendum...

C. xix.   *De usuris,* § 6 *bis*. Et ne malicia serviencium...

C. xx.   *De sese homicidis,* § 2 *bis*. Sed eorum catalla debent principi remanere...

C. xxi.   *De vadiis et emptionibus,* § 1 *bis*. In terris autem venditis vel invadiatis...

C. xxii.   *De forisfacturis,* §§ 8 *bis*.   ⎧ Nec alicui malum vel detrimentum...
                      8 *ter*.   ⎪ Nisi gravi et evidente infirmitate teneatur.
                      8 *quater*. ⎨ Ecclesia autem illis qui homicidium...
                      11 *bis*.   ⎪ Nullus enim ex sanguine damnato...
                      12 *bis*.   ⎩ Que possidebat die et anno...

C. xxii *bis*.   *De exercitu.* Exercitus autem servicium est principi...

C. xxiii.   *De successione,* §§ 3 *ter*.   ⎧ Nec eciam ad aliquam porticnem obtinendam...
                      4 *bis*.   ⎨ Dum tamen in feodo habeat libertatem...
                      9 *bis*.   ⎩ Que non regreditur ad predecessores...

C. xxv.   *De impedimentis successionis,* § 2 *ter*. Et de bastardis similiter.

C. cxv.   *De brevi de feodo et elemosina,* § 9 *bis*. Et hujus elemosine totalis jurisdictio...

V. Cinquième remaniement.

1° Suppression des C. cm à cvm.

2° C. cxxi. *De lege que fit per recordamentum,*
     §§ 6 *bis*. Recordamentum autem curie regie... et hoc potest facere se altero...
           6 *ter*. Si autem princeps se non velit recordari... statum debent habere perpetue firmitatis.
           7 *bis*. Recordamentum scacarii habet fieri... nisi in causa propria.
           8 *bis*. Hoc tamen apposito quod... in assisia debet teneri.
           9 *bis*. Per vij. enim recordatores... in cujuscumque curie teneatur.

3° Transposition du C. cix, *De recordatione petita* entre les §§ 15 et 16 du C. cxxi, *De lege que fit per recordamentum.*

PASSAGES DOUTEUX.

C. vii.   *De liberatione namnorum,* § 4. Ille enim habet terre saisinam... fructus percipit aut proventus.

C. XXII.   *De forisfacturis*, § 3. Criminalem autem dicimus actionem...
corpore condemnatur.
            § 4. Est autem assisia congregatio... justi-
cia debeat exhiberi.

C. LXVII.   *De multro*, § 15. Et si aliqui eorum se nescientes dixerint...
veritas rei eluceat inquisite.

C. XCV.   *De visione et ejus assignatione*, § 6. Garantum autem maxime
dicimus... defendendam vel excambiandam.

§ 4. *La langue originaire du coutumier de Normandie.*

Pour reconstituer l'œuvre primitive il ne suffit pas d'en
déterminer les proportions, il faut encore rechercher sous
quelle forme elle a vu le jour.

La question de savoir dans quel idiome a été écrite la
rédaction originaire du coutumier normand a été et est
encore l'objet de vives controverses. Rathery[1], Pardessus[2], A. Blanche[3], Schæffner[4] se sont prononcés pour le
français; au contraire, l'abbé de la Rue[5], Daviel[6], Daniels[7],

[1] « La version latine de la Coutume... Indépendamment des autres
preuves, les gallicismes dont elle abonde ne permettraient pas de s'arrêter à l'opinion de Ludewig, qui croit que c'est la rédaction primitive. » Rathery, *Études historiques sur les institutions judiciaires de la
Normandie*, p. 24, n. 1.

[2] « Vous savez qu'on a fortement controversé la question, si le texte
primitif du Coutumier que nous possédons a été écrit en latin ou en
français, et que Froland, après avoir présenté le pour et le contre,
conclut pour la priorité, en faveur du texte latin; point qui ne me
paraît pas encore jugé irrévocablement. » *Lettre de M. Pardessus
à M. Marnier.* Marnier, *Établissements et coutumes de Normandie.*
Paris, 1839, in-8°, p. xiij.

[3] « Cette compilation [le Grand Coutumier], comme toutes celles de la
même époque, a été écrite en français. C'est pour nous un fait certain. »
A. Blanche, *Discours de rentrée de la Cour de Rouen*, p. 14.

[4] Schæffner, *Geschichte der Rechtsverfassung Frankreichs*, t. III,
p. 92, n. 69.

[5] « Après ce texte latin, je n'en connais pas de plus ancien en français que celui de Guillaume Cauph. » De la Rue, *Essais historiques sur
les bardes*, t. III, p. 222.

[6] « Il faut en conclure nécessairement que le texte latin était alors le
texte original, le texte authentique, puisque c'était à cette source qu'il
fallait recourir pour avoir *le cours du droit.* » Daviel, *Recherches*, p. 28.

[7] Daniels, *System und Geschichte des französischen und rheinischen
Civilprocessrechtes*, t. I, p. 49, n. b.

MM. de Rozière[1], Brunner[2], Glasson[3] ont donné la préférence à la langue latine. Cette dernière opinion soutenue jadis par Ludewig[4], de Jort[5], Froland[6] et l'abbé Saas[7], est généralement admise aujourd'hui[3]. Warnkœnig a essayé de concilier les deux systèmes en supposant que l'auteur du coutumier aurait composé son livre en latin et qu'il en aurait fait immédiatement une traduction française[9].

Le principal argument invoqué en faveur de l'antériorité du texte français est celui qui est tiré des prétendues

[1] « On admet généralement aujourd'hui la priorité de la version latine. » De Rozière, *De l'histoire du droit...* (*Revue historique de droit français et étranger*, 1867, t. XIII, p. 74).

[2] « Soweit subjectives Ermessen sich in solchen Fragen geltend machen darf, scheint mir der lateinische Text das Original zu sein. » Brunner, *Excurs*, p. 76.

[3] « Ces passages semblent établir jusqu'à l'évidence que notre coutumier a été d'abord écrit en latin. » Glasson, *Histoire du droit et des institutions de l'Angleterre*, t. II, p. 107. *Histoire du droit et des institutions de la France*, t. IV, p. 126.

[4] « Unde facile constat, opinabile esse, jureconsultum nostrum scripsisse Normannicas has leges Latine circa annum cɔɔccl... Deinde etiam codicem transtulerunt ideo in linguam gallicam Normanni, et legere et consulere eum possent etiam homines parum docti. » Ludewig, *Reliquiae manuscriptorum*, Praefatio, p. VII, p. 51.

[5] De Jort, *Dissertation sur les aides chevels de Normandie*. Rouen, 1706, p. 10 et 11.

[6] « Pour peu qu'on fasse attention à tous ces titres et autres qui sont insérés dans nos recueils anciens et nouveaux, on n'aura pas grand peine à se persuader que la première compilation de notre vieil coutumier a été faite en latin... Toutes ces réflexions me portent à préférer cette dernière opinion à l'autre, et à croire que le françois n'a commencé à prendre le dessus que par la voye de l'impression. » Froland, *Recueil d'arrets*, part. I, ch. III, p. 96 et 97.

[7] « L'exemplaire latin de l'Hôtel de Ville de Rouen et d'autres preuves raportées par Mr. Froland... portent à croire que la compilation a été rédigée en latin. » Saas, *Catalogue raisonné des ouvrages qui concernent la Coutume de Normandie*. Abrégé de cosmographie, 1760).

[8] A. Esmein, *Cours élémentaire d'histoire du droit français*, p. 734. P. Viollet, *Histoire du droit civil français*, p. 177.

[9] « Ob der lateinische oder der französische der Urtext ist, lässt sich nicht mit Bestimmtheit sagen ; da es einen Theil des Livre La Reyne ausmachte, muss der letzte schon von seinem Urheber stammen, der jedoch vielleicht das Buch zuerst lateinisch schrieb, es aber sogleich übersetzte. » Warnkœnig, *Franz. Staats- und Rechtsgeschichte*, t. II, p. 45.

traditions de la Normandie. Dans les habitudes juridiques
de la province, ce texte aurait été, dit-on, considéré
comme l'original et c'est pour cela qu'il aurait servi de
base à la réformation de la coutume en 1583[1]. Quelques
partisans de la priorité du coutumier français ont encore
cherché dans le rapprochement des deux textes la confirmation de leur système : ils ont cru trouver la preuve de
l'ancienneté de la rédaction française dans l'absence de
certains passages additionnels qui se rencontreraient seulement dans le texte latin. D'autres ont allégué des raisons
d'ordre différent : ils ont rappelé l'attachement des Normands pour leur langue, l'introduction de cet idiome en
Angleterre, l'existence de lois en français attribuées à Guillaume le Conquérant ; ils ont aussi fait remarquer qu'il n'y
avait aucun motif pour que le compilateur se fût servi du
latin dans un ouvrage qu'il écrivait pour l'instruction de
ses compatriotes. D'anciens auteurs sont même allés jusqu'à dire qu'il n'était pas à présumer que le roi eût souffert
qu'une compilation contenant les lois et les statuts de la
province eût été composée dans une langue étrangère[2].

[1] « Les dits deputez ont requis autre lecture estre faite de l'ancien
livre coustumier... Après laquelle lecture et que lesdits deputez ont
ensemblement deliberé par divers jours sur les chapitres et articles
portez par ledit ancien livre Coustumier... » Procès-verbal des Coutumes
de Normandie. Bourdot de Richebourg, *Nouveau coutumier général*,
t. IV, p. 119.
[2] Cette argumentation singulière est rapportée par Froland :
« Quant au reste, le fait seroit incertain, ce qui n'est pas, il seroit
toujours des règles de la décider de la manière la plus honorable et la
plus avantageuse à la France, et de conclure que ce coutumier dans sa
naissance a été mis en françois, par la raison qu'il n'est pas à présumer
que le conseil, sous le règne de Philippe le Hardi, informé de cette
compilation qui contenoit les Loix et les Status de la province, et qu'on
dit même avoir été enregistrée en la Chambre des Comptes de Paris,
eût souffert qu'elle eût paru conçue dans une langue étrangère... parce
qu'il importe à la gloire et à la grandeur d'un Etat, que dans tous les
actes et choses publiques, on ne se serve que de la langue naturelle et
que c'est une espèce de sujétion que d'emprunter le langage d'un autre
pays. » *Recueil d'arrets*, part. I, ch. III, p. 93 et 94.

Froland, Daviel et les auteurs qui se prononcent pour la priorité du texte latin ne se placent pas toujours non plus sur le véritable terrain pour défendre leur thèse. Ils s'appuient principalement sur l'emploi exclusif de la langue latine dans les ordonnances, les enquêtes, les contrats, les jugements de l'Échiquier ou des Assises [1]. En raisonnant ainsi ils ne prennent pas garde qu'ils confondent l'œuvre d'un simple particulier avec des actes publics et qu'il n'y a par suite aucune conclusion à tirer ici de la pratique des cours de justice ou des chancelleries. Ils oublient aussi que la plupart des traités de droit composés en France dans le courant du XIIIᵉ siècle ont été écrits en français.

L'opinion qui considère le coutumier de Normandie comme primitivement rédigé en français donne à la tradition qu'elle invoque une portée exagérée : les faits sur lesquels elle prétend fonder cette tradition sont trop peu nombreux et trop peu précis pour qu'il y ait lieu de leur attribuer une autorité décisive dans le débat. Si les commissaires royaux se sont servis d'un exemplaire français pour la rédaction de la Coutume réformée, c'est que l'emploi d'un livre en langue vulgaire facilitait leur tâche [2] et

[1] « La compilation n'a pas été faite... mais... dans un tems que l'usage étoit de rediger toutes sortes d'actes en latin. » Froland, *Recueil d'arrets*, part. I, ch. III, p. 95.
[2] De nombreux articles de la Coutume réformée sont empruntés littéralement au texte français du Grand Coutumier. En voici un exemple :

Ch. *De justicement.*	Art. 36.
« Pour forfait de boys ou de garennes ou d'eaues deffendues ou des blez ou de prez ou pour telles manieres de forfaitz pevent les malfaicteurs estre detenuz et arrestez par les seigneurs en quelz fiefz ilz font telz forfaitz pourtant qu'ilz soient prins a present meffait : si pevent estre tenus tant qu'ilz ayent donnez pleges ou namps de restaurer le dommage et de payer l'amende... » Édition de 1534, f. x rº, c. 2	« En forfait de bois, de garennes et d'eaux defendües, dégâtz de blez ou de prez, ou pour telles manieres de forfaits, peuvent être les malfaicteurs tenus et arretez par les seigneurs, aux fiefs desquels ils font tels forfaits, pourtant qu'ils soient pris en present méfait par le temps de 24 heures jusqu'à ce qu'ils aient baillé plége ou rams de payer le dommage et l'amende... »

que le texte français avait alors presque complètement
supplanté dans la pratique le coutumier latin. On ne saurait aussi tirer argument de la présence d'un exemplaire
du texte français dans les archives de la Chambre des
Comptes de Paris[1]; c'est là probablement une circonstance fortuite, qui n'implique nullement de la part
de la royauté reconnaissance de l'authenticité du coutumier français. Il n'y a pas lieu davantage de s'arrêter aux
différences de détail que l'on peut relever entre les deux
textes ; elles disparaissent presque toutes quand on com-
pare des manuscrits latins et français qui appartiennent à
des familles correspondantes au lieu de rapprocher des rédactions qui ne sont pas de la même couche de formation.

Le prologue du texte en vers français contient la preuve
de l'antériorité du coutumier latin. L'auteur, qui écrivait
vraisemblablement vers 1280[2], nous apprend qu'il s'est
servi pour son travail d'un modèle latin ; il assure qu'il
en a fidèlement reproduit les dispositions et il ajoute
que, si l'on a quelque doute à ce sujet, il faudra se

---

[1] C'est de cet exemplaire français que provenaient vraisemblablement
les fragments du coutumier de Normandie insérés dans le Livre
Saint-Just, ff. xlvj v° à cv (Table du procureur général. *Mém. de la
Soc. des Antiquaires de Normandie,* t. XVIII, p. vj). Ces extraits se
trouvent reproduits dans la plupart des copies de registres de la
Chambre des Comptes (Arch. nat., PP. 2529, ff. 107 v°-123 r°. PP. 2590,
ff. 18 v°-160 v°).
Ce n'est pas ce texte qui est visé dans le mandement de Philippe IV
du 23 août 1302. *Ordonnances,* t. I, p. 349.
[2] Le ms. du libraire Lallemant de Rouen portait, d'après Houard,
les indications suivantes qui manquent dans les autres mss. de la version en vers :

« Mil deux cens quatre fois vingt
Apres ce que Jesus Christ vint

Mit Richard Dourbault ce livre
En rimes en mieux qu'il put. »

Houard, *Dictionnaire de la Coutume de Normandie.* Rouen, 1782,
t. IV, Supplément, p. 49. — De Jort affirme avoir vu un ms. en vers
français du xiiie siècle (?), *op. cit.,* p. 10.

reporter « au livre en latin », parce qu'on y trouvera « du droit le cours ». Ces expressions indiquent que c'était le texte latin qui était alors considéré comme l'original[1]. Un certain nombre de faits viennent confirmer le témoignage du rédacteur de cette version et attester qu'à toutes les époques le texte latin a conservé une autorité supérieure à celle qu'aurait pu avoir une simple traduction. Dans les vingt-cinq premières années du XIVe siècle le corps de ville de Rouen fait orner de riches enluminures un volume qui ne contient que le coutumier latin[2]. Un siècle plus tard, l'auteur de la Glose se réfère au « coutumier en latin » dans la plupart des controverses qu'il rapporte et il y fait toujours appel en dernier ressort[3]. Quand on imprime pour la première fois les coutumes de Normandie, on n'a garde d'oublier le texte latin et on le publie à la suite du coutumier français dans presque toutes les éditions gothiques[4]. Enfin, à la veille de la réformation de la Coutume, dans les plaidoiries qui pré-

---

[1] C'est ce qui est indiqué formellement dans l'avertissement et dans l'épilogue de la version en vers :

> « Si veult le françois metre en ryme
> Du latin du livre qui me semble
> Bien bon que l'en appelle
> Le coustumier norment... »
> Ms. fr. 5962 de la Bibl. nat., f. 6 v°.

> « De l'excusation de celui qui cest livre a mis en rime.
> Et je qui me sui entremis
> D'avoir cest livre en rime mis
> Segon le latin l'ai estreit. »
> Ms. fr. 14548 de la Bibl. nat., f. 300 v°.

[2] Ms. de M. Dufuit.

[3] Voici une de ces nombreuses citations du coutumier latin :
« Comme il appert par l'usaige sur ce notoirement gardé et auss par le texte escript eu chapitre De parties d'eritage au commencement et mesmement par le texte en latin qui met [1534. cf. ce qui s'ensuyt] : *Tutellam seu custodiam habere debet princeps Normannie omnium ecrum in etate minori constitutorum...* [XXXI, 1]. » *Exposition du livre coustumier.* De garde d'orphelins, éd. *princeps*, f. k. ij. v°; éd. de 1534, f. xlix r°, c. I.

[4] Voy. les éditions *princeps* (1483 ?), de 1510, 1516, 1523, 1534, 1539.

cèdent le célèbre arrêt du 26 août 1558, connu sous le
nom d'arrêt du « sang damné », les avocats semblent
s'être référés à un exemplaire latin conservé au greffe du
Parlement ; ils rappellent d'ailleurs expressément « qu'il
y a doute, lequel a précédé et est le plus vray ou ce qui en
est escrit en latin ou en françois[1] ». Ces exemples suffisent
pour permettre d'opposer à la tradition vague alléguée
plus haut une tradition en sens inverse fondée sur des
faits précis et pour prouver que jusque dans les derniers
temps où le coutumier de Normandie ait été en vigueur,
la rédaction latine n'avait rien perdu de son crédit[2].

Le texte latin présente du reste la précision de
style et la clarté d'exposition qui distinguent les
œuvres originales, tandis que ces qualités ne se rencontrent pas au même degré dans la version française.
Il est de plus écrit en prose rythmée ; or s'il n'est
guère naturel qu'un traducteur s'assujettisse aux règles
gênantes du rythme, on comprend au contraire qu'un
auteur se soit préoccupé de donner à son style toute l'élégance que comportaient les habitudes du temps. Il a enfin
conservé la division primitive de l'ouvrage en parties
et distinctions subdivisées en chapitres, qui a disparu
dans la plupart des manuscrits du coutumier français[3].

[1] « Disoit plus qu'il y avoit raison de douter que la coustume fust telle...
Aussi qu'il y a doute, lequel a precedé et est le plus vray ou ce qui en
est escrit en latin ou en françois... Disoit aussi que ladite coustume...
avoit esté confirmée par plusieurs roys dès l'an quatre cens soixante et
deux, comme apparoissoit par le registre de la Court intitulé, *De
consuetudine Normaniæ.* » *Nouveau coutumier général,* t. IV, p. 105 et 106.

[2] Les mss. lat. 11032 de la Bibl. nat., add. 21971 du British Museum,
qui sont du xiv⁰ siècle, et Hamilton 192 de la Bibl. de Berlin, de 1403,
donnent pour chaque bref une double formule, l'une en latin, l'autre en
français ; or la formule française est toujours placée la seconde et précédée de l'expression « *c'est-à-dire* ».

[3] La division du traité en parties et distinctions a disparu non-seule-
ment dans le texte, mais encore dans la table des chapitres de quelques-

Ainsi précision de la forme, observation du rythme, maintien de la division primitive, témoignage de l'auteur de la version en vers, autorité attribuée au coutumier latin à toutes les époques, tels sont les faits qui constituent des titres très sérieux en faveur de la priorité de ce texte.

§ 5. *Les dénominations du coutumier latin.*

Le texte latin du coutumier de Normandie n'a pas eu la bonne fortune d'avoir une désignation fixe. L'auteur de la Glose[1], Froland et les anciens commentateurs se bornent à l'appeler le « coustumier en latin », le « texte en latin » ou le « texte latin »[2], et ils ne font que suivre l'exemple du rédacteur du texte en vers qui proposait simplement la dénomination de « coustumier normant[3] ».

uns des anciens mss. du Grand Coutumier, notamment des mss. fr. 5245, 5963 de la Bibl. nat.

Dans la table du ms. fr. 5958, les cinq distinctions de la première partie sont appelées : *prima pars... quinta pars*, et la seconde partie est qualifiée de *secunda distingtio*. Dans le corps du texte, on trouve en marge les annotations suivantes : *Incipit j^a pars. Incipit ij^a. Incipit iij^a. Incipit iiij^a. Incipit v^a.* Ces mentions sont à peu près de l'époque de la transcription du volume.

[1] Le glossateur anonyme emploie l'une de ces périphrases :

« le texte du coustumier en latin. » *Exposition du livre coustumier de Normendie*, éd. princeps, ff. b. vij. r°; d. viij. r°; g. vj. r°; i. vij. r°; m. ij. v°; o. j. r°. — Éd. de 1534, ff. viij. v°, c. 2; xxij. r°, c. 1; xxxvj. v°, c. 1; xlvij. v°, c. 1; lix. v°, c. 1; lxvij. v°, c. 2.

« le coustumier en latin. » Éd. *princeps*, ff. e. iij. r°; k. viij. v°; l. viij. v°; n. j. r°. — Éd. de 1534, ff. xxiij. [xxiv.] v°, c. 2; xxv. r°, c. 1; liij. v°. c. 1; lviij. r°, c. 2.

« le texte en latin. » Éd. *princeps*, ff. e. v. r°; i. vij. v°; k. ij. v°; p. iiij. r°.—Éd. de 1534, ff. xxvj. v°, c. 1; xlvij. v°, c. 2; xlix r°, c. 1; lxxiiij. r°, c. 2.

« la coustume en latin. » Éd. *princeps*, f. m. j. v°. — Éd. de 1534, f. lviij. v°, c. 2.

[2] Froland, *Recueil d'arrets*, Part. I, ch. iii, p. 96.

[3] « Si veul le franchoys mestre en rime
Du latin du livre qui me
Semble bien bon que l'en apele
Le coustumier normant que le... »
Ms. fr. 14548 de la Bibl. nat., f. 22 v°.

De nos jours, il est généralement cité sous le titre de
Jura et consuetudines Normannie, qui lui est donné dans
les impressions gothiques[1], plus rarement sous celui de
Somma de legibus consuetudinum Normannie qu'il porte
dans l'édition de Ludewig[2].

Ce ne sont pas cependant les appellations qui font
défaut; les manuscrits en offrent une grande variété :

Incipiunt *Jura et consuetudines quibus regitur ducatus Normannie.* — Mss. lat. 4652 de la Bibl. nat., de Sainte-Geneviève et de Cheltenham.

Incipiunt *Jura et statuta Normannie.* — Ms. Y. 23 de Rouen.

Incipit *Liber de juribus et consuetudinibus Normannie.* — Mss.
lat. 4764, 4790, 12883, 14690 de la Bibl. nat., de Stockholm
et ms. Dutuit.

Finit *Liber jurium ac consuetudinum ducatus Normannie.* —
Mss. lat. 4652 de la Bibl. nat. et de Cheltenham.

Incipit *Cursus Normannie.* — Ms. lat. 14689 de la Bibl. nat.

Explicit *Cursus Normannie.* — Mss. lat. 4653, 18368 de la Bibl.
nat. et Ottoboni.

Incipit *Prologus Libri consuetudinis Normannie.* — Ms. Y. 204
de Rouen.

Explicit *Liber consuetudinis Normannie.* — Ms. de l'Arsenal.

Explicit *Textus consuetudinis Normannie.* — Mss. lat. 4764,
12883 de la Bibl. nat.

---

[1] Le titre du texte latin est ainsi conçu : *Incipiunt jura et consuetudines quibus regitur ducatus Normannie.* Éd. *princeps,* f. aa. j.; éd.
de 1534, II, f. j. r°, c. 1.
Dans le cours du xvie siècle on trouve le coutumier latin désigné sous
le titre plus court de *Consuetudines Normannie* par Claude de Grandrue,
le célèbre bibliothécaire de Saint-Victor : *Summa de legibus in curia
laycali que dicuntur Consuetudines Normannie.* Bibl. nat., ms. lat. 15068,
f. de garde v°.
[2] *Reliquiae manuscriptorum,* t. VII, p. 149. Ludewig a préféré à cette
dénomination celle de *Codex legum Normannicarum,* qui sert de titre
courant à son édition.

Incipit *Prologus Consuetudinis Normannie.* — Ms. lat. 14690
de la Bibl. nat.

Explicit *Consuetudo Normannie.* — Mss. lat. 4651, 4790 de la
Bibl. nat.

Consuetudines Normannie. — Ms. lat. 4650 de la Bibl. nat.

Incipit *Registrum de judiciis Normannie.* — Ms. lat. 18557
de la Bibl. nat.

Incipit *Summa de legibus in curia laicali.* — Mss. lat. 4651,
4764, 11033, 11035, 15068 de la Bibl. nat. et de l'Arsenal.

Hic incipit *Summa de legibus consuetudinum Normannie.* —
Ms. de Copenhague.

Ces divers noms correspondent aux principales transformations du coutumier latin. Les mots *Registrum de
judiciis Normannie,* qui se lisent en tête du ms. latin 18557
de la Bibl. nat., semblent être un vestige du titre originaire de l'ouvrage. Ils figurent d'une part dans le manuscrit qui a le mieux conservé la rédaction primitive ;
d'autre part, ils offrent de l'analogie avec les mentions
finales de deux anciens manuscrits français, le ms.
fr. 5963 de la Bibl. nat. et le ms. D. 3.34. de Trinity Col-
lege à Dublin, qui parlent également des « Jugements »
de Normandie[1]. L'expression *Cursus Normannie,* propre
aux mss. de la Famille II, est plutôt une désignation de
circonstance qu'un véritable intitulé[2]. Les termes *Jura
et statuta Normannie* du ms. Y. 23 de Rouen ont été
simplement empruntés au début du premier prologue[3].

[1] « Ci finent les jugemenz que li roy Phelippe commanda a garder
a ses barons et as chevaliers et a touz ses loiaus serjans par lour sere-
menz selonc la pez et le droit qui fu establi communalment a garder en
Normendie. » Ms. fr. 5963, f. 90 r⁰. Le ms. de Dublin présente le même
explicit à quelques mots près.

[2] La formule : *Explicit cursus seu consuetudo Normanie,* qui se trouve
dans le ms. fr. 5338 de la Bibl. nat. (f. 87 v⁰), fournit l'explication de ce terme.

[3] Le coutumier commence ainsi : « Cum nostra sit intentio in presenti
opere jura et instituta Normannie in quantum poterimus declarare... »

Les noms de *Liber de juribus et consuetudinibus Nor-mannie* et de *Jura et consuetudines quibus regitur ducatus Normannie* caractérisent les deux derniers remaniements du texte latin[1]. La dénomination de *Summa de legibus* est spéciale aux mss. de la Famille VII et au ms. de Copenhague. C'est celle qui se rencontre dans le plus grand nombre de manuscrits, sept sur vingt-quatre ; elle est conforme aux habitudes du moyen-âge où nombre de traités de droit romain et canonique ont été ainsi dénom-més. Bien que cette désignation ne remonte pas à l'auteur même de la rédaction première, elle vient selon toute vrai-semblance de celui de ses continuateurs qui a donné à l'ouvrage sa forme définitive, et elle mérite à tous égards d'être adoptée[2]. Ce mode de citation aura le double avantage de restituer au texte latin un nom qu'il a porté[3] et de prévenir toute confusion entre ce texte et le cou-tumier français, auquel sera exclusivement réservée la dénomination de Grand Coutumier de Normandie.

§ 6. *Établissement du texte de la* Summa de legibus.

Le classement des manuscrits et l'étude des remanie-ments de la *Summa de legibus* permet de reconnaître que les manuscrits des trois premières familles sont les

---

[1] La première de ces dénominations se trouve dans tous les mss. des Familles VIII et IX, sauf le ms. de Copenhague, et dans le ms. lat. 4764 de la Bibl. nat. (Famille VII), où elle a été ajoutée après coup à la place de la rubrique : *Incipit Summa de legibus in curia laycali,* f. 3 r⁰.

[2] Le titre de *Summa de legibus in curia laicali* paraît avoir été ins-piré par la préoccupation qu'a eue l'auteur d'exposer la pratique des cours laïques ; les expressions : *in curia laicali* reviennent fréquemment dans la partie primitive du traité.

[3] C'est le nom que donnent, en 1332, les habitants des Iles de la Manche au coutumier de Normandie.

seuls qui aient transmis le coutumier latin sans les parties additionnelles et les nombreuses répétitions qui en changent l'aspect. Pour rendre au texte sa forme première, il était naturel de prendre comme base de cette édition le manuscrit latin 18557 de la Bibl. nat. qui, malgré son exécution défectueuse, représente aujourd'hui le mieux la tradition primitive; mais ce ms. s'arrête un peu avant la fin du ch. *De brevi de feodo et firma* (cxii). Cette circonstance et les inexactitudes qu'il renferme nous ont obligé de recourir aux manuscrits des familles II et III, soit pour rectifier ses données, soit pour établir le texte des chapitres qui suivent le ch. cxii. Le manuscrit latin 18368 de la Bibl. nat. a paru mériter ici la préférence : il dérive d'un bon exemplaire et c'est le seul qui ait conservé dans toutes les formules et dans tous les exemples les désignations usuelles de *Petrus, Thomas, Ricardus, Osbertus*, remplacées dans les autres manuscrits par des noms empruntés aux jurisconsultes romains ou à la littérature latine; il a malheureusement subi dans le courant du xive siècle des corrections, qui en ont parfois altéré le texte. Le manuscrit latin 4653 de la Bibl. nat., le ms. Ottoboni et le ms. Y. 23 de Rouen ont aussi fourni de bonnes leçons.

Pour les chapitres additionnels *De officio senescalli* (iv bis), *De exercitu* (xxii bis), le chapitre *De prescriptione* (cxxv) ainsi que pour la fin du chapitre *De lege apparenti* (cxxiv) et les passages intercalés dans certains chapitres de la deuxième et de la troisième distinction, nous avons dû nous servir des manuscrits latins 4650 et 4651 de la Bibl. nat., F. l. 4 de la bibl. Sainte-Geneviève, les meilleurs représentants des Familles V, VI et VII.

Le grand nombre de leçons fournies par les manuscrits nous a obligé à faire un choix et à indiquer seulement
les variantes, qui pouvaient offrir un intérêt pour l'intelligence du texte, la détermination des familles ou la forme
des termes techniques. Toutefois pour les formules, les
noms de lieu, les dénominations des parties en cause,
toutes les leçons ont été relevées. Dans la partie correspondant à la rédaction primitive de la *Summa de legibus*,
où le manuscrit latin 18557 a été surtout suivi, les leçons
défectueuses ont été notées à cause de l'importance
exceptionnelle de ce manuscrit pour l'histoire du coutumier. Les additions spéciales à un seul manuscrit ont
pris place dans les notes avec les variantes.

Le texte du manuscrit latin 18557 a été aussi fidèlement
reproduit que possible. La construction des phrases a été
conservée toutes les fois que les règles du rythme
n'avaient pas été manifestement violées par le copiste.
L'orthographe a été également respectée, bien qu'il ait
été indispensable de remplacer certaines formes en usage
au xiiie siècle, comme *habundancia, honus, hodium,
thabernarii, transquillitas*[1], par d'autres plus conformes
aux habitudes modernes. Il a fallu de même adopter une
leçon constante pour les mots tels que *disraisnia,*

---

[1] On pourrait multiplier les exemples de ces particularités :
« themerarium, themerario. xcv, 5 ; xcvi, 2 *bis*.
condictio. cx, 12. — discrectionis. ix, 2. — prodictione. lxvi, 6. —
adimplectos. xlii, 1. — littes. Pr. II. — legittimi. xxv, 7. — limittantes.
x, 1. — paremptibus. xxiv, 16.
mauxime. xcv, 6, 11 ; cxi, 9. — remanxerit. xxiii, 9, 11.
subcombet. vii, 3. — subposita. xxxi, 16.
submoniri. xlix, 4. — neglixerit. vi, 4, 6. — transigerit. »
Le copiste de *D¹* ne respecte pas plus les règles de la grammaire :
« thesaurum...fuerit inventum vel effosum. xvii. — feodum imparti-
bilem. xxiv, 13. — infra etatem constituti... sunt exempta. xc, 5. »

mehaignium, forisfacere, forisjurare, forisbannire, qui reviennent fréquemment et sont parfois écrits de diverses manières dans le même volume[1].

La division du texte en chapitres a été maintenue telle qu'elle se rencontre dans les manuscrits ; toutefois les deux chapitres *De assisia*[2] et *De plegiatione,* qui faisaient double emploi, ont été supprimés. Les rubriques diffèrent notablement de teneur : celles qui figurent dans les manuscrits des familles I, II, III, paraissent mériter la préférence ; elles sont plus précises et plus en harmonie avec les renvois. Quant aux rubriques données aux sections de chapitres dans quelques manuscrits, elles sont seulement indiquées en note.

L'extrême variété que présente dans les manuscrits la division des chapitres en paragraphes nous a entraîné à remanier plusieurs fois la distribution des matières dans l'intérieur des chapitres et à les diviser en paragraphes en tenant compte presque uniquement de la suite des idées et du rythme des finales.

---

[1] C'est ainsi que *D*[1] offre à la fois les formes : *desresnia, deresnia.* LXXXV, 5, et *deresna; derasniare, deresnare.* VII, 3. — *forsjurare.* XXII, 8, et *forjurare.* LXXXI, 1. — *forsbanire.* XXII, 2, 5; *forbanire.* XXI, 5, et *forbannizare.* LXXV, 5.

De même le terme *essonium* est employé dans le même manuscrit, dans *D*[1] par exemple, à quelques lignes de distance au neutre et au féminin : *essonie falle* (sic). XXXVI, 2. *essonia de via curie sic vocatur.* XXXVII, 2. *essonium est dilatio.* XXXVIII, 1.

Enfin le même mot, comme *dies,* est tantôt masculin, tantôt féminin : *ad diem duelli terminatum* et *ad diem... terminatam.* LXVII, 2.

[2] Les mss. lat. 4650 de la Bibl. nat. et de Sainte-Geneviève ne subdivisent pas le ch. *De forisfacturis* en deux parties, dont la seconde porte l'intitulé *De assisia* et commence aux mots : *Est autem assisia.* .; cette rubrique ne figure pas du reste dans la table des mss. lat. 4650 de la Bibl. nat. et Y. 23 de Rouen.

CHAPITRE IV.

LES DIVISIONS, LE PLAN, LA MÉTHODE ET LE STYLE DE LA *SUMMA DE LEGIBUS.*

Pour compléter l'étude de la *Summa de legibus* et de ses remaniements, il reste à rechercher le plan qu'ont suivi les auteurs soit du texte primitif, soit des chapitres additionnels, ainsi que la méthode qui a présidé à la composition des différentes parties de l'ouvrage.

§ 1. *Les divisions et subdivisions de la* Summa de legibus.

La *Summa de legibus,* comme l'indiquent ses premiers mots[1], est divisée en parties, distinctions et chapitres. Elle est précédée de deux morceaux, qui lui servent de préface et ont été de fort bonne heure qualifiés de Prologues[2], quoique cette appellation ne se soit pas généralisée et que dans la plupart des manuscrits les

---

[1] « Presens itaque opus in duas partes dividitur... Prima itaque pars hujus operis in quinque distinctiones dividitur... singularum partium distinctiones et capitula... in primis intendimus annotare. » Prol. I.

[2] Cette désignation se rencontre appliquée au second prologue dans les mss. lat. 18557 de la Bibl. nat. : *Incipit prologus hujus libri.* — Y. 204 de Rouen : *Incipit prologus libri consuetudinis Normannie.* — lat. 4652 de la Bibl. nat. : *Prologus,* et au premier prologue dans les mss. lat. 4790, 14690 de la Bibl. nat. et Dutuit : *Incipit prologus consuetudinis Normannie.* Les éditions gothiques n'ont conservé l'intitulé *Prologus* qu'au second prologue. Ed. *princeps,* f. aa. j. r⁰ ; éd. de 1534, II, f. j r⁰, c. 1.

prologues ne portent aucun intitulé; le dernier paragraphe du second prologue seulement a reçu parfois la rubrique : *De institutione legis*[1].

Les grandes divisions de la *Summa de legibus*, les Parties, s'étendent, l'une, du commencement de l'ouvrage au ch. LXV, *De visionibus*; l'autre, du ch. LXVI, *De querelis*, au ch. CXXV et dernier, *De prescriptione*. C'est par exception qu'on trouve employés, au lieu du mot *Partes*, les termes *Liber* dans un titre courant du ms. lat. 4650 de la Bibl. nat.[2], et *Tractatus* dans un passage additionnel du ch. *De vadiis et emptionibus*[3] (XXI). Les parties ne se distinguent que par leur désignation numérique[4]; elle est accompagnée d'une rubrique dans un ou deux manuscrits[5]. A côté de cette division en deux parties on rencontre dans les mss. lat. 4650 et 18368 de la Bibl. nat. un essai de division tripartite[6], qui ne semble pas avoir joui d'une grande faveur.

[1] On trouve les variantes : *Invocatio auctoris*, dans le ms. lat. 4650 de la Bibl. nat. et *De utilitate hujus libri et quare et ob quam ca isam componitur*, dans le ms. de Sainte-Geneviève.

[2] Au haut du f. 4 r° se lisent les mots : LIBER PRIMUS écrits en majuscules gothiques bleues et rouges; à partir de ce feuillet jusqu'au f. 73 v°, chaque feuillet porte, au recto, la lettre L, et au verso, les chiffres I ou II.

[3] « De quibus in sequentibus plenius declarabitur in tractatu (R² tractatibus) querelarum. » XXI, 2 *bis*.

[4] « *Expliciunt capitula prime partis consuetudinum. Incipiunt capitula ij partis.* » Ms. lat. 4650 de la Bibl. nat. — « *Expliciunt capitula prime partis. Incipiunt secunde.* » Ms. lat. 14689 de la Bibl. nat.

[5] Les mss. Y. 23 et Y. 204 de Rouen contiennent les mentions additionnelles suivantes : « *Incipit secunda pars. De determinatione querelarum. — Incipiunt capitula secunde partis usque ad finem in qua tractantur usus et instituta sive leges per que querele terminantur.* »

[6] Cette troisième partie, qui ne porte ce nom que dans le ms. lat. 18368, n'a pas la même étendue dans les deux mss. :

« De recordatione duelli (CVI).	« Querela de pacto et contractu (XC).
De recordatione visionis (CVII).	De possessione immobili (XCI).
Expliciunt capitula secunde partis.	De possessione feodali (XCII.
Incipiunt capitula tercie partis.	*Incipiunt brevia.*
De recordatione pasnagii (CVIII).	Et primo brevium nove desaisine (XCIII).

La première partie comprend cinq distinctions subdivisées en chapitres[1], tandis que la seconde est seulement partagée en chapitres[2]. La division en distinctions se retrouve dans tous les mss., sauf les mss. lat. 4651[3], 11033, 15068, 18557 de la Bibl. nat., et de Sainte-Geneviève. Les distinctions sont simplement désignées par leur numéro d'ordre; quelquefois elles portent un intitulé[4]. Le contenu des trois dernières distinctions est partout identique[5]; les deux autres distinctions varient au contraire d'étendue. Dans le plus grand nombre des manuscrits, le chapitre *De consuetudine* (x) clôt la première distinction et le chapitre *De exercitu* (xxii*bis*) la deuxième. La coupure est reportée plus haut, entre les ch. *De officio*

De petente recordum (cix).
De patronatu et presentatione (cx).»
Bibl. nat., ms. lat. 18368, f. 2 v°, c. 1.

De illis qui in Jerusalem vel aliam peregrinationem se[u] negociationem pergunt (xciv). »
Bibl. nat., ms. lat. 4650, f. 3 r°, c. 1.

Dans le ms. lat. 4650, le ch. *De brevi nove dissaisine* a pour rubrique : *Incipiunt brevia et primo nove desaisine*, et la lettre initiale est plus ornée que celles des autres chapitres; elle présente les mêmes dessins que la lettrine du commencement du coutumier. f. 48 r°, c. 2.

[1] « Capitula autem prime distinctionis prime partis hec sunt (*ou* sunt hec). » Mss. lat. 4650, 14689 de la Bibl. nat., Ottoboni et Y. 23 de Rouen. « Capitula autem prime distinctionis hec sunt. *Incipiunt capitula prime distinctionis.* » Ms. lat. 18368 de la Bibl. nat., f. 1 r°.

[2] « *Incipiunt capitula secunde partis.* » Mss. lat. 4650, 18368 de la Bibl. nat., Ottoboni et Y. 204 de Rouen.

[3] Dans ce ms. les termes : *secunda distinctio, tercia distinctio...*, qui ne figurent pas dans la table, ont été ajoutés après coup dans le texte.

[4] Le ms. Y. 204 de Rouen donne aux distinctions une rubrique empruntée à celle du premier chapitre de chacune d'elles :

Capitula prime	distinctionis.	*De jure et ejus pertinentiis.*
—	secunde	— *De principe et eis que ad ipsum [pertinent].*
—	tercie	— *De teneuris et successionibus pertinentibus ad easdem.*
—	quarte	— *De dilationibus.*
—	quinte	— *De injuria et eis que pertinent ad ipsam reprimendam.*

[5] III Distinctio. xxiii. *De successione.* — xxxv. *De donis filiis factis a patribus.*
IV — xxxvi. *De dilationibus.* — xlix. *De garanto.*
V — l. *De injuria.* — lxv. *De visionibus.*

vicecomitis (ᴠ) et *De justiciatione* (ᴠɪ) dans les mss. lat. 4764, 4790, 12883, 14690 de la Bibl. nat., Dutuil, de Stockholm et de Copenhague. Dans les mss. qui n'ont pas le ch. additionnel *De exercitu,* c'est le ch. *De forisfacturis* ou *De assisia* (xxɪɪ) qui finit la deuxième distinction. Le groupement des chapitres en distinctions a été étendu à la seconde partie du coutumier latin dans les éditions gothiques[1].

Le chapitre est la division principale du coutumier[2]; on rencontre exceptionnellement les termes *titulus*[3] et *rubrica*[4]. Le commencement des chapitres est indiqué d'ordinaire par une lettrine plus ou moins ornée et les

---

[1] « *Capitula prime distinctionis secunde partis.*
De querelis. capitulum lxvij. — De pactis. cap. ʟxxxxɪ. (xcj.)
Capitula secunde distinctionis.
De possessione immobili. cap. ʟxxxxɪɪ. (xcij.) — De dessaisina mulieris. cap. ʟxxxxviɪɪ. (xcviij.)
Capitula tercie distinctionis.
De brevi antecessoris (1534. antecessoribus (*sic*). cap. ʟxxxxɪx. (xcix.) — De feodo et elemosina. cap. cxvij.
Capitula quarte distinctionis.
De revocatione per bursam. cap. cxviij. — De prescriptione. cap. cxxɪɪ. Éd. *princeps*, f. ii. x, v°. — Éd. de 1534, ll, f. xxiij, r° et v°.
Cette division n'est pas reproduite dans le corps du texte. Peut-être a-t-elle été suggérée aux premiers éditeurs par ces mots du premier prologue : *singularum partium distinctiones... intendimus annotare.*
[2] Le terme *capitulum* figure dans toutes les tables ainsi que dans la plupart des renvois :
« Quod in sequenti capitulo [*De homagio*] plenius elucebit. xxvɪ, 3. — Quod requiri poterit in capitulo *De plegiis* post capitula *De querulo.* ʟxxxɪx, 2. — Quod superius in capitulo *De successione* plenius est distinctum. xcvɪɪɪ, 6. — Quod superius in capitulo *De portionibus* fuit plenius declaratum. c, 15. — Sicut superius est expressum in capitulo nove ssaisine. cɪ, 13. — Quod superius in capitulo *De judicio* plenius est expressum. cɪx, 2. — Sicut expressum est in capitulo *De languore.* cxɪɪɪ, 4. — Sicut in capitulo hujus brevis superius est expressum. cxv, 10. — Cujus modus visionis in capitulo *De visionibus* superius est ostensus. cxxɪv, 4. »
[3] « Et hec et alia plenius declarantur inferius in titulo *De primogenito.* » xxvɪɪɪ, 2. Mss. de l'Arsenal, f. xxix r°, lat. 4764 de la Bibl. nat., f. 38 v°, et Y. 204 de Rouen.
[4] On trouve l'expression *rubrica* dans cet *incipit* des mss. de la Famille VIII : « *secuntur* (ou *sequuntur*) *capitula sive rubrice libri sequentis.* » Mss. lat. 4790, 12883, 14690 de la Bibl. nat., Dutuit et de Stockholm.

rubriques sont le plus souvent à l'encre rouge. Ce genre de division présente encore moins d'uniformité que les précédentes : le nombre des chapitres[1], leur étendue, leur rubrique[2], tout varie avec les manuscrits. Les écarts que l'on constate dans le chiffre des chapitres s'expliquent d'abord par les nombreux remaniements qu'a subis la *Summa de legibus*; en outre, dans les Familles VII et VIII, les chapitres ont été subdivisés en sections, qui portent des rubriques spéciales[3] et ont été comptées au nombre des chapitres ainsi que le second prologue. Enfin la répartition[4] des matières entre les différents chapitres n'est pas toujours bien faite.

Le fractionnement des chapitres en sections est restreint à un petit nombre de manuscrits ; la subdivision normale du chapitre est le paragraphe[5]. Le signe dis-

---

[1] Le nombre des chapitres est très variable :

Ms. lat. 18557 Bibl. nat.	108	Ms. Dutuit.		171
Ms. Y. 23 de Rouen.	121	Ms. de Stockholm.		173
Ms. lat. 14689 Bibl. nat.		Ms. lat. 12883 Bibl.nat.		
Ms. — 18368 — —	125	Ms. — 15068 — —		
Ms. Ottoboni.		Ms. de l'Arsenal.		178
Ms. lat. 4650 Bibl. nat.	128	Ms. Y. 204 de Rouen.		
Ms. de Copenhague.	133	Ms. lat. 4764 Bibl. nat.		179
Ms. lat. 14690 Bibl. nat.	168	Ms. — 11033 — —		181
Ms. — 4790 — —	169	Ms. — 4651 — —		185

[2] Il y a seulement trente-huit rubriques qui reparaissent dans toutes les rédactions de la *Summa de legibus*; bien qu'elles soient disséminées dans toute l'étendue du traité, on les rencontre cependant en plus grand nombre dans la seconde partie.

[3] Pour les rubriques des différentes sections on peut consulter la table du ms. lat. 4651 de la Bibl. nat., qui est le type de cette catégorie de mss.

[4] Ainsi le ch. *De harou* (LIII) contient après des développements sur la clameur de haro (§§ 1-4) des généralités sur le plait de l'épée (§ 5), la distinction des querelles en simples et criminelles (§ 6), les plaits vicomtaux (§ 8); or là matière des plaits vicomtaux devrait faire l'objet d'un chapitre spécial, auquel les §§ 5-7 du ch. LIII serviraient de transition.

De même les ch. *De assaltu et fracta pace* (LXXIV) et *De sequela treuge fracte* (LXXV) ont des rubriques qui ne répondent que très imparfaitement à leur contenu, puisqu'ils renferment de nombreux détails sur le duel judiciaire et l'emprisonnement des combattants.

[5] Cette expression ne figure ni dans le texte latin, ni dans le texte français du coutumier. On la rencontre seulement dans des annotations

tinctif des paragraphes **D** correspond en général à un changement d'idées; parfois il marque simplement les divers termes d'une énumération. Les paragraphes comprennent un plus. ou moins grand nombre d'alinéas (*versiculi*)[1].

§ 2. *Le plan du coutumier de Normandie.*

Le plan de la *Summa de legibus* est conçu à un point de vue surtout pratique. La procédure ayant un rôle prépondérant dans les habitudes de l'époque, c'est elle qui tient la première place et les autres branches du droit ne viennent qu'au second rang. Quelques chapitres sont consacrés au droit criminel et à ce qu'on pourrait appeler le droit public et administratif de la Normandie. Quant au droit privé, il est encadré dans les règles de la procédure[2] et les principes en sont plutôt rappelés qu'exposés *ex professo*.

marginales du xive siècle : « *De tali defectu loquitur hic inferius in eodem capitulo in* § Sciendum quod si ordinarius defuerit. » Ms. lat. 12883 de la Bibl. nat., f. 66 ro, c. 2. « *Deficit ad* § Nullum. » Ms. lat. 4650 de la Bibl. nat., f. 14 ro. Ms. lat. 4790 de la Bibl. nat.
Elle est constamment employée dans la glose.

[1] Le terme *versiculus* n'apparaît également que dans des notes marginales : « *Concordat versiculus* Et hujusmodi *in* § Ex transgressione s[upra] c[ita]to ti[tulo]. — *Concordat versiculus* Solus in § Commissoria s[upra] *De jurisdictione.* » Ms. lat. 4790 de la Bibl. nat., f. 27 (v) ro, c 2.
Les *versiculi* se subdivisent, suivant les habitudes du temps, en *clausule*, comme l'indique cette remarque d'un correcteur servilement reproduite par le copiste :
« Si causa **mutuarius** (*sic*) fuerit terminata. *Nota quod hec ultima clausula debet precedere illam clausulam primam que sic incipit : Et si pro bastardo, etc. Bastardus autem nemini debet...* » Ms. lat. 4790 de la Bibl. nat., f. 45 (xxiij) vo.
[2] Les théories de la dot (*maritagium*), du douaire, du gage, par exemple, sont traitées dans les chapitres *De brevi maritagii impediti* (c), *De dote negata* (ci), *De brevi de feodo et vadio* (cxi), consacrés aux brefs correspondants.

L'auteur du coutumier a pris soin d'indiquer dans le premier prologue la marche qu'il se proposait de suivre[1]; mais cet aperçu ne donne qu'une idée incomplète du plan qu'il avait adopté. Pour retrouver la pensée qui l'a guidé, il faut moins se préoccuper des divisions apparentes de l'ouvrage que de la distribution générale des matières; il est alors possible d'y reconnaître trois parties d'étendue très inégale.

Une première partie, qui correspond à peu près à la première distinction, traite de l'organisation judiciaire et de la compétence[2]; elle est précédée de généralités sur le droit et la justice.

Une deuxième partie, consacrée aux droits que l'on peut avoir sur les choses[3], comprend le ch. *De consuetudine* (x) et les deuxième et troisième distinctions en entier. L'auteur distingue des *jura communia* et des *jura specialia*[4] et c'est en prenant cette division pour point de départ qu'il étudie les divers modes d'acquisition des droits, d'abord ceux qui se réalisent au profit d'une seule personne, comme le duc de Normandie, l'évêque du diocèse, puis ceux qui sont communs à tous les

---

[1] « Presens itaque opus in duas partes dividitur, in quarum prima jura tractantur et alia in jure necessaria ad deductionem preambula querelarum; in secunda vero parte tractantur usus et instituta sive leges per que querele terminantur. » Prol. I.

[2] L'exposé de l'organisation judiciaire et administrative de la Normandie commence au ch. IV (*De justiciario*) et comprend les ch. V, VI et IX.

[3] « Consuetudines vero sunt mores... cujus sit vel ad quem pertineat limitantes. » x, 1.

[4] « Jure suo communi prelatus non debet spoliari; specialia enim jura, nisi clare fuerint manifesta, non possunt communibus derogare. » XIX, 6. — « Specialiter... ad ducem pertinet curia de eis querelis et rebus in quibus jus ejus speciale consistit, ut de veriscis. » XVI, 1. — « Ex eo tamen dux Normannie debet quedam habere que ad ipsum specialiter pertinent. » XVI, 4. — « Nisi usus specialis prescriptionis debite jura obtinens hujusmodi rerum dignitatem ad ducem vel alium proprie fecerit pertinere. » XVIII, 3.

habitants de la province[1]. De là un premier groupe de chapitres relatifs aux droits régaliens, allégéance, monnéage, tavernage, varech, trésor, épaves, forfaitures[2], réservés au souverain ou concédés aux seigneurs hauts justiciers. Après l'occupation, ou, pour parler le langage de la *Summa de legibus*, « la dignité du duché »[3], viennent les autres modes d'acquisition, la succession ab intestat, dont la théorie est présentée dans tous ses détails[4], et la donation entre vifs, qui, dans les habitudes des juristes anglo-normands, embrasse la constitution de fief et les autres démembrements de la propriété, la donation en pure aumône et la donation proprement dite[5]. Le tableau

[1] Cette distinction indiquée en passant par l'auteur dans le ch. *De usuris* a été développée par un de ses continuateurs dans un paragraphe ajouté à la fin du ch. *De consuetudine* :
« Consuetudinum autem quedam sunt speciales, quedam communes. Speciales autem sunt que jura unius persone vel tanquam unius persone propria introducunt, ut principis, ville et civitatis. Communes autem consuetudines dicuntur que jura communia introducunt; inter quas primo agendum est de specialibus consuetudinibus, et primo de illis que videntur ad principem pertinere. » x, 3 *bis*.
Il a en même temps remanié le commencement du ch. *De successione* (xxiii, 1).
« Dicto itaque de consuetudinibus ad ducem in toto vel in parte pertinentibus, de communibus agendum est et primo de successione (de communibus agendum est videlicet de teneuris sive modis tenendi possessiones feodales et primo de successione. Mss. lat. 4652 de la Bibl. nat. et de Cheltenham). »

[2] C. xii. *De ligancia*. xiii. *De fidelitate*. xiv. *De monetagio*. xv. *De mensuris et ponderibus*. xvi. *De veriscis*. xvii. *De thesauro invento*. xviii. *De rebus vaivis*.
Le droit de forfaiture s'appliquait aux biens des usuriers (xix. *De usuris*), des suicidés et des « désespérés » (xx. *De sese homicidis*), des bannis et des condamnés (xxii. *De forisfacturis*).

[3] « Dux Normannie debet quedam habere, que ad ipsum specialiter pertinent ex antiquissima ducatus dignitate... » xvi, 4. « Ducis eciam adheret dignitati habere thesaurum inventum. » xvii, 1.

[4] La matière des successions est étudiée dans l'ordre suivant :
1° Divers ordres de successibles et mode de dévolution (xxiii. *De successione*). — 2° Partage de l'hérédité (xxiv. *De portionibus*). — 3° Incapacité de succéder (xxv. *De impedimentis successionis*).

[5] Glanville, *Tract. de leg.*, VII, 1 § 2 (Phillips, *Engl. Reichs-und Rechtsgeschichte*. Berlin, 1827, t. II, p. 390). Bracton, *De leg. et cons. Anglie*. Londini, 1569, in-fol., II, c. 5 §§ 1-2, f. 11 r°. Voy. Güterbock, *Henricus de Bracton* Berlin, 1862, p. 80.

des différentes espèces de tenures (tenure par hommage, tenures en parage, en bourgage, en pure aumône) trouve naturellement sa place dans les donations (xxvi-xxx). C'est aussi à la matière des tenures que sont rattachées les questions de la garde ducale et seigneuriale, du relief, des aides chevels et du droit d'aînesse, que l'auteur a reportées après la tenure en pure aumône pour ne pas interrompre la suite des idées (xxxi-xxxiv). Le dernier chapitre de cette partie, intitulé *De donis filiis factis a patribus* (xxxv), s'occupe des donations faites par un ascendant à ses descendants, de la quotité disponible et de l'incapacité des bâtards.

Les deux dernières distinctions servent de transition à la matière des actions (*querele*), qui forme une troisième partie. Ainsi la quatrième distinction renferme l'énumération des essoines et des exceptions dilatoires, viduité, minorité, service du prince, privilège de croix prise, citations multiples, prison, garantie (xxxvi-xlix). Quant à la cinquième distinction, son contenu est très mêlé : il y est traité de la division des actions, de la compétence des cours de justice ducales et seigneuriales, de la clameur de haro, de l'organisation des tribunaux (plaits vicomtaux, assises, Échiquier), et ensuite des différentes personnes qui peuvent figurer dans une instance, demandeur (*querulus*), défendeur (*querelatus*), plèges ou cautions, témoins, conteurs ou avocats (*prolocutores*), attornés ou mandataires *ad litem*, et aussi des semonces et des vues. Il semble qu'on ait cherché à réunir dans ces deux distinctions diverses questions accessoires[1] néces-

---

[1] Ces questions accessoires se rapportent à trois ordres d'idées :
1º Organisation judiciaire : C. li. *De vi.* — lii. *De curia.* — liii. *De harou.* — liv. *De assisia.* — lv. *De scacario.* — lvi. *De querimonia.*

saires à connaître avant d'aborder les actions, mais qui auraient embarrassé par la suite[1] la marche de l'exposition.

La théorie des actions ne commence qu'au chapitre *De querelis* (LXVI). L'auteur de la rédaction primitive de la *Summa de legibus* a suivi dans son exposé un système original, qui consiste à prendre pour base de classification des actions le fait juridique qui leur sert de fondement. Toute action, selon lui, dérive d'un tort (*injuria*) fait soit à une personne, soit à une chose[2]; d'où deux grandes classes d'actions : les « querelles personnelles » (*querele personales*) et les « querelles fieffales » (*querele possessionales, impersonales[3], reales[4]*). Les querelles personnelles se subdivisent en *querele ex facto[5]* ou

2° Ajournements et incidents de procédure : LX. *De submonitione.* — XXXVI. *De dilationibus* à XLIX. *De garanto.* — LXV. *De visionibus.*
3° Personnes intervenant dans l'instance : LVII. *De querulo.* — LVIII. *De querelato.* — LIX. *De plegiis.* — LXI. *De testibus.* — LXII. *De placitatoribus.* — LXIII. *De prolocutore.* — LXIV. *De attornato.*

[1] Telle est la pensée qui se dégage des deux passages suivants :

« Notandum ergo est quod ad querelarum terminationem exigitur quod justiciarius sit presens... et quod judiciarii intersint... et quod placitatores querelam, deducant coram ipsis. ...Certa dies debet placitatoribus assignari per submonitionem prius factam... plegiis habitis de ea prosequenda. » LII, 4.

« Quoniam ad terminationem querelarum... exigitur quod querulus et querelatus querelam deducant in curia, facta prius querimonia et datis plegiis de ea prosequenda, de eis et primo de querimonia videndum es . » LVI, 1.

Cette préoccupation s'accuse déjà dans ces mots du premier prologue où l'auteur parle de *preambula necessaria ad deductionem querelarum.*

[2] « Injuria est actio leso jure indebite alicui irrogata, ex qua contentiones singule oriuntur, tanquam ex eodem fonte rivuli defluentes.

Omnis enim contentio procreatur aut ex injuria alicui in sui personam irrogata, aut in ipsius possessionem. Unde contentionum quedam personalis dicitur, quedam possessionalis. » L, 1 et 2.

Cette définition a été vraisemblablement inspirée par ce passage de Placentin : *de justitia, utpote ex qua omnia jura emanant, tanquam ex fonte rivuli. In Summam Institutionum Libri IIII*, lib. I, tit. I. p. 1.

[3] Le terme *impersonalis* se trouve dans les variantes des mss. des Familles VI, VII et IX. (L, 2 et 4. p. 134, n. 6; p. 135, n. 1).

[4] « Quarum quedam sunt personales, quedam vero reales. » LXVI, 3.

[5] « Personalis autem dupliciter fit, aut per factum, aut per dictum. Per factum, quando ex percussione alicui illata contentio generatur. Per dictum, quando ex convicio illato alicui contentio promovetur » L, 3.

querele actuales et en *querele ex dicto*[1], les querelles
fieffales en querelles mobilières et immobilières[2]. A
côté de cette première classification, il y en a une autre
qui se combine avec elle, c'est la division en « querelles
simples » (*querele simplices*) et « querelles apparentes »
(*querele apparentes*)[3]. On ne se préoccupe alors que du
genre de preuve (*lex*) employé pour mettre fin au litige :
dans les querelles apparentes, les seuls moyens de
preuve admis sont le duel judiciaire et l'enquête du pays
ou « reconnoissant »[4].

Le classement des querelles en quatre groupes sert de
cadre à la Seconde partie de l'ouvrage, où l'on trouve
quatre divisions[5]. La première comprend les *querele ex
facto*, subdivisées en querelles apparentes et en querelles
simples ; les premières sont aussi appelées « querelles criminelles » (*querele criminales*), parce qu'elles emportent
une peine capitale, la perte de la vie ou des membres[6].

---

[1] « Viso itaque de querelis in personam actualibus, consequenter videndum est de personalibus querelis que ex dicto oriuntur. » LXXXVI, 1.

[2] « Contentio autem possessionalis duplex est : fit enim aut ex possessione mobili aut immobili. » L, 4.

[3] « Harum autem quedam est simplex, quedam criminalis. Simplex
est que per simplicem legem habet terminari. Criminalis autem est que
per legem apparentem deducitur ab adversis partibus. » LXVI, 5.
Voy. Brunner, *Entstehung der Schwurgerichte*, p. 168.

[4] « Apparentes autem quando per legem apparentem, vel per duellum, vel per inquisitionem patrie, que recognitio dicitur, earum proces-
sus terminatur. » LXXXVII, 3.

[5] 1° [LXVI-LXXXV.] « De his que per factum sunt primo agendum est. » LXVI, 4.
2° [LXXXVI.] « Viso itaque de querelis in personam actualibus, consequenter videndum est de personalibus querelis que ex dicto oriuntur. »
LXXXVI, 1.
3° [LXXXVII-XC]. « Sciendum itaque est quod querelarum possessionalium quedam est de mobili... » LXXXVII, 1.
4° [XCI-CXV]. « Dicto de possessione mobili... consequenter de immobili
agendum est. » XCI, 1.

[6] « Et ideo criminalis dicitur quia ex tali crimine habet ortum
quod mortis vel membrorum sequitur damnamentum. » LXVI, 5.
La *querela ex facto* envisagée au point de vue des poursuites auxquelles elle donne lieu prend le nom de *sequela*.
« Hujusmodi autem querele criminalis diverse sunt species secundum
quod ex eis diverse sequele deducuntur. » LXVI, 6.

Le rédacteur du coutumier examine successivement les différentes infractions qui donnent lieu à des poursuites criminelles (LXVI-LXXV)[1] et en même temps il fait connaître au fur et à mesure les principaux traits de la procédure criminelle. Il s'occupe ensuite des personnes punissables, du recel et de la complicité, du droit d'asile (LXXVI-LXXXIII); puis il passe à la seconde catégorie des *querele ex facto,* aux querelles simples, et traite de la « deresne » ou serment purgatoire (LXXXIV-LXXXV). Il consacre enfin un chapitre (LXXXVI) à la deuxième classe d'actions, aux *querele ex dicto* (diffamation).

La série des matières de droit criminel ainsi épuisée, il arrive aux querelles fieffales ou actions civiles, qui forment deux groupes, les querelles mobilières et les querelles immobilières[2]. Les querelles mobilières se subdivisent aussi en querelles simples ou apparentes, selon que l'intérêt en litige est inférieur ou supérieur à une valeur de dix livres[3]. Dans les querelles mobilières rentrent toutes les actions personnelles *ex contractu,* certaines actions *ex delicto,* comme l'action de vol, l'action en dommages et intérêts et la revendication des

---

[1] Le dernier paragraphe du ch. *De querelis* (LXVI, 6) contient l'énumération de ces actions pénales (*sequele*) dans un ordre un peu différent de celui qu'a suivi l'auteur. Un chapitre est consacré à la plupart d'entre elles, sauf la *sequela de defloratione virginis* passée ensuite sous silence et les *sequele de assaltu carruce* et *de assaltu in domo vel in possessione assaltati,* réunies dans le ch. *De assaltu et fracta pace* (LXXIV).

[2] « Querelarum possessionalium quedam est de mobili, quedam de immobili, quedam simplex, quedam apparens. » LXXXVII, 1.

[3] « Unde sciendum est quod omnis querela de mobili possessione, cum res in causa deducta x. solidorum usualis monete precium non excedat, per legem simplicem habet terminari. Si vero excedat precium supradictum, per legem apparentem deducitur. » LXXXVII, 5.

objets perdus ou volés[1]. Les querelles immobilières comprennent toutes les actions réelles immobilières : on y retrouve des querelles simples et des querelles apparentes[2]; mais ces dernières comportent une procédure spéciale, celle des brefs, dont la théorie se confond avec l'exposé des actions réelles. Les brefs se divisent en possessoires et pétitoires. La première catégorie renferme les brefs de nouvelle dessaisine, de mort d'ancesseur, de mariage encombré, de douaire, de présentation d'église; dans la seconde figure le bref de patronage, qui sert de transition entre les brefs possessoires et les brefs pétitoires[3], les brefs de fief et de gage, de fief et de ferme, d'establie, de surdemande et de fief et d'aumône.

La rédaction originaire de la *Summa de legibus* devait, dans la pensée de son auteur, prendre fin avec la théorie des brefs; mais l'œuvre du jurisconsulte normand était vraisemblablement restée inachevée. Ses continuateurs essayèrent d'abord de la compléter en y ajoutant trois chapitres consacrés aux brefs d'establie, de surdemande, de

---

[1] L'énumération des querelles mobilières est donnée dans le ch. *De querela possessionali* (LXXXVII, 5); mais sur neuf actions mentionnées dans ce passage, quatre sont exposées dans les chapitres suivants, les *querele de debito, de prestito* ou *de mutuo* (LXXXVIII. *De debito.* LXXXIX. *De debitoribus*), *de pacto* et *de promisso* (XC. *De pacto*). Il n'est plus question dans la rédaction primitive des *querele de adirato, de damno illato, de ablato, de furto*.
La *querela de adirato* reparaît seulement dans un passage additionnel du ch. *De rebus vaivis* (XVIII, 3 *bis*).
Quant à la *querela de nantatione,* peut-être se confondait-elle avec la théorie du bref de fief et de gage?

[2] « Querelarum de possessione immobili, que feodales dicuntur, quedam per inquisitionem, quedam per legem disraisnie terminantur. » XCII, 1.

[3] « Si autem in non scire redactum fuerit quis personam ultimo mortuam presentaverit, per legem patrie poterit querulus, si voluerit, ulterius in querelam de proprietate placitare tanquam de alio feodo laicali. » CX, 6. Brunner, *op. cit.,* p. 339 et 373.

fief et d'aumône, qui n'avaient pas encore été traités. Ils songèrent ensuite à combler les lacunes plus apparentes que réelles qu'ils croyaient trouver dans l'ouvrage. C'est ainsi qu'ils remarquèrent que les *querele de genere negato* et *de hereditate difforciata* mentionnées dans l'énumération du ch. *De possessione immobili* (xci) avaient été omises[1], que la théorie du marché de bourse ou retrait lignager avait été également laissée de côté[2]. Les chapitres *De feodis revocandis per bursam* (cxvi), *De inquisitionibus portionum* (cxvii)[3] et *De lege apparenti* (cxxiv) semblent répondre à cette préoccupation en même temps qu'ils témoignent du soin que l'on prenait de tenir le coutumier au courant des progrès de la jurisprudence[4]. Mais les compilateurs sont allés un peu loin dans cette voie : l'addition de quatre nouveaux chapitres relatifs à la procédure *per inquisitionem* s'explique à la rigueur par l'importance croissante du système des enquêtes[5]; mais il n'en est pas de même de l'insertion des derniers chapitres additionnels, du ch. *De lege que fit per recordamentum* au ch. *De disraisnia* (cxxi-cxxiii);

---

[1] « Sunt enim... quedam de genere negato... quedam autem de hereditate... excepta illa que est de hereditate difforciata, que per legem duelli est terminanda. » xci, 3.

[2] Le retrait lignager est mentionné plusieurs fois incidemment, par exemple dans les ch. *De teneura per burgagium* (xxix, 2). *De brevi maritagii impediti* (c, 7, 8).

[3] Le § 1 de ce chapitre traite de la *querela de genere negato*.

[4] La matière du retrait lignager a fait l'objet d'une série d'arrêts de l'Échiquier, notamment de 1278, dont la doctrine a passé dans les chapitres additionnels du coutumier.

[5] Un chapitre avait été cependant consacré à l'*inquisitio* (xcii); mais la procédure inquisitoriale s'était étendue au marché de bourse (cxvi), à la *querela de genere negato* (cxvii, 1), à l'action en partage (cxvii, 3-4), à la demande en restitution du douaire (cxviii) ou du droit de viduité (cxix, 1-2), au droit d'aînesse (cxvii, 2; cxx, 1) et généralement à toutes les questions : « Solent eciam inquisitiones fieri de omnibus impedimentis in curia propositis... » cxx, 2.

ils renferment des essais de généralisation parfois peu heureux[1] et font de plus double emploi avec les parties primitives du traité.

La principale critique que l'on doive adresser au rédacteur du coutumier de Normandie est d'avoir adopté un plan trop savant et d'avoir tout sacrifié à ce plan.

D'une part, la condition civile des personnes et la théorie des contrats ne sont traitées qu'incidemment. On ne trouve presque rien sur la situation juridique des aliénés[2] et des vilains[3]; les Juifs sont passés sous silence[4], et pour se rendre compte de la capacité civile des mineurs[5] et des femmes mariées, il faut se reporter à plusieurs passages assez éloignés les uns des autres. L'auteur s'est surtout préoccupé des personnes pouvant figurer à un titre quelconque dans une instance (fonctionnaires royaux, hauts justiciers, officiers de justice, avocats, attornés) ou jouissant d'exemptions, comme les clercs[6]; mais tout en donnant à la procédure la première place, il pouvait se dispenser de morceler dans deux

---

[1] Tel est le cas du ch. *De lege que fit per recordamentum* (cxxi) et surtout du ch. *De lege probabili vel monstrali* (cxxii); la *lex probabilis* est une création d'un compilateur. Brunner, *op. cit.*, p. 186.

[2] Le ch. *De amentibus* (lxxviii) ne s'occupe que de la responsabilité pénale des aliénés et des mesures préventives à prendre pour les fous furieux. Le passage additionnel du ch. *De sese homicidis* (xx, 2bis) n'a trait encore qu'à une question de culpabilité.

[3] Il est fait mention à deux reprises, dans les ch. *De teneuris* (xxvi, 7) et *De curia* (lii, 12), de ceux qui tiennent *per vilia servicia*; mais leur condition n'est envisagée qu'au point de vue féodal.

[4] Cependant la situation des Juifs avait été réglementée par des ordonnances royales, notamment par celle de 1230, qui avait été appliquée certainement en Normandie.

[5] Pour avoir une idée complète de la capacité des mineurs notamment, il faut combiner les renseignements fournis par le ch. *De custodia* (xxxi) avec ceux des ch. *De non etate* (xlii), *De viduis et pupillis* (lxxvii), *De propinquitate antecessoris* (xcix, 3) et *De pacto* (xc, 5).

[6] « Hujusmodi enim persone ab omni laicali curia sunt exempte, nisi in quantum exigit feodum laicale. » lxxxii.

11

distinctions différentes les renseignements qu'il donne
sur la compétence et l'organisation judiciaire[1]. La
matière des contrats présente aussi des lacunes regret-
tables. Cette théorie, qui est fondue dans celle des actions,
est incomplète[2] : les contrats de dépôt[3], de vente[4] et de
nantissement[5] ne sont pas étudiés en détail; il n'est
question ni du mandat[6], ni de la société, dont les cas d'application devaient être nombreux avec l'activité commer-
ciale qui régnait alors en Normandie[7].

D'autre part, si le système des actions se déroule dans
un ordre rationnel, la marche générale de la procédure ne

[1] Les ch. De justiciario (IV), De officio vicecomitis (V), De justici-
tione (VI), De judicio (IX) sont dans la première distinction tandis que
les ch. De curia (LII), De harou (LIII), De assisia (LIV), De scacario (LVI),
etc. sont reportés dans la cinquième.

[2] Deux ou trois lignes du ch. De pacto (XC, 3) sont consacrées à la
nécessité d'une cause dans les obligations et à la cause illicite.

[3] Le ch. De brevi de feodo et firma (CXII, 4) cite une inquisitio de
custodia, mais en matière immobilière seulement. Il est fait allusion
dans le ch. De pacto (XC, 1, 2) à une querela de rei obtentu, ex rei recep-
tione, qui peut correspondre aussi bien à une action née d'un dépôt
que d'un contrat innommé. Peut-être l'auteur a-t-il compris le dépôt
sous l'expression générale de commodatum, comme on le faisait souvent
dans la pratique. Summa Hostiensis, De deposito. n° 1. Basileæ, 1573,
c. 738.

[4] L'auteur de la rédaction primitive s'occupe à plusieurs reprises de
la capacité d'aliéner, dans les ch. De impedimentis successionis (XXV, 7),
De teneuris (XXVI, 7) et De custodia (XXXI, 16) et surtout dans le ch.
De donis filiis factis a patribus (XXXV, 1, 2); mais il ne mentionne la
vente qu'incidemment à propos du refus d'exécution de ce contrat dans
le ch. De vadiis et emptionibus (XXI), du relief dans le ch. De releviis
(XXXII, 2), des biens de la femme mariée dans le ch. De brevi maritagi
impediti (o, 2, 7, 8); il a peut-être eu encore en vue la vente quand il
parle dans le ch. De debito des querele ex alienatione (ou alienamento,
sive privatione (LXXXVIII, 1).

[5] La querela de nantatione ou nantissement mobilier est citée seulement dans le ch. De querela possessionali (LXXXVII, 5); dans le ch. De
brevi de feodo et vadio (CXI), il n'est question que du gage immobilier.

[6] Ce contrat peut être implicitement compris dans cette formule du
ch. De pacto : Debes mihi x. solidos quos pro me... recepisti (XC, 1.
En dehors de ce passage, l'auteur ne s'occupe que du mandat ad litem,
dont il ne prononce pas d'ailleurs le nom, dans le ch. De prolocutore
(LXIII) et surtout dans le ch. De attornato (LXIV).

[7] De Fréville, Mémoire sur le commerce maritime de Rouen. Paris,
1857, t. I, p. 212 et s.

se dessine pas avec la même netteté que dans les *ordines judiciarii,* où on peut suivre pas à pas les diverses phases du procès. En outre le coutumier fait une trop large place aux conditions d'exercice de chaque action et il en résulte de nombreuses redites : les questions des essoines, de la garantie, les conditions de capacité et de nombre des jurés reviennent presque à propos de chaque bref.

Un autre reproche que l'on peut faire à l'auteur de la rédaction primitive est de s'être laissé entraîner à des digressions par de simples rapprochements d'idées : c'est ainsi qu'après avoir indiqué les règles du bref de douaire dans le chapitre *De dote negata* (CI), il ajoute que la femme peut aussi se servir du record pour réclamer son douaire, et il énumère alors toute la série des records (CII-CIX)[1]. De même le chapitre *De temporibus legum faciendarum* (LXXX) n'est rapproché des chapitres *De damnatis* (LXXXI) et *De clericis et personis ecclesiasticis* (LXXXII), consacrés au droit d'asile et au privilège des clercs, que parce qu'il s'occupe de la trève de Dieu et des restrictions apportées par l'Église au duel judiciaire. Enfin les chapitres *De liberatione namnorum* (VII) et *De banno et defensione* (VIII) n'ont d'autre analogie que de traiter tous deux des animaux domestiques[2].

---

[1] « Duobus autem modis potest mulier dotem suam... requirere, aut per breve de dote aut per recordationem. Per breve autem requirit mulier dotem suam... Per recordationem... potest dos reclamari. » CI, 11, 12, et CII, 1.

[2] Voici vraisemblablement le rapprochement d'idées qui a amené l'insertion du ch. *De banno et defensione* (VIII) : le ch. *De liberatione namnorum* (VII, 11) se termine par un passage, qui mentionne le droit de saisir les animaux domestiques pris en flagrant délit dans les prés ou dans les moissons ; il était naturel de parler ensuite des dégâts causés par ces animaux dans les bois.

§ 3. *La méthode dans la* Summa de legibus.

La supériorité du coutumier de Normandie sur les traités de droit contemporains tient moins à son plan qu'à la rigueur de sa méthode, dont le caractère essentiellement didactique donne à l'ouvrage un cachet particulier.

La méthode suivie dans la *Summa de legibus* est celle de la philosophie scolastique, que les principaux romanistes et canonistes des xII^e et xIII^e siècles avaient adaptée aux études juridiques[1]. Elle consiste à placer en tête de chaque matière une courte phrase de transition, puis la définition et la division du sujet, ensuite à étudier en détail chacun des termes de cette division[2]. Les développements se succèdent alors dans un ordre à peu près invariable[3], qui semble être une réminiscence des fameuses Catégories d'Aristote[4]. Toutefois ce procédé est appliqué

---

[1] Prantl, *Geschichte der Logik im Abendlande.* Leipzig, 1855-1870, t. II, p. 69.

[2] Telle est la méthode d'Azo dans le titre *Mandati* au Code :
« Quia inter eos excellentior est contractus mandati (trahit enim originem ex officio et amicitia), de mandato est videndum, quid sit mandatum et unde dicatur, qualiter contrahatur, inter quas personas, et in quibus rebus, et quot modis, et quando nascatur actio mandati directa vel contraria et quando competant,... et quales sint... Ego itaque ita definio : mandatum est officium... Dicitur autem mandatum quasi manu datum... Contrahitur mandatum solo consensu... De personis autem inter quas contrahitur mandatum... Contrahitur mandatum in rebus honestis... Modi autem contrahendi mandatum assignantur quinque... Nascitur actio mandati... Ex mandato oriuntur duæ actiones, directa et contraria. Directa competit... » *Summa Codicis.* Venetiis, 1566, c. 388, 389 et 390.
De même Henri de Suse divise ainsi la matière de la prescription :
« Hic videndum est quid sit præscriptio, quot sint ejus species, quæ exigantur in præscriptione, quæ res præscribi possunt, quibus modis interrumpitur præscriptio, quis sit ejus effectus. » *Summa Hostiensis,* c. 573.

[3] Cet ordre correspond généralement à la série des questions *quid, qualiter, quomodo, quando.*

[4] Elles sont ainsi énumérées par Jean de Salisbury :
« Primo quidem nosse de aliquo *an sit,* deinde *quid, quale, quantum, ad aliquid, ubi, quando sit, quomodo situm, quid habeat, faciat, patiatur.* » *Metalogicus.* Lugduni Bat., 1639, l. III, c. III, p. 848.

avec discrétion, surtout dans la partie primitive du traité[1].
Le rédacteur, au lieu de faire rentrer chaque matière
dans un moule uniforme comme les juristes italiens, s'est
efforcé d'introduire dans son exposition une certaine
variété. S'il reprend parfois dans un ordre rigoureux les
différents membres de ses énumérations[2], il réussit à
échapper à la monotonie, soit en se contentant de simples
rapprochements, soit en procédant par comparaisons :
dans le chapitre *De teneura per burgagium* (xxix), par
exemple, il énonce simplement les différences qui séparent
la tenure en bourgage des autres sortes de tenures décrites
précédemment ; de même dans le chapitre *De primoge-*

---

[1] On retrouve les procédés scolastiques dans les divisions suivantes :

« Inter quas primo de multro agendum est et quomodo et sub qua forma
sequela de multro deduci debeat. » lxvi, 6.
« Videndum est ergo qui et quomodo in hujusmodi querelis habeant que-
relari. » xc, 4.
« Unde primo videndum est quid sit inquisitio et per quos et quomodo
habeat fieri. » xcii, 1.
« Post hec autem de visione videndum est quomodo assignari debeat et
quomodo teneri. ».xcv, 1.
« In novis autem dissaisinis maxime attendenda est qualitas saisine et
quomodo habebatur. » xcv, 11.
[2] Voici quelques chapitres où cette méthode est rigoureusement
appliquée :

« 2. Quedam enim teneura est per homagium, quedam per paragium,
quedam per burgagium, quedam per elemosinationem.
3. Per homagium autem tenentur feoda... 4. Per paragium autem
tenentur feoda... 5. Per burgagium autem tenentur alodia... 6. Per
elemosinationem autem tenentur terre... » xxvi.

« 1. Querelarum possessionalium quedam est de mobili, quedam de
immobili, quedam simplex, quedam apparens.
2. De mobili autem est querela... Mobile enim dicimus... Immobile
autem dicimus...
3. Simplices autem dicuntur querele... apparentes autem... » lxxxvii.

« Sciendum siquidem est quod dissaisinarum quedam sunt de terra, quedam de herbagiis, quedam de redditibus, quedam de faisanciis, quedam de
serviciis...
De terris autem... De herbagiis et pasturis similiter... De redditibus
autem... » xciii, 7.
Les ch. *De homagio* (xxvii, 2-5), *De essonio* (xxxviii), *De injuria*
(l, 2-4), *De plegiis* (lix, 2-11), *De visionibus* (lxv), en fournissent d'autres
cas d'application.

nito (xxxiv), il se borne à indiquer les privilèges accordés
à l'aîné en comparant sa situation à celle des puînés. Il
fait du reste preuve d'un vrai talent d'analyse en ratta-
chant habilement aux idées principales contenues dans
une définition ou dans une formule la plupart des développements qu'il donne sur un sujet : dans le ch. *De brevi
de feodo et vadio* (cxi), par exemple, il déduit de la formule
du bref toutes ses conditions d'application[1]. Quand il
recourt à ce procédé, qui lui est familier[2], il fait en
général précéder la série des conséquences de l'adverbe
unde. Il a aussi cherché à éviter les répétitions en ayant
recours fréquemment à des renvois[3].

---

[1] « 5. Ex tenore brevis prenotati patet quod per juratores inquiritur[1]),
utrum feodum contentionis sit feodum possidentis[2] vel vadium, et[3] utrum
sit invadiatum per manum G., et[4] pro quanto, et[5] utrum petens sit propinquior ad redimendum, et[6] tempus prescriptum.

   [1] 6. Utrum autem contentionis feodum sit tenentis... [2] 7. Utrum autem
feodum per hoc breve requisitum sit vadium... [3] 9. Per cujus autem
manum factum fuerit vadium... [4] 10. Pro quanto autem invadiatum fuerit...
[5] 12. Utrum autem petens sit propinquior heres... [6] 13. Sciendum autem
est quod inquiri debet... utrum post coronamentum regis Ricardi factum
fuerit vadium... »

[2] Le ch. *De defectu* fournit un exemple de ce système de déductions :

   « Defectus autem est dilatio querelarum ex absencia alicujus partis con-
tentiose... submonitione debita precurrente.

   Unde notandum est quod ad hoc quod defectus fiat duo exiguntur, videlicet submonitio ad terminum comparendi et absencia ad eamdem.

   Unde ad defectus calumniam duplex potest fieri responsio... » xxxvii, 1, 2.

[3] « De feodo autem fit homagium modo superius assignato. » xxvii, 3, 5.

   « In hac recognitione procedendum est sicut in nova dissaisina... » xcviii, 2.

   « Hec visio [maritagii impediti] modum sequitur nove dissaisine... » c, 5.

   « Hujusmodi autem inquisitio [de dote]... eodem modo facienda est sicut
superius est expressum in capitulo nove dissaisine... » ci, 13.

   « Recordatio assisie eodem modo debet fieri... » cv.

   « Recordatio autem pasnagii eodem modo facienda est. » cviii.

   « Et hujusmodi inquisitiones [de presentatione ecclesie] ad modum nove
dissaisine tractande sunt... » cx, 3.

   « Et hujusmodi inquisitio [de feodo et vadio] tenebitur... eo modo quo de
aliis inquisitionibus superius est prolatum. » cxi, 3.

   « Et tot garanti in hujusmodi brevis querela vocari possunt quot in aliis
querelis superius diximus evocandos... » cxi, 6.

   « Si vero querelatus non venerit, nihilominus inquisitio tenenda est et
jurabitur, sicut in aliis inquisitionibus superius dictum est. » cxi, 15.

   « In deductione hujus querele [de feodo et firma] procedendum est omnibus
modis in brevi de feodo et vadio prenotatis. » cxii, 2.

Le caractère scientifique de la méthode ne se révèle pas seulement dans la composition savante des chapitres, mais encore dans les définitions et dans les procédés de raisonnement ainsi que dans le soin avec lequel sont ménagées les transitions.

Les définitions sont claires et concises[1] ; on y retrouve parfois le reflet des systèmes philosophiques contemporains, comme l'atteste l'emploi du terme *maneries*[2].

Dans les raisonnements, l'auteur de la rédaction première est toujours sobre : il se contente d'ordinaire d'un ou deux arguments bien choisis et il termine sa démonstration en invoquant soit une maxime romano-canonique[3], soit une règle coutumière[4]. Il a aussi supprimé toutes les discussions de faits, et, quand il cite des exemples, ils sont généralement fort courts et sous une forme abstraite[5].

[1] Les définitions se présentent sous l'une de ces formes : « assisia *est* curia (LIV). — scacarium *dicitur* congregatio (LV, 1). — solemne judicium *dicimus* (LV, 2) ».

[2] « Est ergo teneura maneries qua tenentur de dominis tenementa. » XXVI, 1. Prantl, *Geschichte der Logik*, t. II, p. 124 et 125.

[3] Tels sont les adages suivants :

« Cum sit omnis violenta vel furtiva possessio detestanda... » XCV, 11.

« Quicquid in curia per judicium fuerit terminatum debet inviolabiliter observari quousque per majorum et discretiorum sentenciam judicium illud... revocetur. » XCV, 15.

« Cum enim mulier sub potestate viri sui sit constituta... » C, 2.

[4] Voici quelques-unes de ces règles :

« Cum dux justiciam et jura principatus sui in terris omnium habeat subditorum, ipse solus elemosinas potest liberas facere sive puras. » XXX, 2.

« Nullus enim ultra quartum essonium vel tercium garantum, qui est quarta in defensione persona, potest querelam prorogare. » C, 5.

« Quia jam plures pateretur defectus hujusmodi contentio, que unum solum essonium et unum solum defectum debet sustinere. » CX, 4.

[5] Le ch. *De portionibus* renferme ainsi l'espèce suivante : « Verbi gracia, si Ricardus iiij. fratres habuerit et unam sororem nec heredem habeat ex se procreatum... » XXIV, 22.

Les autres chapitres où on rencontre des exemples sont le ch. *De usuris* : « Verbi gratia, Petrus equi sui precium taxavit Thome... » (XIX, 2), — le ch. *De vadiis et emptionibus* : « ut si Petrus terram suam Thome pro c. solidis tradiderit in vadium... » (XXI, 1).

Il a enfin apporté une attention toute particulière aux transitions. Le plus souvent, à l'exemple des glossateurs, il rappelle en un mot ce qui vient d'être dit et passe ensuite à un autre sujet en employant une de ces formules : *consequenter agendum est* ou *videndum est.* — *unde notandum est, sciendum est* ou *videndum est*[1]. Toutefois il a craint probablement de fatiguer le lecteur et il a eu recours à d'autres procédés[2] : tantôt il place les définitions en tête et entre brusquement en matière, comme dans les première et cinquième distinctions[3]; tantôt il étudie en détail dans une série de chapitres les différents membres d'une énumération antérieure[4]; quelquefois il se contente de faire suivre les chapitres dans l'ordre logique des idées : c'est ainsi qu'il

[1] « Cum namnorum liberatio... ad justiciationem maxime pertineat, de namnorum liberatione consequenter agendum est. » VII, 1.
« Cum itaque contentiones ex injuria procreentur, que... debent in curia terminari, de curia consequenter agendum est. » LII, 1.
« Quoniam ad terminationem querelarum... exigitur quod querulus et querelatus querelam deducant in curia, facta prius querimonia... de eis et primo de querimonia videndum est. » LVI, 1.
« Viso itaque de querelis in personam actualibus consequenter videndum est de personalibus querelis que ex dicto oriuntur. » LXXXVI, 1.
[2] Quelques transitions se trouvent à la fin des chapitres :
« Insuper autem notandum est quod quedam curia in placitis, quedam in assisiis, quedam in scacario celebratur. » LIII, 7.
« Inter quas primo de multro agendum est... » LXVI, 6.
« Unde hiis omissis consequenter de pacto agendum est. » LXXXIX, 2.
[3] Dans vingt un chapitres (II-VI; IX-XI; L-LI; LIV-LXIV; CIII) la définition est placée en tête. Quelques autres, tout en ne commençant pas par les définitions, débutent d'une façon aussi brève : XXIII, 1; XXIV 1; XXV, 1; XXVI, 1; XXVII, 1; LXXXVII, 1; XCVIII, 1; c, 1; CX, 1; CXI, 1; CXL, 1.
[4] On trouve ce procédé dans la troisième distinction :

« Quedam enim teneura est per homagium, quedam per paragium, quedam per burgagium, quedam per elemosinationem. » XXVI, 2.

«De homagio videndum est... XXVII, 1. — Per paragium... fit teneura... XXVIII, 1. — De teneuris per burgagium... XXIX, 1. — Per elemosinam autem tenere dicuntur... XXX, 1. »

« Est enim quedam querela de multro, — quedam de homicidio, — quedam de mehaigrio, — quedam de treuga fracta... — quedam de roberia et assaltu... — quedam de

« Sequela autem de multro facienda est... LXVII, 1. — De multro autem vel homicidio... LXIX, 1. — De roberia autem... LXX, 1. — De sequela... que fit de treuga

procède dans la seconde distinction relative aux droits
régaliens et dans la quatrième consacrée aux essoines[1].
Les transitions de paragraphe à paragraphe au contraire
font souvent défaut et quand elles se rencontrent, elles
sont presque toujours ainsi conçues : *Post predicta* ou
Post hec notandum est[2]. La plupart des paragraphes
commencent par les expressions : *Notandum est quod* ou
Sciendum est quod[3].

assaltu in domo... — quedam de fracta... LXXI, 1. — De traditione...
proditione... » LXVI, 6. LXXII, 1. — Fit autem sequela de
mehaignio... LXXIII. — Fiunt autem
sequele de assaltu et fracta pace...
LXXIV, 1. — De treuga fracta sciendum est... LXXV, 1. »

[1] L'idée générale, qui domine les matières contenues dans cette
distinction, est reproduite en tête de tous les chapitres :

« Liganciam... debet habere dux Normannie... » XII, 1.
« Fidelitatem... tenentur omnes residentes in provincia duci facere...» XIII, 1.
« Monetagium est quoddam auxilium... duci Normannie persolvendum... »
XIV, 1.
« De mensuris... ad principem in Normannia omnis jurisdictio perti-
net... » XV, 1.
« Specialiter... ad ducem pertinet curia... de veriscis. » XVI, 1.
« Ducis eciam adheret dignitati habere thesaurum... » XVII.
« De rebus autem vaivis et catallis eorum qui sese sunt homicide notan-
dum est quod dux ea habere debet. » XVIII, 1.
« Usurariorum autem catalla duci Normannie... dimittuntur... » XIX, 1.
« De catallis... eorum qui sese sunt homicide... sciendum est quod
princeps Normannie ea debet habere. » XX, 1.
« Illi autem qui vadia denegant... que eciam principi debent remanere.» XXI, 1.
« Ad ducem pertinent omnes forisfacture mobiles. » XXII, 1.
Il en est de même dans la quatrième distinction (XXXVI, XXXIX, XL, XLI,
XLII, XLIV, XLIX), où on retrouve partout la formule : *terminationem
prorogat querelarum.*

[2] Quelques-unes de ces transitions ressemblent à celles des chapitres :

« Inter quas de querela de mobili possessione videndum est. » LXXXVII, 3.
« Videndum est ergo qui et quomodo in hujusmodi querelis habeant que-
relari. » XC, 4.

[3] Dans le ch. *De plegiis* (LIX), par exemple, les §§ 4, 5, 6, 7 et 10
commencent par : *Notandum est quod* ou *Notandum eciam est quod.*
De même les §§ 3, 4, 9 du ch. *De sequela treuge fracte* (LXXV) débutent
par : *Notandum siquidem est quod.* L'expression : *Notandum eciam
est quod,* se rencontre cinq fois dans le ch. *De simplicibus legibus*
(LXXXV, 4, 5, 7, 8).

Grâce à ces divers artifices de composition, l'auteur du coutumier est arrivé à réduire de beaucoup son exposé et à faire tenir dans un ouvrage de dimensions restreintes presque autant de matières que Henri de Bracton dans sa vaste compilation.

§ 4. *Le style de la* Summa de legibus.

La *Summa de legibus* est écrite dans le latin classique transformé, qui était la langue littéraire des XIIe et XIIIe siècles. Les rédacteurs du traité se bornent aux termes techniques strictement nécessaires : pour éviter le mélange d'expressions latines et françaises, ils leur donnent une forme latine et encore ils avertissent le lecteur à l'aide du mot *vulgariter*[1]. S'il y a quelque blâme à leur adresser, c'est plutôt d'avoir voulu donner à leur style trop d'élégance : de là l'emploi de périphrases[2] et de métaphores[3] ; de là ces inver-

---

[1] « Nullus occasione clamoris qui vulgariter dicitur harou. » VI, 7. — « Clamorem patrie qui dicitur harou. » XXII, 5. — « Habet eciam dux Normannie curiam de clamore illo qui vulgariter dicitur harou. » LIII 1. — « Si clamor qui dicitur harou per inquisitionem dignoscatur non fuisse exclamatus. » LXXI, 4.

« Tempus autem quo terre sunt communes tempus banonii vulgariter nuncupatur. » VIII, 2.

« Omnis talis possessio catallum vulgariter nominatur. » LXXXVII, 2.

« Omnes possessiones fundo terre inherentes que feoda vulgariter nuncupantur. » LXXXVII, 2.

« De prostratione ad terram quod cadabulum (D¹ caablum) dicitur. » LXXXV, 9.

On trouve encore le mot « feste », qui n'a pas été latinisé, mais c'est dans un passage additionnel. XXIII, 4ter.

[2] « Victorie retinet dignitatem. » LXVII, 8.

« Pacis tranquillitate gauderent pacifici. » V, 2. — « pacis tranquillitate populus sibi gaudeat subrogatus. » XI.

« Firmitatis sue... percipiet fulcimentum. » LIV. — « statum debent habere perpetue firmitatis. » CIII. — « sortiri debet observationis sue fulcimentum. » CIX, 1.

[3] « Cuilibet tanquam ex ore principis justicie reddere plenitudinem indilate... tanquam oculis (*ou* oculus) ejus circumspicere que ad ejus pertinent honestatem. » LV, 1. — « simplici pena quasi virge mollicie... corriguntur. » LIII, 6. — « pondus fidei debet minime reportare. » IX, 7.

sions[1], ces constructions embarrassées, qui nuisent à la clarté et ont fait accuser les auteurs de·pédanterie quand ils ne font que céder au goût de l'époque. A l'exemple des *dictatores,* ils se préoccupent aussi d'assurer à la fin de chaque phrase ou de chaque membre de phrase le retour d'un certain nombre de syllabes accentuées de la même manière. Les lois du rythme ou *cursus* [2] sont en effet assez exactement observées dans les différentes parties du coutumier[3]. Les irrégula-

[1] Voici quelques-unes de ces inversions :

« Mulieres que nunquam fuerant jugo subdite maritali. » xiv, 8. — « originem duxerit conjugalem. » xxv, 7. — « que [visio] secundum diversitatem querelarum habet diversimode sustineri. » lxv, 2. — « que [sequele] secundum diversitatem locorum diverse sunt. » lxxiv, 1.

[2] Les règles du *cursus* sont indiquées dans Thurot, *Histoire des doctrines grammaticales au moyen âge* (*Notices et extraits des manuscrits*, t. XXII, 2e partie, p. 480-485). — N. Valois, *Étude sur le rythme des bulles pontificales* (*Bibl. de l'École des chartes*, t. XLII, 1881, p. 181-196). — L. Havet, *La prose métrique de Symmaque et les origines métriques du* cursus. Paris, 1892.

[3] Le chapitre *De brevi de feodo et vadio* (cxi), par exemple, peut donner une idée de la façon dont les diverses combinaisons du *cursus* sont employées dans la rédaction primitive.

« *Cursus velox.* — currere in hec verba. interim videatur. fuerit celebrata. essonia reprobatur. principis capietur. assignabitur de eodem. superius est prolatum. firmiter observari. dignoscitur habuisse. feodum judicari. facere capienti. habeat in eadem. voluerit obligare. tradiderit in feodum. poterit traditorem. succubuerit de querela. defensio remanebit. poterit ad garantum. diximus evocandos. a juratoribus inquirendum est. per hoc breve reclamari. fuerit denegatum. vadium obtinebit. tradiderat denegato. insuper emendare. pertinent dignitatem. traditi persolvatur. refundere requirenti. penitus declarari. in brevi inquirendum est. facilius cognoscatur. pertineat rem petitam. fuerit inquirendum est. principi remanebit. fuerit declaratum. fuerit querelatus. in brevi sit expressum. in brevi denegatis. recognito principali. fuerit emendabit. mortuum nuncupatur. redimit vel acquitat. proventibus acquitatur. fuerit persoluta. per vadium obligati. per vadium obligatur. ulterius revocari. per breve revocanda. ex facili reducendum. prescriptio revolutum. retinet dignitatem. terminum immutare. inferius exprimetur. partibus assignata. assisiam comparebit. in curia comparere. assisiam comparebit. habuerint assignatos. superius est agendum. absencia querelati. terminum

rités qu'on y relève sont peu nombreuses[1] : elles sont dues soit à l'incertitude qui régnait sur la quantité

requiruntur. milites inveniri. in ignoranciam redigatur. inquisitio celebrari. viderit expedire. debita ratione. per judicium amovere. deveniet juratorum. est similiter procedendum.

Cursus planus. et tempus prescriptum. suas potest habere. emenda puniri. visione feodi. deductione querele. ad jurandum accedat. debet puniri.

Cursus tardus. jurari languor permittitur. in non scire reduxerint. in non scire reducitur. per juratores inquiritur. garantizare voluerit. invadiatum non fuerit. utrique restitui. rehabere voluerit. fuisse constiterit. querelatus defuerit. ad sequentem assisiam. querelatus non venerit. jurationem precipiet.

Cursus velox approprié aux finales. duodecimi contradictione vel non scire. vadii denegati remanebunt. propinquior ad redimendum. milites ad minus non suspecti requiruntur.

Terminaisons fautives. ad primam habeant assisiam. inquisitio tenebitur. fuerit recognitum. in vadium traditur. restituet in solidum. tradiderit in vadium. factum fuerit vadium. provincie consilium. prescriptio requiretet. assisie redigi. in assisia denunciabitur. per res mobiles dimittitur. comparuerit assisiam.

se prebuerit absentem. comparuerit sive non. superius dictum est. ad emendam compelletur. uxoris sue possideret. omnes erunt in emenda.

[1] Si on ne fait porter son examen que sur les finales des paragraphes dans les chapitres I-XXX, on constate que sur 192 terminaisons, il n'y en a que 34 environ où le rythme soit mal observé, et encore sur ce nombre 9 seulement sont notoirement fautives, soit que l'auteur ait placé deux dactyles de suite, soit qu'il ait fait suivre un dactyle d'un spondée et demi au lieu de deux spondées que demande le *cursus velox* :

« irrogatio injurie. VI, 2. bordagia et burgagia. XXIV, 1. patrie consuetudine. XXIV, 2. nec alius in genere. XXIV, 20.

habuerit jus suum. I, 4. monetagium persolvent. XIV, 8. cervisiam pro vino. XIX, 3. ad dominum feodi. XXIII, 8. masnagia quam fratres. XXIV, 18.

Dans les 24 ou 25 autres fins de phrase irrégulières, il ne semble pas qu'on ait essayé de suivre un rythme quelconque : ce sont en général des terminaisons où se succèdent cinq, six ou sept spondées, telles que celles-ci :

« equitate servata litem terminavit. I, 6. mercatorum nundinarum et passagiorum. VII, 11. consueto habent semper defensionem. VIII, 4. ad contentionum declarationem veritatis. X, 2. de quo fidem tenebatur observare. XIII, 2. penam tenentur super hoc reportare. XV, 3.

de certaines syllabes dans des mots nouveaux[1], soit aux licences que se sont permises les rédacteurs[2].

Les trois terminaisons alors en usage, *cursus velox*, *cursus planus*, *cursus tardus*, sont employées concurremment; mais la première de ces combinaisons est de beaucoup la plus fréquente : on la retrouve à la fin de presque toutes les phrases (*clausule*) et même de plusieurs chapitres[3], bien que ceux-ci se terminent comme la plupart des paragraphes, suivant l'usage gallican, par une accumulation de trois ou quatre spondées précédés d'un dactyle[4].

Les défauts que l'on remarque dans la rédaction originaire sont encore plus sensibles dans les parties addi-

---

[1] Tels sont les termes : *homagium, elemosina, saisina, forisfactura* et surtout *feodum*, qui paraît avoir été accentué de deux manières différentes ; on trouve ainsi dans le ch. *De brevi de feodo et vadio* : *feodum judicari* et *tradiderit in feodum.*

[2] Le rédacteur du texte primitif se permet quelques licences : il forme ainsi des dactyles à l'aide d'un monosyllabe et d'un dissyllabe, comme dans ces terminaisons du ch. *De brevi de feodo et vadio* : *per hoc breve reclamari. in brevi sit expressum. per breve revocanda*, contrairement aux règles du *cursus*, où tout mot de deux syllabes est un spondée. N. Valois, *Étude sur le rythme* (*Bibl. de l'Éc. des chartes*, t. XLII, p. 175, n. 1).

[3] Dans les trente premiers chapitres, on rencontre environ 120 exemples de *cursus velox* contre 15 ou 16 de *cursus tardus* et 12 de *cursus planus*. Ces deux dernières combinaisons forment ainsi à peu près le cinquième des terminaisons rythmées. Cette proportion, qui varie d'un cinquième à un sixième, se retrouve dans presque toutes les parties primitives du coutumier.

[4] « De postrema clausula epistolam terminante secuntur idem Gallici quod in duos spondeos... optime terminatur. Potest tamen in tres spondeos, vel in tres et dimidium, vel in quatuor terminari. » *Candelabrum*, f. 108 v° (Thurot, *Notices et extraits*, t. XXII, p. 485). Voici quelques applications de ce mode de finales : « clarius elucebit in sequenti. v, 2. justiciario debet reddi indilate. vi, 9. redditu preter capitalem. xiii, 3. propaginis ex eodem procreate. xxiii, 7. similiter de cognatis intelligendum est. xxiii, 10. ecclesiis elemosinate. xxvi, 6. maxime de hac pace conservanda. xxvii, 5. consanguineos non possunt revocari. xxix, 2. »

tionnelles. Les compilateurs, qui ont remanié l'œuvre primitive, se sont efforcés d'en reproduire le plus fidè ement possible le style et les procédés de composition; mais dans leur recherche de l'élégance, ils ne gardent pas toujours la mesure : c'est ainsi qu'ils retouchent le texte du coutumier pour modifier la construction des phrases[1]; dans les passages qu'ils ajoutent ils se servent d'expressions recherchées[2], ils multiplient les inversions et cherchent à observer le rythme plus rigoureusement encore, mais souvent sans y réussir[3].

[1] Ces retouches, qui avaient pour but de substituer une combinaison rythmique à une autre, n'ont souvent abouti qu'à rendre fautives des finales correctes telles que les suivantes :

D^1. facienda est justiciatio per corporis captionem.

B^1, D^2. etc. justiciatio per corporis captionem facienda est. vii, 5.

D^1. accusabat eundem.

B^1, D^2. etc. eundem accusabat. vii, 5.

D^1. tenentur fidelitatem principi observare.

B^1, D^2. tenentur principi fidelitatem observare. xiii, 1.

D^1, D^2. super hoc veritas declaretur.

B^1. etc. super hoc declaratur veritas. xxii, 13.

D^1, D^2. homagium facere capitalibus dominis teneatur.

B^1. etc. homagium tenetur facere capitalibus dominis. xxiii, 3.

D^1. a parentibus condonatum.

B^1. a parentibus eidem condonatum.

D^1, D^2. si etatem debitam attigissent.

B^1. etc. si etatem attigissent debitam. xxiv, 16.

D^1, D^2. tempus prescriptum.

B^1: etc. tempus prescriptionis deputatum. cxi, 5.

Il y a là une nouvelle preuve de l'antériorité du texte de D^1.

[2] Voy. p. cxiv, n. 1.

[3] Les rédacteurs des parties additionnelles ayant remarqué la prédominance du *cursus velox* dans le texte primitif, l'employèrent presque exclusivement dans les passages qu'ils ajoutèrent, si bien que le *cursus planus* et le *cursus tardus* ne s'y rencontrent que très rarement : il y a ainsi 116 exemples environ de *cursus velox* contre 7 des deux autres combinaisons. La proportion des terminaisons fautives est aussi plus considérable que dans la rédaction première du coutumier.

CHAPITRE V.

LA DATE DE LA *SUMMA DE LEGIBUS* ET DE SES REMANIEMENTS.

Il règne une assez grande incertitude sur l'époque où a été composée la *Summa de legibus*. Ce texte renferme cependant quelques indications qui permettent d'en fixer la date d'une façon à peu près sûre; mais les anciens commentateurs ont le plus souvent fait fausse route en se servant de documents insérés après coup dans le coutumier[1] et les historiens modernes ont eu aussi le tort d'attribuer une égale valeur à toutes les parties du traité. On peut donc, en tenant compte des résultats fournis par l'étude comparative des manuscrits et en ne s'appuyant que sur des passages d'une authenticité incontestable, arriver à déterminer l'âge des diverses rédactions de la *Summa de legibus*.

---

[1] Tels sont l'établissement de Philippe-Auguste sur la procédure en matière de patronage et la lettre adressée par les prélats de Normandie à ce prince en cette occasion, qui remontent à l'année 1207 (L. Delisle, *Cat. des actes de Philippe-Auguste*, p. 243, nº 1051; p. 242, nº 1049). Une faute d'impression (*Guillermus* au lieu de *Walterus*) commise par les premiers éditeurs dans le second de ces documents a fait croire à Guillaume Le Rouillé et aux anciens commentateurs que l'archevêque de Rouen dont il y est question était Guillaume de Flavacourt (1278-1306) et que les deux actes étaient du temps de Philippe le Hardi. Le Rouillé, *Le grant Coustumier*, éd. de 1534, ff. cxxvj vº, c. 1, add. 1, et II, xviij vº, c. 2. Froland, *Rec. d'arrets*, part. I, ch. vii, p. 176-179.

§ 1. *Les principales opinions sur la date du coutumier de Normandie.*

Les différentes dates assignées au coutumier de Normandie sont comprises dans une période d'un siècle environ, dont les années 1180 et 1285 marquent les limites [1]. Malgré ces divergences, les nombreuses opinions émises à ce sujet se ramènent à trois principales, suivant qu'elles rapportent l'ouvrage à l'un des règnes de Philippe-Auguste, de saint Louis ou de Philippe III.

La première opinion compte peu de partisans : Hallam, qui propose le temps de Richard Cœur de Lion (1189-1199) [2]; l'auteur du Stille de procéder et Sachsse, qui placent la composition du traité, l'un sous Philippe-Auguste (1180-1223) [3], l'autre dans les vingt-cinq premières années du xiiie siècle [4].

Le Stille de procéder n'a fait que suivre la tradition qui attribuait au conquérant de la Normandie la rédaction des coutumes de la province. Il est plus difficile de

---

[1] Quelques auteurs, comme Forget (*Paraphrases sur les loix des republiques anciennes...* Paris, 1577, f. 76 v°) et Houard (*Anciennes loix des François*. Rouen, 1766, t. I, Discours préliminaire, p. xlvi) reculent la composition du coutumier de Normandie jusque sous Philippe le Bel; cela vient de ce qu'ils attribuent indûment à ce prince l'établissement de Philippe-Auguste sur les questions de patronage

[2] Hallam, *View of the state of Europe during the middle ages.* London, 1819, ch viii, part. 2, t. II, p. 429.

[3] « Depuis que le roy de France Philippe Auguste eust retiré et mis dehors des mains des Angloys ladite duché, il se voulut enquerir des loyx et coustumes dudict pays et fist escripre et mettre en plus belle ordre ledit livre coustumier qu'il n'estoit eu precedent. » *Stille de proceder eu pays de Normendie* (Grand Coutumier, éd. de 1534, II, f. lxix, r°, c. 1).

[4] « Das Rechtsbuch fällt ohne Zweifel, wie der Sachsenspiegel, in die zwanziger Jahre des 13 Jahrhunderts. » Sachsse, *Das Beweisverfahren nach deutschem mit Berücksichtigung verwandter Rechte des Mittelalters*, p. 15, n. 1.

s'expliquer qu'on ait songé à faire remonter le coutumier de Normandie au temps de Richard Cœur de Lion[1]. Ce texte appartient incontestablement à une époque où la Normandie était depuis longtemps sous la domination française : le roi de France y est toujours considéré comme le souverain du duché[2] et dans le chapitre *De brevi de feodo et vadio* (cxi, 13), le rédacteur se place à une date déjà éloignée de Richard Cœur de Lion. Quant à Sachsse, sa manière de voir repose sur une interprétation erronée du mot *secundus* dans un passage important du chapitre *De justiciatione* (vi, 7), où il suppose que le mot *secundus* est synonyme de *sequens*; il en conclut que le roi ainsi désigné est Louis VIII et par suite que l'ouvrage a été rédigé sous ce prince (1223-1226).

Un deuxième groupe comprend ceux qui attribuent le coutumier à un contemporain de saint Louis. Les uns, comme Hale[3], Klimrath[4] et Kœnigswarter[5], indiquent seulement d'une façon vague soit le règne de ce prince, soit celui du roi d'Angleterre, Henri III (1216-1272). Les autres précisent davantage : Coke[6] et Nicolson[7] donnent

---

[1] L'erreur de Hallam provient sans doute de ce qu'il a cru que la Normandie était au temps de la rédaction du coutumier un état indépendant; il s'est laissé induire en erreur par les nombreux passages qui parlent du duc de Normandie.

[2] « Dux autem Normannie sive princeps dicitur qui tocius ducatus obtinet principatum, quam sibi dignitatem retinet dominus rex Francie... » xi.

[3] Matthew Hale, *History of the Common Law*, p. 117 et 157.

[4] Klimrath, *Travaux*, t. II, p. 32.

[5] Kœnigswarter, *Sources*, p. 114.

[6] « We have also... cited the Grand Custumier de Normandy... which book was composed in the reign of king Henry III, viz. about forty years after the coronation of king Richard the first. » Coke, *Institutes of the Laws of England*. London, 1797, Part II, proeme, p. 7.

[7] « If the Custumier de Normandy were indeed... nay the author himself intimates, that he compiled the work about forty years after that king's [Richard's i] access to the throne. » W. Nicolson, *The english, scotch and irish historical libraries*, p. 222.

comme date 1230, Ludewig[1], Biener[2], Rathery[3], 1250 environ; De la Foy[4], 1260; Pesnelle[5] et Laferrière[6] reportent le coutumier vers 1270.

Tous ces auteurs s'accordent à reconnaître que dans le chapitre *De justiciatione* (VI, 7) saint Louis est considéré comme étant encore vivant[7]. Le principal argument invoqué à l'appui de cette thèse se tire des dispositions du chapitre *De brevi de feodo et' vadio* (CXI, 13) relatives à la prescription trentenaire. L'auteur du coutumier explique comment, pour prévenir toute difficulté sur l'époque où commençait la prescription, les ducs de Normandie avaient remplacé la prescription proprement dite par un délai préfix, dont le point de départ était un événement de nature à frapper l'attention publique, en général le couronnement du souverain. A l'époque où ce délai était établi, il correspondait à peu près à la durée requise pour la prescription; mais avec le temps la concordance cessait d'exister. Lorsque le laps de trente ans était de beaucoup dépassé, il intervenait un acte législatif attribuant à la prescription un nouveau commencement plus en rapport avec la réalité des faits : c'est

[1] « Unde facile constat opinabile esse jureconsultum nostrum scripsisse normannicas has leges latine circa annum CIƆCCL. » Ludewig, *Reliquiae*, t. VII, p. 51.

[2] « Die deutlichste Nachricht ist aber die, dass seit der Krönung Richard's mehr als dreissig Jahre verflossen wären, was auf die Mitte des dreizehnten Jahrhunderts hindeutet. » Biener, *Beiträge zu der Geschichte des Inquisitions-Processes*, p. 232.

[3] Rathery, *Études historiques*, p. 23.

[4] De la Foy, *De la constitution du duché*, p. 89.

[5] Pesnelle, *Coutume de Normandie*, in-4°. Avertissement, p. vj.

[6] « La rédaction [du coutumier de Normandie] doit... être placée dans une période moyenne entre 1226 et 1314. » Laferrière, *Histoire du droit français*, t. III, p. 125 et 126.

[7] « Die neuesten Könige, welche vorkommen, sind Philipp II und Ludwig IX ; es scheint sogar als ob der letzte als lebend bezeichnet würde. » Biener, *loc. cit.*

ainsi qu'on substitua au couronnement de Henri II (1150 ou 1151) celui de Richard Cœur de Lion (20 juillet 1189)[1]. Le rédacteur du traité constate que le couronnement du roi Richard sert encore de point de départ quoiqu'il se soit écoulé depuis cet événement bien plus de trente ans; il ajoute qu'il conviendrait que le roi de France modifiât cet état de choses[2]. Les expressions du chapitre *De brevi de feodo et vadio* sont trop vagues pour qu'on puisse en conclure, comme l'ont fait ces auteurs, que le coutumier ait été composé juste quarante ou cinquante ans après l'avènement de Richard Cœur de Lion; on ne sait pas en effet de combien d'années était dépassé le délai requis pour la prescription trentenaire à l'époque où a été écrit le passage.

La troisième opinion reporte le coutumier sous le règne de Philippe le Hardi; c'est la plus répandue. Quelques auteurs, comme Basnage[3], Froland[4], Reeves[5], Cauvet[6], Ginoulhiac[7], M. Paul Viollet[8], se bornent à en placer la composition sous ce prince; mais la plu-

---

[1] Le couronnement de Richard comme duc de Normandie eut lieu à Rouen, le 20 juillet 1189 (*L'art de vérifier les dates*, 1783-87, t. II, p. 856), et comme roi d'Angleterre, le 3 septembre, à Londres (t. I, p. 804).

[2] « De qua ad presens cum tempus amplius post coronamentum regis Ricardi constet esse quam requirat prescriptio revolutum, expedit in proximo per dominum regem, qui sibi principis retinet dignitatem, prescriptionis terminum immutare. » cxi, 13.

[3] « Le vieil coûtumier ne fut pour le plûtost rédigé par écrit que sous Philippe le Hardi. » Basnage, *La coutume reformée*, t. I, p. 7.

[4] « Ce qui porte à croire que la compilation du coutumier a été faite sous Philippe le Hardi. » Froland, *Rec. d'arrets*, part. I, ch. III, p. 97. Cf. p. 27, 104 et 421.

[5] Reeves, *History of the English Law*, t. I, p. 257.

[6] *Revue de législation*, 1847, p. 132, n. 2.

[7] Ginoulhiac, *Cours élémentaire d'histoire générale du droit français*. Paris, 1884, p. 600, n° 353.

[8] P. Viollet, *Histoire du droit civil français*, p. 177. Dans les deux éditions de son ouvrage, M. Viollet indique l'année 1284 comme date extréme, parce qu'il place en 1284 la traduction du coutumier en vers français.

part, l'abbé Saas[1], Daviel[2], Warnkœnig[3], Daniels[4], Schæffner[5], Trolley[6], A. Blanche [7], Floquet [8], Éd. Frère[9], K. Maurer[10], assignent pour date au traité l'une des années comprises entre 1270 et 1280; Gundermann[11] et Gneist[12] descendent jusqu'en 1260.

C'est Daviel et Warnkœnig qui ont donné à cette opinion sa forme définitive en développant les arguments présentés jadis par Froland et surtout par l'abbé Saas. Ils font remarquer d'une part que dans le chapitre *De justicialione* il est question de saint Louis en des termes qui le supposent déjà mort; cette circonstance reporte la rédaction de l'ouvrage après le 25 août 1270. Ils rappellent d'autre part que le coutumier latin aurait été traduit en vers français par Richard Dourbault en 1280; la composition en serait donc antérieure à cette époque. Les

---

[1] « L'opinion commune est que la rédaction de notre Coutumier a été faite sous ce Prince, et on ne peut pas assigner à ce Coutumier écrit une date antérieure à l'an 1270, puisqu'il y est parlé de Saint Louis au titre *de Justiciement*. On ne peut guères lui en assigner une postérieure de plusieurs années, puisque dès l'an 1280, il fut traduit en vers françois. » Saas, *Abrégé de cosmographie,* 1760.

[2] Daviel, *Recherches,* p. 26.

[3] *Krit. Zeitschrift f. RW. u. G. des Auslandes,* t. VII, p. 321; t. XIII, p. 226.

Warnkœnig, *Franz. Staats- u. Rechtsgeschichte,* t. II, p. 45. — Warnkœnig, qui, dans ses articles de la *Kritische Zeitschrift,* place la composition du coutumier entre 1270 et 1280, admet dans son ouvrage que le traité de droit normand a été commencé sous saint Louis.

[4] Daniels, *System und Geschichte des franz. und rhein. Civilprocessrechtes,* p. 50.

[5] Schæffner, *Geschichte der Rechtsverfassung Frankreichs,* t. III, p. 92.

[6] Trolley, *Mémoire sur l'ancien droit coutumier normand (Mém. de la Soc. des Ant. de Normandie,* t. XVII, p. 95).

[7] Blanche, Discours de rentrée de la Cour royale de Rouen, p. 10.

[8] Floquet, *Hist. du Parlement de Normandie,* t. III, p. 185, n. 1.

[9] Frère, *Manuel du bibliographe normand,* t. I, p. 303, c. 1.

[10] *Krit. Ueberschau der deutschen Gesetzgebung und Rechtswissenschaft,* t. V, 1857, p. 183, n. 1.

[11] Gundermann, *Englisches Privatrecht, Die* Common Law, p. 131.

[12] Gneist, *Geschichte und heutige Gestalt der englischen Communalverfassung.* Berlin, 1863, t. I, p. 57.

deux dates extrêmes de 1270 et de 1280 sont ainsi trouvées[1].

Malgré l'accord presque unanime des historiens, il n'est pas prouvé que le coutumier de Normandie soit postérieur à la mort de saint Louis[2]. Cette manière de voir repose uniquement sur une interprétation très contestable de ces mots du chapitre *De justiciatione* : *Unde excellentissimus Francorum rex Ludovicus post illustrem regem Philippum pie recordationis secundus* (VI, 7), qu'ils regardent comme indiquant que ce prince avait cessé de vivre. Ils invoquent d'abord le passage correspondant du texte français qui est plus explicite en leur faveur[3]. Ils prétendent ensuite trouver une opposition entre les termes de ce chapitre et les expressions dont s'est servi

---

[1] « Mais, au titre *de Justiciement*, il est fait mention d'une ordonnance du *noble roi de France qui fut le second après l'illustre roi Philippe*, c'est-à-dire de saint Louis. Ces termes indiquent assez que ce prince avait cessé de vivre au moment où l'auteur écrivait. Ce n'est point ainsi qu'il eût désigné le roi régnant, et quand il en parle, dans son premier prologue, *notre sire*, dit-il, *qui est roi paisible et droiturier*. Dès lors la rédaction du coutumier est postérieure au 25 août 1270, date de la mort de saint Louis, et se place nécessairement entre cette époque et celle de 1280, où Dourbault le traduisait en vers. » Daviel, *Recherches*, p. 25.

[2] M. Brunner, qui partage l'opinion commune sur ce point, hésite à tirer de ce passage du chapitre *De justiciatione* la conclusion que saint Louis fût déjà mort. Il s'exprime ainsi à cet égard : « eine Ausdrucksweise, die allerdings nicht mit voller Bestimmtheit entnehmen lässt, ob Ludwig IX schon als gestorben betrachtet wird oder nicht. » *Excurs*, p. 81. Cf. Biener, *Beiträge*, p. 232.

[3] Le rédacteur du coutumier français, en remplaçant les mots : *pie recordationis* du texte latin par la périphrase : « qui fut après », a indiqué qu'il écrivait après la mort de saint Louis :
« Et por ce li nobles rois de France Loeis qui fu apres le roi Phelippe fist tel establissement en Normendie... » Ms. de Sainte-Geneviève, F. fr. 2, p. 10, c. 1. — « Li noble rois Loys qui fu le segons roys apres le roy Phelippe... » Bibl. nat., ms. fr. 5963, f. 5 r°. — « Li noble roys de France qui fut segons apres le roy Phelippe... » Bibl. nat., ms. fr. 5961, f. 4 r°, c. 1. Cf. Bibl. nat., ms. fr. 5245, f. 98 r°, c. 1. Ed. *princeps*, f. b. iiij. v°; éd. de 1534, f. ix v°, c. 2.
Il y a dans quelques mss. des variantes qui révèlent l'incertitude où l'on était alors sur la véritable interprétation de ces lignes :
« Li noble roys Loys qui fu fiz au roy Phelyppe... » Bibl. nat., ms. fr. 5958, f. ix r°.

l'auteur dans le second prologue, expressions qu'ils appliquent peu heureusement au souverain régnant[1]. Ils supposent encore que, si Louis IX eût été vivant, son nom aurait été précédé d'une désignation comme *dominus noster* ou *rex noster*, de nature à le distinguer de Louis VIII, son prédécesseur immédiat. Ils ajoutent enfin que la qualification de *pie recordationis* convient mieux à saint Louis qu'à Philippe-Auguste, dont la mémoire n'est pas entourée de la même vénération.

Les partisans de cette opinion ont le tort d'attribuer trop d'importance à un passage qui a peut-être été retouché[2] et surtout d'en dénaturer le sens. L'interprétation la plus naturelle de cette phrase est de rattacher la locution : *pie recordationis* aux mots : *post illustrem regem Philippum*, qui la précèdent immédiatement, plutôt qu'aux expressions : *excellentissimus Francorum rex Ludovicus*, qui en sont plus éloignées ; le rejet de *secundus* à la fin du membre de phrase est une simple élégance de style. D'ailleurs les titres portés par les deux princes dans le chapitre *De justiciatione* prouvent clairement que les termes *pie recordationis* ne sauraient se rapporter qu'à Philippe-Auguste. Il semble que le rédacteur du coutumier ait voulu faire ici une opposition entre saint Louis et son aïeul. Il donne à Philippe-Auguste

---

[1] Les termes du second prologue : *rex pacificus...* sont une imitation de la bulle de Grégoire IX aux professeurs et étudiants de Bologne, placée en tête de la collection des Décrétales, et ils se réfèrent dans la pensée de l'auteur du coutumier, comme dans celle du pape, à Jésus-Christ.

[2] Ce passage présente en effet des leçons différentes :
« Unde excellentissimus rex Ludovicus post illustrem Philippum pie recordationis secundus... » Ms. lat. 18368, f. 6 r°.
« Unde exellentissimus (*sic*) Francie rex Ludovicus post illustrem Philipum pie recordacionis secundus... » Ms. lat. 4653, f. 2 r°, c. 1.
« Unde excellentissimus Francorum rex Ludovicus post illustrem regem Philippum pie recordationis secundum... » Ms. lat. 4651, f. 6 (ij.) v°, c. 2.

le titre de *rex illustris*[1], tandis qu'il réserve pour saint Louis celui de *rex excellentissimus*[2]; c'est en effet la formule *rex illustrissimus* qui est employée plus loin pour désigner Philippe-Auguste. Cette distinction n'est pas l'effet du hasard; elle est conforme aux usages de chancellerie du XIIIe siècle. Le titre de *rex excellentissimus* est celui que donnent au prince régnant les seigneurs et les fonctionnaires royaux[3]; les termes de *rex illustris* ou de *rex illustrissimus* n'ont pas cette acception technique et on s'en sert indifféremment pour le souverain actuel comme pour ses prédécesseurs[4]. L'emploi du mot *excellentissimus* et la place de l'expression *pie recordationis* dans la phrase nous autorisent

---

[1] Le coutumier mentionne Philippe-Auguste quatre fois, dont deux avec la qualification d'*illustris* :
« post illustrem regem Philippum... » VI, 7. — « rex enim Philippus... » CX, 8. — « cum enim rex Philippus... » CX, 10. — « institutum fuit tempore illustrissimi regis Philippi... » CXI, 13.

[2] « Unde excellentissimus Francorum rex Ludovicus... » VI, 7.

[3] Le titre habituellement donné à saint Louis par ses sujets est celui-ci : *Excellentissimus dominus... Dei gratia rex Francorum illustris. Cart. de saint Louis* (Arch. nat., JJ. 31, f. xxij, v°, c. 1, n° xiiij ; c. 2, n° xv; f. xxiij, r°, c. 2, n° xvj ; v°, c. 1, n° xvij ; f. xxv r°, c. 1, n° xxj ; f. xxvj, v°, c. 2, n° xxix ; f. xlij, v°, c. 1, n° cxviij, etc.)
On trouve déjà ce protocole dans des lettres adressées à Philippe-Auguste, comme dans la requête des prélats de Normandie à ce prince : *Excellentissimo domino suo Philippo illustri Francorum regi serenissimo* (Arch. nat., J. 213, n° 13). Il est également en usage sous Philippe III (Arch. nat., J. 346, n° 69. *Cart. normand*, p. 210, n° 887).

[4] On rencontre ainsi le terme *illustris* ou *illustrissimus* employé en parlant de saint Louis dans un acte du comte de Forez de juin 1265 : « Illustrissimus Ludovicus, rex Franc., recepit nos ad homagium baronie Belli Joci... » (Arch. nat., X[1a]-1, f. lviij. r°. Olim, t. I, p. 296, v).
Il est réuni à *excellentissimus* dans des lettres adressées à Philippe III en 1276 : « Excellentissimo et illustrissimo domino Philippo, Dei gracia regi Francie... » (Arch. nat., J. 344, n° 50. *Cart. normand*, p. 208, n° 881).
En 1293, un clerc de Philippe le Bel emploie, en parlant de ce prince, les deux expressions : « Guillelmus Boucelli, clericus Philippi, Dei gratia Francorum regis illustrissimi... secundum ordinationem predicti excellentissimi regis... » (Arch. du Calvados, Saint-Etienne de Caen. *Mém. de la Soc. des Ant. de Norm.*, t. XXI, p. 78).
D'autre part les expressions : *illustris memorie rex* reviennent fréquemment dans le Registre des enquêteurs de Normandie appliquées à Philippe-Auguste (*Quer. Norm.*, n°s 76, 236, 273, 286. *Rec. des Hist. de France*, t. XXIV, p. 12 j, 30 d, 36 d, 38 e).

à considérer saint Louis comme étant le roi régnant lors de la composition du coutumier.

Quant à la date extrême de 1280, elle peut se justifer par des considérations qui paraissent plus sérieuses : c'est la date assignée d'ordinaire à la version en vers du coutumier sur la foi d'un manuscrit venu de la bibliothèque de l'abbé Favier de Lille, qui appartenait à la fin du siècle dernier au libraire Lallemant, de Rouen, chez qui il fut consulté par Houard[1]. Mais aucune mention de ce genre ne s'est conservée dans les autres manuscrits du texte versifié aujourd'hui connus et le style du passage cité par Houard rappelle bien plutôt la langue du XVe siècle que celle du XIIIe. Bien que de Jort prétende avoir eu sous les yeux un manuscrit du coutumier en vers du XIIIe siècle[2], on doit n'accepter qu'avec réserve l'année 1280 comme date de cette version sous la forme où elle nous est parvenue.

MM. Brunner[3] et Glasson[4] resserrent encore davantage le laps de temps où doit être placée la rédaction du coutumier de Normandie et, au lieu de 1280, ils proposent 1275 comme limite extrême. M. Brunner a produit dans le débat un nouvel argument, qui ne manque pas de valeur. Il a fait remarquer que le traité ne contenait aucune allusion à la célèbre ordonnance de Philippe le Hardi de 1275 sur le droit d'amortissement, quoiqu'il soit question des donations en pure aumône à la fois dans les chapitres *De teneura per*

[1] Houard, *Dict. de la Cout. de Normandie*, t. IV, suppl., p. 49.
[2] De Jort, *Dissertation sur les aides chevels*, p. 10.
[3] Brunner, *Excurs*, p. 79.
[4] Glasson, *Hist. du droit et des inst. de l'Angleterre*, t. II, p. 101-106. *Hist. du droit et des inst. de la France*, t. IV, p. 126.

elemosinam (xxx) et *De brevi de feodo et elemosina* (cxv).
L'argumentation de M. Brunner est plus solide que celle
de ses devanciers, mais il est possible d'arriver à des
résultats encore plus satisfaisants en tenant compte de
certaines données négligées jusqu'ici.

§ 2. *Date de la rédaction primitive.*

Les indications chronologiques contenues dans le coutumier de Normandie se réduisent à trois. Il mentionne
seulement : — dans le chapitre *De brevi de jure patronatus* (cx), les lettres-patentes par lesquelles Philippe-
Auguste annonce aux évêques de Normandie qu'il a établi une procédure spéciale en matière de patronage
d'église (1207)[1]; — dans le chapitre *De sequela mulierum*
(lxxvi)[2], l'abolition des épreuves judiciaires du feu et de
l'eau prononcée par le quatrième concile de Latran en
1215[3]; — dans le chapitre *De brevi de feodo et vadio* (cxi),
un établissement de plein Échiquier, rendu sous Philippe-
Auguste, qui aurait substitué le couronnement de Richard
Cœur de Lion à celui de Henri II Plantagenet comme
point de départ de la prescription trentenaire[4]. Ce passage

---

[1] « Rex enim Philippus ad instanciam prelatorum... inquisitionem eisdem per suas patentes litteras concessit. » cx, 8.
« Cum enim rex Philippus ad instanciam prelatorum hoc eisdem pri-
vilegium concesserit. » cx, 10.
[2] « Et quoniam hujusmodi ab ecclesia catholica sunt abscissa, inquisitione frequenter utimur. » lxxvi, 2.
[3] Conc. Lat. IV, c. xviii (Mansi, *Concilia,* t. XXII, c. 1006 et 1007).
Cette décision a été insérée dans les Décrétales de Grégoire IX (C. *Sen-
tentiam sanguinis,* 9, X, III, 50). Honorius III rappela, en 1225, cette
prohibition (C. *Dilecti filii,* 3, X, v, 35).
[4] « Et postea quia longius erat tempus revolutum et amplius plurimum
quam prescriptio requireret, institutum fuit tempore illustrissimi regis
Philippi per ordinationem pleni scacarii quod hujusmodi prescriptio
curreret de tempore coronamenti regis Ricardi. » cxi, 13.
Les dates de ces couronnements ont été indiquées plus haut, p. clxxix,
n. 1.

offre certaines difficultés, parce que la seule décision
de l'Échiquier relative à la prescription en matière de
gage est un jugement de la Saint-Michel 1229[1]; ce qui
nous reporte déjà loin du règne de Philippe-Auguste.
M. Brunner a cru trouver dans cette inexactitude l'indice
que la *Summa de legibus* aurait été composée
bien longtemps après 1229. Il suppose que l'auteur du
traité n'aurait pas su exactement l'époque où le couronnement
de Richard Cœur de Lion aurait été pris pour
point de départ de la prescription, qu'il aurait simplement
compté trente ans à partir de la date de ce couronnement
(1189); il aurait été amené par ce calcul à placer
la réforme sous le règne de Philippe-Auguste, vers 1220[2].
Il paraît plus naturel d'admettre que le jugement de la
Saint-Michel 1229 n'est que le développement d'une jurisprudence
antérieure. Il ne se présente pas sous la forme
que revêtent d'ordinaire les décisions solennelles de
l'Échiquier (*ordinationes, constitutiones pleni scacarii*)[3];
il est rédigé comme les simples jugés. Il a de plus été
précédé d'un jugement de la Saint-Michel 1223, qui a fixé
le couronnement de Richard Cœur de Lion comme point
de départ des enquêtes sur les droits régaliens[4]. Dès lors
n'est-on pas autorisé à penser que le jugement de 1229

---

[1] « Judicatum est quod recognitio de feodo et vadio non curret nis. de
post coronamentum regis Ricardi. » L. Delisle, *Rec. de jug. de l'Échiquier*, p. 110, n° 451.

[2] Brunner, *Excurs*, p. 81, n. 2.

[3] Les décisions solennelles de l'Échiquier débutent d'ordinaire par les
mots : *Acordatum est per episcopos et barones*... (L. Delisle, *op. cit.*,
p. 58, n° 230; p. 79, n° 315; p. 95, n° 373) ou *presentibus... episcopis...
abbatibus... et militibus multis fuit taliter ordinatum et ab omnibus
approbatum*... (p. 182, n° 796).

[4] « Judicatum est quod dominus rex potest facere inquisitionem pro
jure suo a tempore coronationis regis Ricardi. » L. Delisle, *op. cit.*,
p. 90, n° 353.

ait été considéré dans la pratique du temps comme l'application du principe posé en 1223. Celte dernière décision de l'Échiquier a été rendue, il est vrai, plus de deux mois après la mort de Philippe-Auguste (14 juillet 1223); mais on s'explique que l'auteur du coutumier ait commis une légère erreur et placé le jugement sous le règne de ce prince.

Ces mentions sont très insuffisantes et il est indispensable, pour déterminer l'âge de la *Summa de legibus*, de chercher dans le texte d'autres données.

La partie primitive du traité est certainement postérieure à l'année 1234, où Grégoire IX publia la collection de décrétales qui porte son nom; le second prologue contient en effet quelques lignes empruntées à la bulle de promulgation *Rex pacificus,* du 5 septembre 1234 [1]. Elle a été en outre très vraisemblablement rédigée après 1254. L'ordonnance de décembre 1254, dite ordonnance pour la réformation des mœurs dans le Languedoc, quoiqu'elle eût un caractère plus général, obligea les baillis et autres fonctionnaires royaux à prêter, en entrant en charge, un serment dont elle indiquait les

---

[1] « Rex pacificus pia miseratione disposuit sibi subditos fore pudicos, pacificos et honestos, sed effrenata cupiditas, sui prodiga, pacis aemula, mater litium, materia jurgiorum, tot quotidie nova litigia generat, ut, nisi justicia conatus ejus sua virtute reprimeret et quaestiones ipsius implicitas explicaret, jus humani foederis litigatorum abusus exstingueret et, dato libello repudii, concordia extra mundi terminos exsularet; ideoque lex proditur ut appetitus noxius sub juris regula limitetur... »
Corpus juris canonici, ed. Aem. Friedberg, t. II, p. 1.

« Cum effrenate cupiditatis malicia humanum genus ardore suo insaciabili teneat irretitum, discordias generans... quam ob rem rex pacificus, justus dominus et amator justicie, in terris principes regnare voluit, ut juris semitas certis legibus limitantes contentiones singulas, quas inimica pacis discordia parturivit, judicii calculo diffinirent. » Prol. II.

formes[1]. Cette prescription est reproduite dans le chapitre *De justiciario* (iv)[2]. L'analogie des expressions employées avec les termes correspondants de l'ordonnance permet de croire que ce passage dérive directement de l'établissement de saint Louis[3], auquel le chapitre *De justiciatione* (vi) paraît avoir fait aussi des emprunts[4]. Ces

[1] Ce qui constituait l'innovation, c'était moins l'obligation de prêter serment imposée depuis longtemps aux justiciers royaux en Normandie (*Stat. et cons. Norm.* P. I, xxviii, 1) que les développements donnés à la formule de ce serment et surtout la nécessité où étaient les baillis et autres fonctionnaires de le prêter solennellement lors de leur installation.

« Vicarios autem, quos senescalli [*al.* ballivi] quandoque pro se substituunt, nolumus ab ipsis institui, nisi prius sub forma predicta prestiterint juramentum.

Ut vero hec juramenta firmius observentur, volumus quod in publica assisia fiant coram clericis et laicis ab omnibus et singulis supradictis, etiam si antea facta fuerint coram nobis. » *Ordonnances*, t. I, p. 70.

[2] Ordonnance de 1254.

« Jurabunt igitur omnes et singuli supradicti quod quamdiu commissam sibi tenebunt balliviam, preposituram vel aliud quodcunque officium supradictum, tam majoribus quam minoribus... jus reddent, servantes tamen in locis suis usus et consuetudines approbatas.

Jurabunt insuper jura nostra bona fide requirere et servare... » *Ordonnances*, t. I, p. 68.

De justiciario.

« 2. Ballivi autem minores dicuntur justiciarii... non enim extra ballivias sibi commissas habent justiciandi potestatem.

3. Sic utique justiciarius dicitur ballivus patrie qui... est aliis prepositus ut jura ducis conservet et revocet jure mediante... ipse insuper leges et consuetudines patrie tenetur fideliter observare et secundum eas jus reddere populo subrogato.

4. Hec autem premissa debent omnes ballivi in institutione sua jurare quod ea fideliter observabunt. » iv.

[3] Outre les expressions : *extra ballivias sibi commissas* (iv, 2), *in institutione sua... fuerint instituti* (iv, 4) du ch. *De justiciario*, qui ont une grande analogie avec les termes de l'ordonnance : *quamdiu commissam sibi tenebunt balliviam* et *nolumus ab ipsis institui*, on peut encore signaler la ressemblance des mots : *precepta assisiarum... exequi*, du ch. *De officio vicecomitis* (v, 2) et de ceux-ci qu'on trouve dans l'ordonnance à propos des bedeaux : *ad curie exequenda precepta. Ordonnances*, t. I, p. 72.

[4] Ordonnance de 1254.

« Ne vero senescalli [*al.* ballivi] nostri et inferiores ballivi [*al.* officiales] contra justitiam subditos nostros gravent, inhibemus eisdem ne pro quocumque debito preter nostrum capiant vel captum detineant aliquem subditorum. » *Ordonnances*, t. I, p. 72.

De justiciatione.

« Preter hec tamen sciendum est quod pro debito principis, elapso termino solutioni deputato, sole in debitores justiciatio fieri corporis, licet pro nullo alio debito debeat corpus hominis justiciari. » vi, 8.

deux chapitres sont par suite postérieurs, ainsi que le reste de la rédaction primitive, à l'année 1254.

La composition du texte originaire de la *Summa de legibus* se place par contre :

1° Avant 1276. — Ce texte ne renferme aucune allusion à la célèbre ordonnance sur le droit d'amortissement promulguée au Parlement de la Toussaint 1275[1]. Nul doute que si elle avait été déjà rendue, l'auteur du coutumier ne l'eût mentionnée dans le chapitre *De teneura per elemosinam* (xxx), où il s'occupe des dons en pure aumône. Cela est d'autant plus vraisemblable que la réforme de Philippe le Hardi eut des effets immédiats en Normandie. On trouve l'ordonnance de 1275 en vigueur dans la province au mois de septembre 1276[2] et de nombreux actes des années suivantes montrent les abbayes de Normandie traitant avec les baillis royaux pour consolider leurs acquisitions[3].

Ce rapprochement entre les §§ 7 et 8 du ch. *De justiciatione* et les articles correspondants de l'ordonnance de 1254 est déjà indiqué dans le ms. fr. 5958 de la Bibl. nat. (f. ix r°), du commencement du xive siècle, qui porte en marge cet extrait :
« Nus ne soit des hore en avant pris pour harou. *HOC EST STATUTUM SANCTI LUDOVICI. Ne vero baillivi nostri vel alii inferiores officiales contra justiciam subditos nostros... neminem subditorum.* »
Nous ne connaissons l'ordonnance que par le texte de Laurière, qui dérive d'une copie de l'exemplaire adressé aux sénéchaux de Beaucaire et de Carcassonne ; il est probable que l'expédition envoyée aux baillis de Normandie contenait un texte un peu différent. Peut-être aussi a-t-elle été publiée un peu plus tard dans le nord de la France ? *Ordonnances*, t. I, p. 75, n. zzz.

[1] *Ordonnances*, t. I, p. 303.
[2] Septembre 1276. — « Philippus... cum abbas et conventus beate Marie de Voto juxta Cesarisburgum finaverint juxta tenorem ordinacionis nostre cum ballivo nostro Constanciensi super omnibus in ballivia sua acquisitis per ipsos a triginta annis citra... » Arch. de la Manche, Fonds de Cherbourg (L. Delisle, *Cart. normand*, p. 208, n° 880).
[3] 1276. Septembre. Cherbourg. Montebourg (*Cart. normand*, p. 208, nos 879, 880).
1276-77. Mars. Saint-Sauveur le Vicomte (p. 209, n° 884).
1277. Mai. Saint-Wandrille (p. 210, n° 888).
1277. Août. Savigny (p. 211, n° 894).
1277. Septembre. Les Emmurées de Rouen. Saint-André de Gouffern (p. 212, nos 897, 898). Silly. Sainte-Barbe en Auge (p. 213, nos 899, 900).

2º Avant 1270. — On a vu précédemment que les termes dont se sert le chapitre *De justiciatione* (VI, 7) à propos de saint Louis le supposent encore en vie.

3º Avant 1258. — La session de l'Échiquier de la Saint-Michel 1258 fut une des plus importantes de cette époque; malheureusement elle ne nous est connue que par les notes d'un clerc de l'évêque de Coutances, Jean d'Essey, qui y assistait[1]. Cette session fut marquée par la promulgation de deux actes législatifs d'un grand intérêt. L'un est la fameuse ordonnance par laquelle saint Louis interdisait le duel judiciaire dans ses domaines et qu'on reporte à tort en 1260, tandis qu'elle est de 1258[2]; l'autre avait une portée moins générale : c'était un règlement rendu au Parlement de la Chandeleur 1258, qui restreignait le droit de tavernage en Normandie[3].

Cathédrale de Bayeux. Mondaye (p. 215, nᵒˢ 901, 902). Saint-Georges de Bocherville (p. 217, nᵒ 903). Prieuré du Plessis-Grimoult. Saint-Jean de Falaise (p. 218, nᵒˢ 904, 905).

[1] Ces notes se trouvent dans un Ordinaire de Coutances; elles sont imprimées dans le *Recueil des Historiens de France*, t. XXIII, p. 543-546, et dans L. Delisle, *Rec. de jug. de l'Échiquier*, p. 184-186, 279.

[2] « Item actum fuit ut duella cessarent coram rege. » L. Delisle, *Rec. de jug. de l'Échiquier*, p. 185, nᵒ 803. *Rec. des Hist. de France*, t. XXIII, p. 543.

Voy. sur cet acte J. Tardif, *La date et le caractère de l'ordonnance de saint Louis sur le duel judiciaire* (*Nouv. revue hist. de droit français et étranger*, 1887, t. XI, p. 170).

[3] « Ibidem fuit ordinatio de tabernagio cessando et promulgata constitutio nova. » L. Delisle, *loc. cit.*, nᵒ 801.

« De vinagiis Normannie. Cadant omnino vinagia, nisi illi qui petunt vinagia pretendant conventiones vel aliquod speciale per quod debeant audiri. » Arch. nat., X¹ᵃ-1, fᵒ iiijˣˣ.xij. rᵒ, c. 1. *Olim*, t. I, p. 441, nᵒ iij.

Le texte des Olim porte le mot *vinagium* tandis que les *Note Constancienses* et le coutumier parlent du *tabernagium*; mais ces deux expressions désignent le même droit, ainsi que le prouve ce passage du registre des enquêteurs en Normandie :

« Item conqueritur pro dicta villa [de Lira] et pro villa de Gloz et pro villa de Rugles, quod Bartholomeus Droconis xxv annis elapsis compulit eos solvere vinagium... et adhuc injuste de triennio in triennium dictum vinagium solvere compelluntur et compulsi fuerunt a tempore supradicto. » *Quer. Norm.*, 270 (*Rec. des Hist. de France*, t. XXIV, p. 35 g). Or le *tabernagium* était aussi parfois triennal : « Et super hoc de triennio in triennium inquisitio in quibusdam locis Normannie fieri consuevit. » XV, 4.

La *Summa de legibus* est un des textes où la matière
du duel judiciaire est traitée avec le plus de détails :
deux longs chapitres y sont spécialement consacrés, les
chapitres *De multro* (LXVII) et *De sequela treuge fracte*
(LXXV). Cependant il n'est question nulle part de la
défense prononcée par saint Louis, quoique l'ordonnance
de ce prince ait été certainement applicable à la Normandie[1]. De même le chapitre *De mensuris et ponderibus*
(XV) suppose que le droit de tavernage est en plein exercice et qu'il n'a encore reçu aucune restriction[2]. Il n'est
pas fait davantage mention d'une décision rendue au
Parlement de la Saint-Martin d'hiver 1258, qui enjoignit

[1] Le règlement prohibitif des duels est précédé dans certains manuscrits de cette rubrique caractéristique : *Les defens des batalles ou
demaine le roi en Normendie et en France* (Bibl. nat., ms. lat. 4651,
f. 73 r°, c. 1). *La defense des batailles el demaine le roy en Normendie
et en France* (Bibl. nat., ms. lat. 12883, f. 86 r°, c. 2). Cf. Bibl. nat.,
ms. lat. 15068, f. 2 v°, c. 1.

[2] Le tavernage était, dans son acception première, l'amende due par les
débitants de boissons qui avaient dépassé le prix taxé par le duc ou par
le seigneur. Dans le courant du XIII⁰ siècle, ce mot prit une signification
plus étendue et il désigna un droit perçu sur la vente des boissons, que
l'on se fût ou non conformé à la taxe (*Quer. Norm.*, n⁰ˢ 479, 480. *Ibid.*,
p. 63 l, 64 a). L'ordonnance de la Chandeleur 1258 eut pour objet de
supprimer le droit de tavernage ainsi entendu, mais elle n'abolit pas
l'usage de la taxe des boissons et elle ne porta aucune atteinte aux
droits acquis, ainsi qu'il résulte d'une décision de l'assise de Caen du
10 septembre 1267.
« Cum contencio esset mota inter dominum regem ex una parte et abbatem et conventum Sancti Michaelis in periculo maris super emendis hominum dictorum abbatis et conventus de Britavilla super Odon et de Verson
levatis pro vino vendito ultra pretium domini regis, que sunt loco tabernagii,
quas predicti abbas et conventus petebant sicut habebant tabernagium... »
Cart. du Mont Saint-Michel, f. 130 (L. Delisle, *Rec. de jug. de l'Échiquier*,
p. 194, n. 3).
Les seigneurs laïques et ecclésiastiques, qui avaient joui jusque-là
du droit de tavernage, continuèrent à percevoir les amendes encourues
pour infractions aux règlements sur cette matière ; ce droit paraît avoir
été encore improprement qualifié de *tabernagium* (1260. *Cart. de Fécamp*,
f. 51. — 1390. *Reg. de l'Échiquier*, VI, f. 26). L. Delisle, *Des revenus
publics en Normandie* (*Bibl. de l'Éc. des chartes*, 3ᵉ s., t. I, p. 413 ;
t. III, p. 119, n. 1). *Études sur la condition de la classe agricole en
Normandie*, p. 467, n. 326. Du Cange, t. VI, p. 478, c. 2, v° *tabernagium 1*.

aux baillis de Normandie de procéder à une enquête dans l'assise suivant immédiatement le décès de toute personne soupçonnée d'usure et de ne pas attendre, comme ils le faisaient, une assise plus éloignée. Le chapitre *De usuris* (xix), dans sa teneur originaire, ne cite pas cet acte, tandis que le passage additionnel inséré à la fin de ce chapitre parle des abus auxquels donnait lieu la recherche des usuriers ainsi que des mesures prises pour y remédier[1].

Le silence gardé par l'auteur du coutumier sur les ordonnances de saint Louis qui viennent d'être rappelées ne saurait être attribué à un oubli, puisqu'il rapporte des dispositions législatives moins importantes que l'acte qui a aboli le duel judiciaire[2]. On ne peut s'expliquer

[1] « Cum igitur ballivi domini regis dictam inquisicionem usque ad plures assisias differant, unde contingit quod bona, sive regis sint, sive non, secundum inquisicionem, multis modis interim consumuntur. Supplicabant ut super hoc dictam consuetudinem mandaret inviolabiliter observari. Cum imponitur alicui defuncto quod fuit usurarius in aliquo trium casuum secundum consuetudinem Normannie infra annum ante tempus mortis sue, infra primam assisiam, si possit fieri commode, inquiretur utrum ita sit...» Arch. nat., X ia 1 f. viij. vᵉ. *Olim*, t. I, p. 62.

« Et ne malicia serviencium, qui ad jura ducis observanda sunt instituti, ardore cupiditatis infectorum legitimos in usurarios converteret, excellentissimus rex Ludovicus, de quo fecimus superius mencionem, tale edidit institutum, videlicet : Ut si, aliquo decedente, ejus justiciario ipsum esse usurarium fuerit nunciatum, sine dilatione inquirere debet per viros fide dignos, qui scire super hoc credantur veritatem, utrum res se habeat ut refertur. » xix, 6 *bis*.

[2] « Unde excellentissimus Francorum rex Ludovicus post illustrem regem Philippum pie recordationis secundus tale fecit institutum in Normannia, quod omnes ballivi sui juraverunt fideliter observare :

« Nullus de cetero in prisoniam mittatur vel captus teneatur, nisi « pro causa que pertineat ad placitum spade vel pro re que pertineat « ad periculum membrorum ; et si pro alia causa fuerit aliquis captus, « sine aliqua exactione pecunie vel alicujus lucri recredatur per plegios « sufficientes usque ad terminum competentem.

« Item nullus occasione clamoris, qui vulgariter dicitur harou, de « cetero puniatur vel occasione aliqua teneatur, nisi evidens et ratio-« nabilis fuerit causa quare debuerit clamari. » vi, 7.

Ce passage est peut-être emprunté au texte de la grande ordonnance de 1254 spécialement adapté aux besoins de la Normandie.

l'absence de toute allusion à ces documents qu'en supposant la rédaction primitive antérieure à l'année 1258. La conformité de doctrine qu'on remarque entre ce traité et la jurisprudence du temps vient fortifier cette conjecture. Malheureusement les collections de jugements de l'Échiquier qui nous sont parvenues s'arrêtent vers 1248[1] et ne reprennent qu'en 1276; pour la période intermédiaire il faut se contenter des renseignements fournis par d'autres sources. Toutefois, malgré cette lacune, on constate que le taux du relief d'un moulin est le même dans un jugement de la Saint-Michel 1258 que dans le chapitre *De releviis* (xxxii)[2]. De même le chapitre *De custodia* (xxxi) donne à la garde ducale la durée qu'elle avait dans la pratique du temps; une décision de cette même session de la Saint-Michel 1258, qui reproduit exactement le système du coutumier, semblerait indiquer que cette doctrine commençait déjà à soulever des objections[3]. C'est ainsi encore qu'un jugement de Pâques 1247

---

[1] La quatrième compilation de jugements de l'Échiquier (Ms. F. fr. 2 de la Bibl. Sainte-Geneviève) s'arrête à la session de la Saint-Michel 1246. Le ms. Ottoboni 2964 fournit de plus 8 jugements de cette dernière session, des sessions de Pâques et de la Saint-Michel 1247, de Pâques 1248. L. Auvray, *Jug. de l'Échiquier de Normandie du XIIIe siècle*, 1244-1248 (*Bibl. des chartes*, 1888, t. XLIX, p. 642 et 643).

[2] « Et notandum quod molendinum debet lx. solidos pro relevio. » L. Delisle, *op. cit.*, p. 186, n° 811. *Rec. des Hist. de France*, t. XXIII, p. 544.

« Molendina tamen bannum et moltarios habencia, si per se teneantur sine aliis feodis, per lx. solidos solent relevari. » xxxii, 4.

Le même accord existe à propos de l'aide de mariage entre un jugement de la Saint-Michel 1244 à Rouen et les ch. *De releviis* (xxxii) et *De capitalibus auxiliis* (xxxiii) :

« Judicatum est quod homines domini Alani Makerel reddent de auxilio filie domini de Clara maritande sex denarios de qualibet acra... » *Bibl. de l'Éc. des chartes*, t. XLIX, p. 639.

« Hujusmodi auxilia sunt in quibusdam feodis dimidio relevio equalia. » xxxiii, 3.

« In acris terrarum culture subjacencium fit relevium per xij. denarios de acra. » xxxii, 3.

[3] « Ibidem dictum fuit quod garda regis durat per xxi annos, baronum

« Dux Normannie ratione ducatus habet custodiam minorum quousque

13

décide que la formule du bref de fief et de gage ne doit pas indiquer le nom du créancier gagiste primitif, mais que le débat doit se restreindre entre le réclamant et le possesseur actuel; la formule de ce bref insérée dans le chapitre *De brevi de feodo et vadio* (cxi) est rédigée conformément à cette prescription[1]. Les années 1254 et 1258 semblent par suite devoir marquer les limites entre lesquelles se place la rédaction originaire du coutumier.

§ 3. *Date des principaux remaniements du coutumier de Normandie.*

L'examen comparatif des manuscrits et l'analyse du texte de la *Summa de legibus* permettent d'y discerner trois ou quatre couches principales; mais, s'il est facile de constater le fait, il est moins aisé de fixer des dates.

per xx annos, licet quidam contradicerent. » L. Delisle, *op. cit.*, p. 185, n° 802. *Rec. des Hist. de France*, t. XXIII, p. 543.

[1] « In brevi feodi et vadii non debet poni in cujus manu terra fuit invadiata, sed debet afferri de petente super tenentem. » L. Auvray, *op. cit. 'Bibl. de l'Éc. des chartes*, t. XLIX, p. 643).

vicesimum annum primum habuerint adimpletum...

In custodia autem aliorum dominorum debent heredes esse quousque xx annos compleverint. » xxxi, 8, 9.

« *Ad recognoscendum utrum terra sive feodum, quod ei difforciat B. apud N. sit feodum tenentis vel vadium petentis invadiatum per manum G. post coronamentum regis Ricardi...* » cxi, 1.

Les mêmes expressions se retrouvent dans les formules du Cartulaire de Saint-Gilles de Pont-Audemer, qui est du milieu du xiiie siècle : « *utrum terra illa quam sibi difforciat A. apud illum locum sit feodum A. tenentis vel vadium B. exigentis invadiatum per manum ejusdem post coronamentum Ricardi regis Anglie.* » (f. 45 r°).

Cette évolution de la jurisprudence normande est due vraisemblablement à un changement dans la conception du bref de fief et de gage, qui d'abord limité aux seules parties contractantes a été ensuite étendu à leurs ayants-cause :

« Sacramento xij. hominum legalium de visineto recognoscetur utrum sit hereditas hominum invadiata pauperum divitibus vel hereditas divitum. » *Stat. et cons. Normannie.* P. I, xix, 1. — 1202-1203. « Utrum scilicet molendina essent jus et hereditas ipsius Walerani vel vadium invadiatum patri Willelmi de Bonesboz... » *Rot. terr. lib. et contrabr. de Norm. anno Joh. iiij to. Rotuli Normanniae,* ed. Th. Duffus Hardy, 1835, t. I, p. 97.

Il y a toutefois quelques points de repère qui peuvent servir à déterminer d'une façon approximative l'époque de ces divers remaniements. La plupart d'entre eux doivent d'abord être reportés après 1258. C'est l'année où fut remis en vigueur, au Parlement de la Saint-Martin, l'usage anciennement suivi dans les questions de fief et d'aumône de procéder à une enquête préjudicielle sur la nature de l'objet du litige; cette enquête, qui avait pour but de fixer la compétence, était confiée exclusivement aux officiers royaux. Le chapitre *De brevi de feodo et elemosina* (cxv) fait l'application de cette règle[1]. Or ce chapitre est un des premiers qui aient été ajoutés au texte primitif. Un autre acte de cette même session du Parlement (Saint-Martin 1258) est encore cité dans un passage additionnel du chapitre *De usuris* (xix, 6 [bis])[2], qui appartient à un troisième groupe de remaniements.

---

[1] « Secundum antiquam consuetudinem cum pars ecclesiastica coram ecclesiastico judice proponeret contra laicum se spoliatam ab ipso elemosina sua, laico dicente rem ipsam non esse elemosinam, set feodum laicale, et capiente breve de feodo et elemosina, si pars ecclesiastica coram ballivo peteret remitti ad forum ecclesie, dicens se et predecessores suos possedisse rem de qua agebatur per triginta annos in pace tanquam elemosinam, arrestabatur breve et inquirebat ballivus de dicta possessione triginta annorum, et si inveniebatur per dictam inquisicionem quod res de qua agebatur per dictum tempus tanquam elemosina possessa fuisset in pace, remittebat eam ad judicem ecclesiasticum; sin autem, judex secularis procedebat secundum breve... » Arch. nat., X¹ᵃ-1, f. viij. vº. *Olim*, t. I, p. 61, § 5.
[2] Voy. p. cxcii, n. 1.

« In hoc eciam casu potest querelatus aliam pretendere, si voluerit, defensionem, que per inquisitionem sine brevi prescriptionis agitur ratione. Si respondeat se non debere super viso feodo contra querelantem respondere in curia laicali, cum illud per xxx annos completos pacifice tanquam elemosinam ad ipsum possederit pertinentem, super quo inquisitionem patrie paratus est sustinere, visio debet de inquisitione facienda assignari. » cxv, 3.

La première transformation du coutumier a consisté dans l'adjonction des chapitres *De brevi de stabilia* et suivants jusqu'au milieu du chapitre *De lege apparenti* (CXIII-CXXIV, 8). Elle doit être antérieure à 1275. D'un côté le chapitre *De brevi de feodo et elemosina* (CXV) ne mentionne pas les règles nouvelles sur l'amortissement introduites par l'ordonnance de 1275[1]. D'autre part, le chapitre *De brevi de stabilia* (CXIII) fixe encore, comme le chapitre *De liberatione namnorum* (VII, 6), le salaire des sergents à onze deniers, tandis qu'un arrêt de l'Échiquier de Pâques 1276 leur accorda un minimum de douze deniers pour l'exécution des lettres de créance et vraisemblablement aussi pour tous autres exploits[2].

---

[1] 1275. « Justiciarii nostri... abstineant molestare ecclesias super acquisitionibus, quas hactenus fecerunt in terris baronum nostrorum, qui et quorum predecessores nostri et predecessorum nostrorum temporibus per longam patientiam usi fuisse noscuntur publice et patienter dare et eleemosinare ecclesiis et concedere quod ecclesie licite acquisita tenerent, consensu nostro minime requisito... » *Ordonnances*, t. I, p. 303.

« Sciendum eciam est quod nullus in Normannia potest de feodo suo laicali puram facere elemosinam sine concessione et assensu principis speciali. » CXV, 7.

Dans tout le ch. *De brevi de feodo et elemosina* (CXV) il n'est pas question des sommes que durent payer les gens d'Eglise pour consolider leurs acquisitions. Voy. deux arrêts de l'Échiquier de Pâques et de la saint Michel 1277, qui se réfèrent implicitement à l'ordonnance de 1275 (Warnkœnig, *Fr. St. u. RG*, t. II, Urkundenbuch, p. 122 et 123).

[2] « De servientibus domini regis pro litteris integrandis ita fuit ordinatum quod de litteris confectis super xx. libras et minus serviens habebit xij. denarios tantum pro quali[bet] littera integranda, et de ultra duos solidos, quantum[cun]que summa sit magna. » Warnkœnig, *op. cit.*, p. 120.

« De quo brevi... serviens, qui visionem tenebit, xj. denarios pro liberatione sua habebit, nec de illo brevi aliquid ultra possunt requirere... » CXIII, 5.

Dans la version française de cet arrêt contenue dans le ms. fr. 5530 de la Bibl. nat. (f. 56 r°), ses dispositions sont conçues en termes généraux, qui embrassent certainement les actes relatifs à la procédure des brefs :

« En l'Eschiquier mil ij° lxxvij (*sic*) ordonné fu que les sergens pour chacune execucion qu'ilz feront de lettre de baillie contenant xx l. et au dessoubz auront xij. d. »

La *Summa de legibus* a été ensuite complétée par l'addition des derniers paragraphes du chapitre *De lege apparenti* (cxxiv, §§ 8-14) et du chapitre *De prescriptione* (cxxv). Il semble que ce travail ait eu lieu avant l'année 1278. Une décision royale promulguée à l'Échiquier de la Saint-Michel 1278 imposa au retrayant l'obligation de payer immédiatement le montant du prix de vente à peine de forclusion. Le chapitre *De prescriptione* (cxxv) parle bien d'une déchéance de cette nature, mais à propos seulement du retrait des biens tenus en bourgage et sans indiquer que cette condition rigoureuse soit devenue le droit commun en Normandie[1].

Il est plus difficile d'assigner une date aux troisième et quatrième remaniements (insertion des chapitres

---

[1] « Acordatum est per dominum regem et ejus consilium et servari per totam Normanniam precipitur et in presenti scacario generaliter extitit publicatum quod quicunque de cetero in Normannia mercatum aliquod per bursam et denarios voluerit retrahere, incontinenti cum ad genus venditoris fuerit recognitus, denarios solvat, alioquin de cetero non audietur ad illud... » Ms. lat. 4651 de la Bibl. nat., f. 42 r°, c. 1 et 2. Warnkœnig, *op. cit.*, p. 125. *Ordonnances*, t. I, p. 309.

Ce règlement de la Saint-Michel 1278 contient encore une disposition qui déroge au texte du ch. *De feodis revocandis per bursam* (cxvi) :

« Concordatum fuit et eciam ordinatum quod, si aliquis in genere propinquior quam qui mercatum illud revocaverat, dictum mercatum pecierit infra diem et annum, mercatum habebit denarios in continenti solvendo... » *Ibid.*

« Quedam enim [prescriptio] fit de hora, ut in revocatione burgagii in burgis, oppidis et civitatibus. Si quis autem vendiderit terram vel feodum de burgagio et venditio fuerit publice denunciata, consanguineus venditoris illud potest revocare, si revocationem suam fecerit antequam venditor receperit perfecte precium rei vendite et gratanter ; post eam receptionem factam habende responsionis super hoc clauditur via revocanti, et hec prescriptio est quasi de spacio unius diei. » cxxv, 1.

« Si autem propinquior tacuerit quousque per alium in curia fuerit revocatum, audiri ulterius non debebit. » cxvi, 3.

Dans le système du coutumier le silence du plus proche parent entraîne déchéance de son droit, tandis que, d'après l'ordonnance de 1278, celui-ci peut encore demander le retrait après que le marché a été révoqué, pourvu que l'on soit encore dans l'an et jour de la vente. C'est un nouvel argument à invoquer en faveur de la date de 1275, que nous avons indiquée comme limite extrême du premier remaniement.

additionnels *De officio senescalli* (iv *bis*), *De exercitu*
(xxii *bis*), et de nombreux passages dans la deuxième et la
troisième distinction). Le silence gardé par le chapitre *De
exercitu* sur une ordonnance de Philippe-le-Bel de 1293,
qui rappelait aux écuyers nobles, possesseurs de deux
cents livres de rente, l'obligation où ils étaient de se
faire recevoir chevaliers dès qu'ils auraient atteint l'âge
de vingt-cinq ans, ne permet pas de placer la plupart de
ces additions après l'année 1293[1]; mais l'allusion à la
théorie nouvelle de la prévention contenue dans un
passage additionnel du ch. *De rebus vaivis* (xviii)[2] et
l'ancienneté des meilleurs manuscrits des familles V, VI
et VII nous reportent plutôt sous le règne de Philippe III.

Quant à la cinquième et à la sixième transformation,
il est presque impossible d'en déterminer l'époque parce
que le travail de remaniement a consisté ici dans des
transpositions ou des suppressions, sans que l'insertion
de passages nouveaux vienne fournir quelque indice. On
sait seulement que le plus ancien manuscrit de la

---

[1] « Philippus, Dei gratia Francorum rex, ballivo Cadomensi salutem.
Cum nos ordinaverimus quod omnes
armigeri nobiles saltem ex parte patris, qui habent aut habebunt ducen-
tas libras parisiensium terre, de quibus centum et sexaginta sint de
hereditate sua, fiant milites infra Na-
tivitatem Domini proximo ventu-
ram... videlicet omnes illi, qui etatem xxiiij. annorum compleverint...»
Ms. lat. 4651 de la Bibl. nat., f. 13 v°.

« Ex predictis patet quod non immerito Anglorum temporibus solet in
Normannia usitari quod omnes feodum lorice possidentes... cum ad
etatem xx. et unius anni devenissent,
tenebantur in militibus promoveri...»
xxii *bis*, 9.

Cette ordonnance nous est connue par deux mandements de Philippe IV
au bailli de Caen de 1293. Elle modifie les dispositions du ch. *De exercitu*
en substituant à la majorité de vingt et un ans commencés l'âge de vingt-
quatre ans accomplis.

[2] « Per dominicum suum et eciam alibi ubicumque per Normanniam,
si per justiciarium suum primo fuerint arrestata. » xviii, 1 *bis*.

Famille VIII, le ms. latin 12883 de la Bibl. nat., ne remonte qu'aux premières années du xive siècle, et que deux autres, le ms. latin 4790 de la Bibl. nat. et le ms. Dutuit, sont certainement antérieurs à 1320[1]. Le sixième remaniement, dont les plus anciens manuscrits datent du xve siècle, est encore plus récent.

CHAPITRE VI.

LES AUTEURS DU COUTUMIER DE NORMANDIE.

Le coutumier de Normandie est de tous les traités de droit du moyen âge celui qui a peut-être exercé le plus la sagacité des interprètes[2]. Non seulement l'auteur n'a pas signé son œuvre, mais on dirait même qu'il a cherché à sé dissimuler, tant il a pris soin de ne rien laisser échapper qui pût le trahir. Aussi les historiens et les jurisconsultes n'ont-ils pu que hasarder des conjectures à son sujet ou avouer leur ignorance.

Après avoir indiqué les différentes hypothèses qui ont été émises, nous essaierons, sinon de résoudre le problème, du moins de faire connaître les éléments de

---

[1] Voy. p. xxviii, n. 2, et p. lvii, n. 5.
[2] La question traitée dans ce chapitre a fait l'objet d'une étude approfondie sous ce titre : *Les auteurs présumés du Grand Coutumier de Normandie*, et insérée dans la Nouvelle revue historique de droit français et étranger, t. IX, 1885, p. 155-205.

solution que peut fournir l'étude du texte ainsi que l'examen des documents contemporains.

§ 1. *Opinions des historiens sur l'auteur présumé du coutumier de Normandie.*

On ne compte pas moins de quatre opinions sur le rédacteur du coutumier de Normandie.

La première et la plus ancienne l'attribue à un des princes qui ont régné sur la Normandie[1] et fait ainsi de ce traité une œuvre législative.

L'auteur anonyme de la glose ou *Exposition* du coutumier se demande si l'ouvrage a été fait d'un seul jet ou s'il s'est formé peu à peu d'établissements des divers ducs de Normandie. Ce point aurait, selon lui, divisé les juristes du xive et du xve siècle. Les uns le regardaient comme un ensemble homogène dont toutes les parties remontaient à la même époque[2]. Les autres tenaient au contraire pour la formation successive du coutumier : ils faisaient remarquer que le second prologue s'exprimait au pluriel, qu'il y était question de plusieurs princes de Normandie[3]; ils ajoutaient qu'il

---

[1] « Item le texte dudit prologue met : *pour ce que la malice de couvcitise etc.* Par l'inspection de ce texte appert que reffrener convoitise fut la cause principale et finale qui meust le prince a construire et accomplir ce livre de coustume... » *Exposition du livre coustumier de Normendie,* Prol., éd. *princeps,* f. a. ij. v°; éd. de 1534, f. j. r°. c. 2.

[2] « Pour la response de ce doubte peut l'en arguer premierement que la coustume fut compilee a une fois par le duc par les contes et les barons et les prelatz etc. comme il peut apparoir par le texte. » *Exposition du livre coustumier,* Prol., éd. *princeps,* f. a. iij. r°; éd. de 1534, f. j. v°, c. 1.

[3] « Quoniam ergo leges et instituta, que Normannorum principes... ad salutem humani generis statuerunt. » Prol. II.

n'était pas à supposer « qu'une si grande chose eût été faite à une fois[1] ». Entre ces deux avis extrêmes il y avait un système intermédiaire qui les conciliait : d'après cette dernière manière de voir, les coutumes de Normandie procéderaient bien des établissements des ducs ; mais comme ces établissements étaient à la longue tombés en oubli, un des souverains de la Normandie les aurait fait réunir dans une compilation, qui serait devenue le Grand Coutumier. Les partisans de cette opinion intermédiaire qu'adopte le glossateur se fondaient également sur les termes du second prologue[2].

L'idée d'attribuer la composition du coutumier à un prince n'a pas vu le jour dans ces controverses ; elle dérive d'une tradition, dont on retrouve l'écho dans quelques manuscrits et dans des passages de la glose et du « Stille de proceder eu pays de Normendie ». Daviel[3] et Palgrave[4] se sont mépris sur la véritable portée de cette tradition ; ils ont pensé que la croyance populaire faisait remonter à Édouard le Confesseur la rédaction des coutumes de la Normandie. Guillaume Le Rouillé considère sans doute le dernier roi anglo-saxon comme

---

[1] « Sauf la grace du disant il n'est a tenir ne a supposer que une si grant chose feust faicte a une fois. » *Exposition du livre coustumier*, Prol., éd. *princeps*, f. a. iij. r⁰ ; f. j. v⁰, c. 1.

[2] « Aucuns autres ont opinion que les lois et les establissemens de Normendie furent faictes et constituees au commencement a plusieurs fois par plusieurs princes : mais pour ce que ilz estoyent mis aussi comme en oubli etc. ilz furent compilees ensemble par ung prince pour les ramener en memoire et en fust fait le coustumier : et ce peut apparoir par le texte qui met : Je esliray pour le commun proffit a les rapeler etc. Et semble ceste opinion assez consonante au texte. » *Exposition du livre coustumier*, Prol., éd. *princeps*, f. a. iij. r⁰ ; f. j. v⁰, c. 2.

[3] Daviel, *Recherches*, p. 37.

[4] « The traditions of Normandy even attributed the formation of that which in the reign of Philippe Auguste was their national code, the Grand Coutumier, to the equity and wisdom of Edward the Confessor. » Palgrave, *History of Normandy and of England*. London, 1851-64, in-8⁰, t. III, p. 602 et 627.

l'auteur du Grand Coutumier; mais cette manière de voir, qui lui est propre, résulte de l'interprétation erronée d'un texte peu digne de foi[1]. Tous les témoignages s'accordent au contraire pour rapporter à un roi de France l'honneur d'avoir fait rédiger par écrit les coutumes normandes[2], et ce prince c'est naturellement Philippe-Auguste, le conquérant de la Normandie[3]. Cette tradition n'a aucun fondement historique. Il est certain sans doute que Philippe-Auguste a respecté les coutumes du duché. Les nombreux actes délivrés par sa chancellerie en font foi[4]. Guillaume le Breton atteste en outre que si ce prince a modifié quelques dispositions de détail, il a laissé en général subsister le droit en vigueur[5]. Enfin, en 1205, au lendemain de la conquête, il a été procédé à une grande enquête sur les droits régaliens exercés en Normandie par les rois d'Angleterre; cette enquête, inspirée surtout par des vues fiscales[6], touche

---

[1] « At hujusce Normanice consuetudinis latorem sive datorem sanctum Edoardum Anglie regem testatur vulgaris illa cronica que cronica cronicarum intitulatur..... et quod Edoardus sanctus, Anglie rex, fecerit dictas consuetudines Anglie et Normanie satis patet ex conformitate dictarum consuetudinum. » *Descriptio Normanie*, Grant Coustumier, éd. de 1534, à la suite du répertoire. Voy. *Cronica cronicarum abbregé et mis par figures*... imprimé à Paris par (*sic*) François Regnault. [1532] in-4°, 2e partie, f. xxiij, r°, c. 1.

[2] « Par ce chapitre peut apparoir que au temps que le coustumier fut fait le roy de France avoit la seigneurie de la duchie. Et par ce peut on supposer que le roy de France compila ce texte et par espec al ce chapitre. » *Exposition du livre coustumier*, ch. xij, éd. *princeps*, f. d. iiij. r°; f. xix r°, c. 1.

[3] *Stille de proceder eu pays de Normendie*. Grant Coustumier, éd. de 1534, II, f. lxix. r°, c. 1. Voy. p. clxxvi, n. 3.

[4] La formule : *ad usus et consuetudines Normannie* revient dans presque tous les actes de concession du Registre G de Philippe-Auguste. *Mém. de la Soc. des Ant. de Normandie*, t. XV, p. 154, c. 1 et s.

[5] Guillelmi Britonis *Philipp*. lib. VIII, v. 221-240. *Recueil des Hist. de France*, t. XVII, p. 214.

[6] « Et quia jura domini regis et nostra nobis memorie non occurrebant, et quia quidam de baronibus Normannie presentes non erant, decrevimus inter nos quod ad aliam diem conveniremus et barones absentes

à des questions de droit public et de droit privé et notamment aux matières traitées dans la seconde distinction de la première partie du coutumier[1]. Mais il y a loin de là à supposer que, Philippe-Auguste ait ordonné une révision des coutumes normandes, dont les résultats seraient consignés dans le traité.

La tradition qui donne au coutumier de Normandie un caractère législatif ne mérite donc aucune créance et on ne songe plus guère aujourd'hui à y ajouter foi; il suffit en effet d'un examen rapide pour se convaincre du contraire.

Les trois autres opinions considèrent l'ouvrage comme le travail d'un simple particulier; leurs partisans sont seulement en désaccord sur la personne de l'auteur présumé.

Le premier nom qui ait été mis en avant est celui de Pierre de Fontaines. Présentée d'abord par Brodeau[2], cette conjecture a été reproduite par Basnage[3] et acceptée non sans quelque hésitation par Laferrière[4]. Elle a

---

advocaremus, si domino regi placeret, et tunc jura domini regis et nostra, que hic scripta non sunt... scriberemus. » Arch. nat., *Trésor des chartes*, J. 210, n° 2. Teulet, *Layettes*, t. I, p. 297, n° 785.

[1] Divers articles se rapportent aux biens des usuriers et des intestats (*De usuris*, xix. *De sese homicidis*, xx). Les autres dispositions de l'enquête règlent principalement les conflits de juridiction qui peuvent s'élever entre les justices royales et les cours d'Église.

[2] Brodeau, *Coustume de la prevosté et vicomté de Paris*. Paris, 1679, t. I, p. 5. Il cite textuellement, p. 124, les premiers mots du ch. *De teneure par parage* (xxx) du Grand Coutumier (éd. de 1534, f. xlvj, r°, c. 1).

[3] « Maître Pierre des Fontaines, qui étoit maître des requêtes du roy S. Louis, dans la Préface du Livre premier de la Reyne Blanche, se vante qu'il est le premier qui a rédigé par écrit les usages et coutumes de la France, et notamment du païs de Vermandois dont il étoit originaire et celles de Normandie. » Basnage, *La coutume reformée... de Normandie*, t. I, p. 8. — On ne s'explique pas pourquoi Bourdot de Richebourg (*Nouveau Coutumier général*, t. IV. p. 1, n. a), trop fidèlement suivi par Laferrière (*Histoire du droit civil de Rome et du droit français*, t. III, p. 125, n. 21), prête à Basnage l'idée de faire remonter le coutumier jusqu'à Raoul ou Rollon.

[4] Laferrière, *op. cit.*, t. III, p. 126.

son origine dans les idées erronées de Brodeau sur le véritable caractère de la compilation appelée le *Livre la Roine*. Ayant eu occasion de consulter à la Bibliothèque du roi un manuscrit ainsi intitulé, le manuscrit français 5245, qui comprend le Conseil de Pierre de Fontaines, une version française du troisième livre des Institutes, le Grand Coutumier de Normandie, la traduction d'une partie du quatrième livre des Institutes et de différents titres du Digeste, il a été induit en erreur par les termes de l'*incipit*[1] et s'est imaginé que tous les traités contenus dans le manuscrit avaient été rédigés par le célèbre conseiller de saint Louis[2]. L'attribution du coutumier normand à ce personnage repose donc uniquement sur la présence accidentelle de ce texte dans un manuscrit qui renferme également le Conseil de Pierre de Fontaines[3].

Quelques auteurs ont cru qu'il suffisait, pour écarter l'opinion de Brodeau, de faire remarquer que Pierre de Fontaines était étranger à la Normandie et qu'il devait par suite ignorer le droit particulier à cette province[4]. Ce procédé de réfutation n'est pas satisfaisant. Sans doute Pierre de Fontaines n'était pas normand, mais il pouvait avoir acquis une certaine connaissance des coutumes de ce pays en siégeant à l'Échiquier[5]. La simple comparaison des deux ouvrages est plus décisive. Dans la

---

[1] « *Ci commence li livres des usages et des coutumes de France et de Vermendois selonc court laie*, et fu fez por une roine de France... et por ce est il apelez le Livre la Roine. » Bibl. nat., ms. franc. 5245 f. j. r°, c. 1.

[2] Brodeau, *op. cit.*, t. I, p. 124 et 630 ; t. II, p. 7.

[3] Klimrath, *Travaux sur l'histoire du droit français*, t. II, p. 33.

[4] Daviel, *op. cit.*, p. 22 et 23. Warnkœnig, *Französische Staats-und Rechtsgeschichte*, t. II, p. 45.

[5] Il figure ainsi à l'Échiquier de Pâques 1258, à Caen. L. Delisle, *Rec de jug. de l'Échiquier*, p. 184, n° 798.

Summa de legibus on ne rencontre pas ce mélange, si habituel à Pierre de Fontaines, de textes des jurisconsultes romains et de règles coutumières; le praticien normand ne cite jamais de dispositions de droit romain, et, si parfois il a fait des emprunts à cette législation, il les a dissimulés avec le plus grand soin. De plus, le Conseil de Pierre de Fontaines est rédigé en français tandis que le coutumier a été composé primitivement en latin; il serait surprenant que le même auteur n'eût pas écrit tous ses ouvrages dans la même langue.

Le nom de Philippe de Beaumanoir a été aussi prononcé par l'avocat de la Foy[1], sans que rien ne justifie une assertion aussi hypothétique. Beaumanoir mentionne bien dans son livre certaines particularités du droit normand[2]; mais ses fonctions administratives ne paraissent point l'avoir conduit en Normandie et lui avoir ainsi permis de connaître à fond les usages de la province[3]. En outre les procédés d'exposition et les habitudes d'esprit du rédacteur du coutumier sont très différents de ceux de Beaumanoir.

A côté de ces deux jurisconsultes éminents auxquels on a essayé d'attribuer le coutumier de Normandie, vient se placer un inconnu, messire Robert le Norman, que

---

[1] « Beaumanoir fut le rédacteur de ces *Établissements* ou loix. Des scavants ont pensé, non sans raison, qu'il avoit corrigé, retouché et rédigé nos anciennes loix dans le livre intitulé *le Grand Coutumier du pays et duché de Normandie.* » *De la constitution du duché de Normandie,* p. 88.

[2] Il cite la coutume de Normandie dans un passage. *Coutumes de Beauvoisis,* ch. xxxv, 26. Paris, 1842, in-8º, t. II, p. 54. Cf. ch. lii, 16, t. II, p. 293.

[3] « Noz devons avoir mix en memoire ce que noz avons veu uzer et jugier de nostre enfance en nostre pays que d'autre dont noz n'avons pas aprises les coustumes ne les usages. » *Coutumes de Beauvoisis,* Prol., t. I, p. 12.

Klimrath a tiré de l'oubli. Dans un passage de ses Pandectes françaises, Charondas le Caron s'exprime ainsi en faisant l'énumération des auteurs qui ont écrit sur les coutumes de la France : « J'ay veu un autre livre faict du temps du mesme roy pour le roy Philippes son fils et en furent les autheurs messire Pierre et messire Clement de Tours et messire Robert le Norman et messire Hue de Paris[1]. » Klimrath crut avoir découvert dans cette phrase le nom de l'auteur du coutumier normand. Voici comment il avait été conduit à cette conjecture. La présence dans un même manuscrit du Conseil de Pierre de Fontaines et du Grand Coutumier lui avait fait croire qu'il avait retrouvé l'ouvrage composé pour l'instruction de Philippe le Hardi, que signalait Charondas le Caron. Saint Louis aurait confié ce travail aux principaux légistes de son temps : à Pierre de Fontaines serait échu le soin de rédiger les coutumes de France et de Vermandois, tandis que messire Robert le Norman aurait été chargé de mettre par écrit les usages de la Normandie[2]. L'opinion de Klimrath, accueillie sans réserve par Warnkœnig[3], a été aussi admise par Mittermaier[4], Daniels[5], Cooper[6] et quelques autres savants; mais elle a rencontré des contradicteurs, parmi lesquels il faut citer

---

[1] *Pandectes du droict françois.* Paris, 1637, in-fol., l. I, c. 2, t. I, p. 6.
[2] Klimrath, *op. cit.*, t. II, p. 32 et 33.
[3] Warnkœnig, *loc. cit. Kritische Zeitschrift für Rechtswissenschaft und Gesetzgebung des Auslandes*, t. XIII, p. 223.
[4] *Kritische Zeitschrift für Rechtswissenschaft und Gesetzgebung des Auslandes*, t. VIII, p. 311.
[5] Daniels, *System und Geschichte des franz. und rhein. Processrechtes*, t. I, p. 49.
[6] Cooper, *Catalogue of books on foreign Law*, p. 27. Cf. Kœnigswarter, *Sources et monuments du droit français*, p. 114. Ginoulhiac, *Cours élémentaire d'histoire générale du droit français*, p. 600.

Schæffner[1], A. Blanche[2], MM. Brunner[3] et Glasson[4].

La thèse de Klimrath repose exclusivement sur les assertions de Charondas le Caron, dont la science historique ne fait pas autorité. N'a-t-on pas longtemps cru sur sa seule affirmation à l'existence d'un ancien jurisconsulte du nom de Guido, doyen de Saint-Quentin et évêque de Beauvais, dont la prétendue pratique n'est qu'un exemplaire du Conseil de Pierre de Fontaines transcrit par un scribe du nom de Gui[5]. Il est dès lors permis de se demander si Charondas le Caron ne se serait pas rendu coupable de pareille méprise à l'égard de Robert le Norman. L'examen du manuscrit latin 12883 de la Bibliothèque Nationale pourrait le faire supposer. La table de ce manuscrit contient, au-dessous de la rubrique du dernier chapitre *De prescriptione temporis*[6], un dessin à la plume représentant une tête de moine avec une banderolle sur laquelle se lit le nom de *Will' le Normant,* qui était vraisemblablement celui du copiste ou de l'enlumineur. En face, au recto du feuillet suivant, on a reproduit grossièrement ce dessin en estropiant la légende, qui est devenue *vl. ll. norm.* Il se pourrait que les deux premières lettres de ce nom eussent été lues *rb* et considérées comme l'abréviation du prénom Robert, et qu'un lecteur inattentif eût pris ici, comme

---

[1] Schæffner, *Geschichte der Rechtsverfassung Frankreichs,* t. III, p. 92.
[2] Blanche, *Discours,* p. 12.
[3] Brunner, *Excurs,* p. 84.
[4] Glasson, *Histoire du droit et des institutions de l'Angleterre,* t. II, p. 104.
[5] P. Viollet, *Une visite à Cheltenham (Bibl. de l'Éc. des chartes,* 1880, t. XLI, p. 154).
[6] Ms. lat. 12883 de la Bibl. nat., f. 12 v°.

Charondas le Caron, le nom du copiste pour celui de l'auteur. Si cette hypothèse était fondée, elle expliquerait le passage énigmatique de Charondas le Caron et elle rendrait aussi compte d'une annotation mise au XVIII° siècle sur un feuillet de garde du manuscrit latin 4651 de la Bibliothèque Nationale, où le coutumier latin est attribué à un personnage appelé *H. Normannus*[1].

Les différentes opinions qui viennent d'être énoncées ne sont pas assez sûres pour qu'il y ait lieu de s'y arrêter. Aussi les auteurs les plus graves, Houard[2], Froland[3], Daviel[4], Floquet[5], Schæffner[6], ainsi que MM. de Rozière[7] et Brunner[8] évitent-ils de se prononcer : ils pensent que la question doit rester en suspens jusqu'à ce que de nouvelles découvertes viennent l'éclairer d'une lumière inattendue.

§ 2. *Les données fournies par le texte et les manuscrits du coutumier.*

Le coutumier de Normandie garde sur son auteur un silence presque absolu. Peu de livres ont en effet un caractère aussi impersonnel : l'emploi de la première

---

[1] « Consuetudo Normanniæ quam ex gallico in latinum sermonem vertit H. quidam Normannus circa an. 1250, nonnullis ad ipsas leges explicationis seu exempli gratia additis. Hanc edidit Ludewigus ex mendoso codice tom. VII Reliquiarum medii ævi. » Ms. lat. 4651 de la Bibl. nat., 2° feuillet de garde, v°.

[2] Houard, *Anciennes loix des François*, t. I. p. xlv et xlvj.

[3] Froland, *Recueil d'arrets*, t. I, part. I, ch. III, p. 97 et 98.

[4] Daviel, *loc. cit.*

[5] Floquet, *Histoire du Parlement de Normandie*, t. III, p. 186.

[6] Schæffner, *loc. cit.*

[7] De Rozière, *De l'histoire du droit en général* (*Revue historique de droit français et étranger*, 1867, t. XIII, p. 74).

[8] Brunner, *loc. cit.*

personne y est très rare et les passages où elle se rencontre sont, sauf un, des définitions ou des renvois[1].
Lorsque le rédacteur rapporte les controverses qui divi-
saient les juristes de son temps, il se borne à indiquer
les différentes opinions en présence sans faire connaître
son sentiment[2]. Deux fois seulement, à propos de l'ad-
mission de la représentation en faveur des petits-enfants[3]
et d'une question secondaire relative aux enquêtes de
fief et de ferme[4], il prend parti dans le débat et expose
assez longuement sa manière de voir. La façon dont il
discute, le soin qu'il prend de réfuter en détail certains
arguments semble indiquer qu'il ne s'agit pas là de controverses théoriques, mais de discussions auxquelles il
aurait pris part. La connaissance approfondie de la

---

[1] « De plegiatione autem simplici... superius tractavimus sufficienter; quod requiri poterit in capitulo De plegiis post capitula De querulo. » LXXXIX, 2.
« Et tot garanti in hujusmodi brevis querela vocari possunt quot in aliis querelis superius diximus evocandos... » CXI, 6.
Les renvois : « Recordamentum autem visionis feodi fieri solet... per tales personas.;. ut quas superius enumeravimus... In recordamento tamen maritagii audiuntur... repulsis tamen illis quos superius diximus repellendos » (CXXI, 10, 16), sont dans un chapitre ajouté à la rédaction primitive. Le passage : « excellentissimus rex Ludovicus de quo fecimus superius mentionem... » (XIX, 6 *bis*), fait aussi partie d'un paragraphe additionnel. Cf. XXII, 3 et XCV, 6.
[2] « Licet ad hoc aliqui non consenciant eo quod semper querelas volue-rint prorogare. » XXXVIII, 7.
« Hanc eciam dilationem, quam habent vidue, quilibet contra eas secun-dum quorumdam opinionem poterit reportare. » XLI, 2.
« Solet autem a multis concordari quod si quis ad mortem alium appel-laret et defensor inquisitionem patrie forma predicta voluerit sustinere, super hoc ipsam debet habere, et si per eam convictus fuerit, condempnetur; si autem super hoc convictus non fuerit advocatus, liberetur; et si redactum fuerit in non scire, appellator ad duellum recurrat. Et hoc plurimum ad falsas et detestabiles querelas reprimendas solet a pluribus approbari, licet plures hoc non velint nec concedant. » LXVIII, 4.
[3] « Et hoc maxime juri repugnat et videtur repugnare, cum primogeniti filius primogeniture locum habeat et vocem... palam est quod hereditatis successio loco patris sui ad eum debet pertinere. » XXIII, 3. Cf. XCIX, 1.
[4] « Et similiter agendum esse credimus de terris alicui in prestitum traditis et inquisitiones similes de jure esse faciendas. Nulla enim ratio est qua potius inquirendum sit de vadio vel firma mobili quam de commissione terre in custodia vel prestito facto de eadem, et omnes rationes que faciunt ut inquiratur de firma mobili et de vadio, faciunt eciam ut inquiratur de custodia et de prestito. » CXII, 4.

14

jurisprudence dont il fait preuve conduit à penser qu'il avait suivi pendant de longues années les audiences des cours de justice. Il n'y avait pas alors d'enseignement de la coutume et c'était par la pratique seule que l'on arrivait à en posséder les règles. Mais s'il est très probable qu'il ait assisté à des séances des assises, peut-être même de l'Échiquier, on ignore à quel titre il y a été appelé. Prenait-il place parmi les maîtres de l'Échiquier ou au milieu des jugeurs dans les assises? Siégeait-il en qualité de fonctionnaire royal ou de simple scribe ou bien figurait-il, soit comme avocat, soit comme mandataire d'une abbaye ou d'un autre établissement ecclésiastique. Ce sont là autant de questions sur lesquelles le coutumier ne fournit aucun renseignement.

En étudiant l'esprit dans lequel a été écrit l'ouvrage, on ne découvre rien qui trahisse le caractère de l'auteur et laisse reconnaître en lui un clerc plutôt qu'un laïque. Il sait si bien tenir la balance égale entre l'autorité ecclésiastique et le pouvoir séculier qu'il est difficile de dire pour qui étaient ses sympathies. Lorsqu'il rencontre une de ces questions délicates qui soulevèrent tant de conflits de juridiction au moyen-âge, il trace d'une main sûre la ligne de démarcation entre les attributions des juges laïques et celles des cours d'Église[1], sans pencher ni d'un côté ni de l'autre. L'examen du plan de l'ouvrage et des procédés de composition pourrait peut-être donner

---

[1] « De dictis forisfacturis catallorum inter principem et ecclesiam si forte exorta fuerit contentio... jure suo communi prelatus non debet spoliari... » XIX, 6.

« De catallis... eorum qui sese sunt homicide et eorum qui excommunicati vel desperati moriuntur sciendum est quod princeps Normannie ea debet habere, nec ecclesia in eis aliquid poterit reclamare, cum eorum nullum subsidium prestiterit animabus. » XX, 1. Cf. XXII, 8 et CX, 7-10.

plus de résultats. La méthode rigoureuse qui y est suivie et l'art avec lequel toutes les parties sont liées entre elles dénotent un écrivain formé par l'enseignement scolastique. Les emprunts qu'il fait à des textes de droit canon en même temps que la compétence avec laquelle il oppose la pratique des tribunaux laïques à la jurisprudence des cours d'Église[1] témoignent de connaissances juridiques étendues. Le traité est de plus écrit dans un style clair et élégant, les lois du rythme y sont fidèlement observées. Ces diverses considérations permettent de supposer que le rédacteur du coutumier avait fréquenté les Universités et entendu les maîtres les plus illustres soit de Paris, soit d'Orléans, où l'*ars dictandi* et le droit canon étaient enseignés avec éclat dans la première moitié du XIIIe siècle[2]. L'imitation dans le second prologue de la bulle d'envoi des Décrétales de Grégoire IX porte à placer son séjour dans l'une de ces villes à l'époque où la nouvelle collection était étudiée avec ardeur, c'est-à-dire quelques années après 1235.

Si les indications fournies par le coutumier de Normandie sur la personne et le caractère de son auteur manquent de précision, on rencontre en revanche, soit dans les formules de brefs, soit dans le chapitre *De monetagio* (XIV), des mentions géographiques, qui peuvent en

---

[1] « Cum enim multa lateant matrimonia... quorum discussio in ecclesiastica curia est terminanda, non est laici judicis de eis discutere... » XXV, 2.
« Omnes eciam excommunicati in laicali curia ab omni actione... repellendi sunt. » LXI, 4.
« Nec eciam antecessorum debita... reddere tenebuntur in curia laicali. » XC, 5.
[2] L. Delisle, *Les écoles d'Orléans au XIIe et au XIIIe siècle* (*Ann. bull. de la Soc. de l'Hist. de France*, t. VII, 1869, p. 143). N. Valois, *Étude sur le rythme des bulles pontificales* (*Bibl. de l'Éc. des chartes*, 1881, t. XLII, p. 173, n. 2-4).

révéler le lieu d'origine. Les jurisconsultes du moyen-âge avaient en effet l'habitude de citer comme exemples les faits qui s'étaient passés sous leurs yeux et de prendre leurs modèles parmi les actes qu'ils avaient eu occasion de délivrer ou qu'ils avaient rencontrés au cours de leurs fonctions[1].

Les noms de lieu mentionnés dans les brefs varient avec chaque formule. Quatre seulement de ces formules dans la partie primitive du coutumier renferment l'indication d'une localité : ce sont les brefs de nouvelle dessaisine, de saisine ou de mort d'ancesseur, de douaire, de patronage d'église. Dans la formule du bref de douaire, l'immeuble litigieux est situé *apud Valonias*[2]; dans le bref de saisine d'ancesseur, l'héritage en litige se trouve *apud Cambam*[3]. Pour le bref de nouvelle dessaisine et le bref de patronage d'église, les manuscrits ne sont plus d'accord : dans la plupart, la dessaisine a eu lieu *apud*

---

[1] Glanville, *Tractatus de legibus et consuetudinibus*, l. I, c. 6 et 13 (Phillips, *Engl. Reichs-und Rechtsgeschichte*, t. II, p. 339, 341). — Bracton, *De legibus et consuetudinibus Angliæ*, l. IV, c. xx, § 4, f. 188 v°.

[2] *Breve de dote.*

Bibl. nat., ms. lat. 18557. *apud Valonias.*	Bibl. nat., ms. lat. 18363. *apud N.*
Cett. codd. — — —	— — — — 11032. — —

Bref de douaire.

Bibl. nat., ms. fr. 5336. *a Valloignes.*	Musée Brit., ms. add. 22138. *a Valoignes.*
— — — — 5337. *a Valoignes.*	— — ms. Harl. 915. —
— — — — 5958. — —	Bibl. de Rouen, E. 109. *a Valoingnes.*
— — — — 5960. — —	Bibl. Bodleienne, Laud 689.
— — — — 5963. — —	Musée Brit., ms. add. 25003. —
— — — — 5964. — —	— — ms. add. 26656. *a Valloingnes.*
— — — — 24112. — —	Bibl. de sir Th. Phillipps, 251. *a Vallongnes.*
Bibl. de Rouen, Y. 204. — —	

[3] *Breve de saisina antecessoris.*

Bibl. nat., ms. lat. 18557. *apud Cambam.*	Bibl. nat., ms. lat. 18368. *apud N.*
Cett. codd. — —	— — — — 11032. — —
Bibl. Sainte-Geneviève, F. l. 4. *apud Campam.*	

Bref de saisine d'ancesseur.

Bibl. nat., ms. fr. 5964. *a la Cambe.*	Bibl. nat., ms. fr. 5337. *a la Cambeise.*
— — — — 11920. — —	Musée Brit., ms. Harl. 915. — —

Beccum ou *apud Betum*[1]; dans deux d'entre eux, les manuscrits latins 11035 et 15068 de la Bibliothèque nationale, c'est *apud Touquam*[2]. De même, l'église dont le droit de patronage est contesté est l'*ecclesia Vernolii*[3], sauf dans le ms. Y. 23 de la bibliothèque de Rouen, où il s'agit de l'*ecclesia de Noron*[4]. Les manuscrits du texte français offrent à cet égard la plus grande variété, grâce au soin qu'ont pris les copistes de modifier les noms de lieu dans les modèles de brefs pour leur donner une couleur locale; on constate toutefois que Valognes s'est conservé presque partout dans le bref de douaire et que La Cambe figure plusieurs fois dans le bref de saisine d'ancesseur.

[1] *Breve nove dissaisine.*
Bibl. nat., ms. lat. 18557. *apud B'otum.*
— — — — 4650. *apud Becum.*
— — — — 4790. — —
— — — — 14690. — —
Bibl. de Stockholm. — —
Bibl. de Copenhague. — —
Ms. Dutuit. — —
Bibl. nat., ms. lat. 4653. *apud Beccum.*
— — — — 14689. — —
Bibl. Sainte-Geneviève, F.1.4. — —
Bibl. de Rouen, Y. 204. — —
Bibl. du Vatican. — . —
Bibl. nat., ms. lat. 4764. *apud Bechum.*
— — — — 11033. — —
— — — — 4651. *apud Bethum.*
— — — — 4652. *apud Betum.*
Bibl. de Rouen, Y. 23. — —
Bibl. de l'Arsenal. *apud Pethuum.*
Bibl. nat., ms. lat. 11035. *apud Touquam.*
— — — — 15068. — —
— — — — 11032. *in tali parrochia N.*
Ms. Quaritch-Lormier. *apud Calidum Becum.*

Bref de nouvelle dessaisine.
Bibl. nat., ms. fr. 5337. *au Bec.*
Bibl. nat., ms. fr. 5958. *au Borc.*

[2] Touque. Calvados, arr. de Pont l'Evêque, cant. de Trouville.

[3] *Breve de jure patronatus.*
Bibl. nat., ms. l. 18557. *ecclesiam Vernolii.*
— — — — 4650. — —
— — — — 4652. — —
— — — — 4653. — —
— — — — 4790. — —
— — — — 14690. — —
Ms. Dutuit. — —
Bibl. de Copenhague. — —
Bibl. Sainte-Geneviève, F.1.4. — —
Bibl. du Vatican. — —
Bibl. nat., ms. lat. 4651. *ecclesiam talem* (ou *talis loci*).
— — — — 4764. — —
Bibl nat., ms. lat. 11033. *ecclesiam talem* (ou *talis loci*).
— — — — 11035. — —
— — — — 12883. — —
— — — — 15068. — —
Bibl. de l'Arsenal. — —
Ms. Quaritch-Lormier. — —
Bibl. de Stockholm. — —
Bibl. de Rouen, Y. 204. — —
Bibl. de Rouen, Y. 23. *ecclesiam de Noron.*
Bibl. nat., ms. lat. 11032. *ecclesiam de N.*
— — — — 18368. (corr.) *ecclesiam de t. l.*

Bref de patronage d'église.
Bibl. Sainte-Geneviève, F. fr. 2. *a l'iglise de Vernuil.*
Bibl. nat., ms. fr. 5958. *a l'iglise de Vernon.*

[4] Calvados, arr. de Bayeux, cant. de Balleroy, ou arr. et cant. de Falaise.

Deux formules sur quatre dans le texte latin placent ainsi l'objet litigieux en Basse-Normandie, à Valognes et à La Cambe[1], tandis que les deux autres nous transportent dans la Haute-Normandie, à Verneuil[2] et au Bec[3]. L'éloignement des lieux mentionnés dans les formules, l'attention avec laquelle l'auteur du coutumier note les divergences entre les usages locaux et les règles générales de la coutume[4], l'emploi qu'il fait d'ordonnances et de documents qu'il ne peut avoir vraisemblablement consultés qu'au siège de quelque juridiction royale, bailliage ou vicomté, permet de supposer qu'il a exercé des fonctions judiciaires dans diverses parties de la province.

Deux autres localités sont citées dans le chapitre *De monetagio* (XIV) comme n'étant pas assujetties au droit de monnéage ou de fouage : ce sont la châtellenie de Saint-James[5] et le Val de Mortain. Cependant ce chapitre a été rédigé à l'aide d'un document inséré dans les Registres de Philippe-Auguste, qui contient une énumération beaucoup plus longue de lieux exempts[6] : on y

---

[1] Calvados, arr. de Bayeux, cant. d'Isigny.

[2] Eure, arr. d'Evreux.

[3] Le Bec Hellouin. Eure, arr. de Bernay, cant. de Brionne ou Le Bec de Mortagne. Seine-Inférieure, arr. du Havre, cant. de Goderville.

[4] « Et super hoc de triennio in triennium inquisitio in quibusdam locis Normannie fieri consuevit; in quibusdam tamen partibus Normannie singulis annis solet super hoc inquiri et emendari. » xv, 4.

« Consueverunt plurimi per aliorum tenementorum relevium in diversis partibus Normannie relevari. » xxxii, 5.

« Hujusmodi auxilia sunt in quibusdam feodis dimidio relevio equalia et in quibusdam feodis tercie parti relevii. » xxxiii, 3.

[5] Saint-James de Beuvron. Manche, arr. d'Avranches.

[6] « Sciendum vero quod hee terre quite sunt de focagio, videlicet totum feodum Britolii, quicunque illud   « Sciendum autem est quod sunt quedam loca in Normannia que nunquam fuerunt huic auxilio subrogata,

remarque ainsi le fief de Breteuil[1], le Passais[2], Alençon et l'Alençonnais, la châtellenie de Moulins et de Bons Moulins[3], la châtellenie d'Almenèches[4]. Aucun de ces noms n'est passé dans le chapitre *De monetagio*[5], bien qu'à l'époque de la composition de l'ouvrage ces pays eussent pour la plupart continué à jouir de leurs franchises. Le silence gardé par le rédacteur du traité tient sans doute au peu d'intérêt que présentaient pour lui des localités éloignées de l'endroit où il écrivait. On ne s'expliquerait guère ces suppressions ainsi que les préférences qu'il montre pour Valognes et pour La Cambe, s'il n'eût été originaire de cette partie de la Normandie ou s'il n'y eût longtemps exercé des fonctions. Il est donc permis de croire que le coutumier normand a eu pour berceau la Basse-Normandie.

teneat, vallis Moritolii usque ad Petras Albas et usque ad Doitum Heberti, et tota terra de Passais, et Alencon. et Alenconesium usque ad Pissotum Eraudi, et Molins et Bons Molins et terra ad ea pertinens, et castrum de Aumenesche in ballivia de Argenton. »

ut castellaria Sancti Jacobi et vallis Moritolii... » xiv, 6.

Dans le ms. lat. 14690 de la Bibl. nat., ce document a pour rubrique : *Transcriptum registri domini regis pro focagio*, f. 11 r°, c. 2. L. Delisle, *Cat. des actes de Philippe-Auguste*, p. xxiij.

[1] Eure, arr. d'Evreux.
[2] Orne, arr. de Domfront.
[3] Orne, arr. de Mortagne, cant. de Moulins la Marche.
[4] Orne, arr. d'Argentan, cant. de Mortrée.
[5] En revanche le ch. *De monetagio* mentionne la châtellenie de Saint-James, qui ne figure pas dans ce document, vraisemblablement parce qu'elle n'appartenait pas au roi à l'époque où il a été rédigé. Le château de Saint-James de Beuvron, inféodé en 1206 par Philippe-Auguste à Simon de Dammartin (L. Delisle, *Cart. norm.*, p. 24, n° 141) et réuni de nouveau à la couronne, avait été cédé par Louis VIII à Pierre Mauclerc, duc de Bretagne (*Rec. des Hist. de France*, t. XX, p. 312 d ; Dupuy, *Droits du roy*, p. 723). Celui-ci abandonna cette place au roi de France au mois de novembre 1234 (L. Delisle, *op. cit.*, p. 65, n° 409 ; p. 68, n° 421). Cette cession fut ratifiée par son successeur en 1238 (*Ibid.*, p. 71, n° 435). Ménard, *Histoire de la ville et du château de Saint-James de Beuvron* (*Mémoires de la Soc. académique du Cotentin*, 1891, t. VII, p. 1-160).

C'est aussi dans cette région et plus spécialement dans le Cotentin qu'a été exécuté le plus important des remaniements de l'ouvrage, celui qui a été marqué par l'insertion de nombreux chapitres à la suite du chapitre *De brevi de feodo et firma* (CXII) : Valognes est en effet, à une exception près, le seul nom de lieu qui se rencontre dans les formules latines du bref d'establie (CXIII, 2)[1] et de la loi apparente (CXXIV, 1)[2]; il se retrouve également dans de nombreux manuscrits français[3].

La provenance des manuscrits vient encore fortifier cette conclusion : le quart des exemplaires latins aujourd'hui connus appartient au pays de Caen et de Bayeux[4], et le manuscrit, qui a conservé le texte latin sous sa forme la plus ancienne, le ms. lat. 18557 de la Bibliothèque nationale, a été transcrit dans le diocèse de Coutances. Or il est naturel que l'ouvrage ait été le plus répandu dans la région où il a vu le jour.

L'examen du texte et des manuscrits permet ainsi de retrouver le lieu d'origine du coutumier de Normandie

[1] *Breve de stabilia.*
Bibl. nat., ms. lat. 4650. *apud Valonias.*
Cett. codd. — —
Bibl. nat., ms. lat. 4653. *versus Verlonias.*
[2] *Lex apparens.*
Bibl. nat., ms. lat. 4651. *apud Valonias.*
— — — — 4764. — —
— — — — 4790. — —
— — — — 11033. — —
— — — — 11035. — —
— — — — 12883. — —
— — — — 14090. — —
— — — — 15068. — —
Bibl. S¹ᵉ-Geneviève, F. l. 4. — —
Bibl. de l'Arsenal. — —
Bibl. de Rouen, Y. 204. — —
[3] *Bref d'establie.*
Bibl. nat., ms. fr. 5337. *a Valoignes.*
— — — — 5958. — —
— — — — 5961. — —
Loi apparente.
Bibl. de Rouen, Y. 204. *a Valoines.*
[4] Voy. p. LXXI, n. 4.

Bibl. nat., ms. lat. 11032. *apud terra n villam.*
Bibl. de Rouen, Y. 23 *apud Noron.*

Ms. Quaritch-Lormier. *apud Valonias.*
Ms. Dutuit. — —
Bibl. du Vatican. *apud Criquebuef.*
Bibl. nat., ms. lat. 14689. *apud Criquelen.*
Bibl. de Rouen, Y. 23. *apud talem locum.*
Bibl. de Copenhague. — —
Bibl. nat., ms. lat. 4652. *apud R.*
— — — — 4650. *apud N.*
— — — — 4653. — —
— — — — 18368. — —

Bibl. de Caen, in-8°. 10. *a Valloignes.*
Musée Brit., ms. Harl. 915. *a Valoignez.*

et de se faire une idée de la personne de son auteur ; il reste à compléter ces données au moyen des documents contemporains.

§ 3. *Le procès des coutumes des Iles de la Manche et la* Summe Maucael.

Les témoignages les plus précis sur l'auteur du coutumier de Normandie se rencontrent dans des pièces relatives à un épisode célèbre de l'histoire des Iles de la Manche, au procès de leurs coutumes[1].

Au commencement du xive siècle, le gouvernement des Iles de la Manche appartenait à Othon de Granson, qui porta le titre de Gardien des Iles de 1275 à 1328[2]. Il n'y séjourna jamais et en confia l'administration à des baillis. Les habitants fatigués des exactions de ces officiers[3] finirent par s'adresser au roi d'Angleterre, qui chargea à plusieurs reprises des commissaires de faire cesser les abus[4]

[1] On trouvera un exposé complet des événements qui se rattachent au procès des coutumes des Iles normandes dans les ouvrages suivants : *An authentic narrative of the oppressions of the islanders of Jersey.* London, 1771, 2 vol. in-12 (attribué à Shebbeare), p. 97-105. — Duncan, *The history of Guernsey.* London, 1841, in-8o, p. 21. — Le Quesne, *A constitutional history of Jersey.* London, 1856, in-8o, p. 61-66. — De la Croix, *Jersey, ses antiquités, ses institutions, son histoire.* Jersey, 1859-61, 3 vol. in-8o, t. II, p. 329-355. — G. Dupont, *Histoire du Cotentin et de ses îles.* Caen, 1870-85, 4 vol. in-8o, t. II, p. 206-212 ; p. 231-250. — J. Havet, *Les Cours royales des Iles Normandes (Bibl. de l'École des chartes,* 1877, t. XXXVIII, p. 57-62).

[2] J. Havet, *Série chronologique des gardiens et seigneurs des Iles normandes (Bibl. de l'Éc. des chartes,* 1876, t. XXXVII, p. 200 et 225). J. Tardif, *Les auteurs présumés du Grand Coutumier (Nouv. rev. hist.,* t. IX, p. 173, n. 2-3).

[3] Public record office. Pat. rolls, 20 Edw. I, m. 10. J. Havet, *Les Cours royales des Iles Normandes.* Pièces justificatives, no xi. (*Bibl. de l'Éc. des chartes,* 1878, t. XXXIX, p. 208).

[4] Les commissaires ainsi envoyés furent : En 1292, Thomas de Sandwich. — En 1299, Henri, prieur de Wenlock. — En 1304, Henri de Guildford, Renaud de Carteret et Jean de Ditton. La liste chronologique des différentes commissions envoyées dans les Iles a été publiée par J. Havet, *op. cit. (Bibl. de l'Éc. des chartes,* t. XXXIX, p. 23-29).

et ordonna, en 1299, aux insulaires de rédiger par écrit leurs coutumes[1]. Ces mesures restèrent sans effet et, au mois de juin 1309, Édouard II fut encore obligé d'envoyer une mission composée de Jean de Fresingfield, de Guillaume Russel et de Jean de Ditton.

Les justiciers itinérants devaient sans doute faire droit aux réclamations qui leur seraient présentées[2], mais ils avaient aussi reçu des instructions leur enjoignant de rechercher les usurpations de droits régaliens[3]. Ils se montrèrent bien plus préoccupés de la seconde partie de leur tâche que de la première : ils multiplièrent les plaits de *quo warranto*[4] et ils allèrent jusqu'à contester aux

---

[1] « Pro hominibus de insulis de Gerneseye, Jeres[eye], Serk et Aur[e]neye.

R. militibus, liberis hominibus et omnibus aliis tenentibus de insulis de Gereseye, Gerneseye, Serk et Aureneye salutem. Quia quidam homines insularum predictarum nobis multociens sunt conquesti quod ballivi et ministri nostri insularum predictarum legibus et consuetudinibus vestris multipliciter sunt abusu (*sic*) et quod ipsi dictos homines contra predictas leges et consuetudines gravaverunt, nos, ad tranquillitatem et utilitatem vestram, volentes ut certis legibus et consuetudinibus vestris, quibus hactenus usi estis et uti debetis, utamini in futurum, vobis mandamus quod leges et consuetudines vestras predictas distincte et aperte in scriptis sine dilacione redigi faciatis ad perpetuam rei memoriam earundem, et eas sic in scriptis redactas dilecto nobis in Christo Henrico, Priori de Wenlok, tenenti locum dilecti et fidelis nostri Otonis de Grandissono in predictis insulis, liberetis, ita quod inde per prefatum Priorem cerciorari possimus. T. R., apud Cantuar., xvj. die septembris. Per ipsum regem. » Public record office. Pat. rolls, 27 Edw. I, m. 12. J. Havet, *Série chronologique*, Pièces just., n° ix (*Bibl. de l'Éc. des chartes*, t. XXXVII, p. 226).

[2] C'est ce qu'indique la rubrique du rôle tenu pendant leur mission : « Placita querelarum coram Johanne de Fresingfeld et Wilelmo Russel, justiciariis domini regis assignatis in Insulis ad audiendum querelas diversorum conquerentium de ministris domini regis et Otonis de Grandison. in quindena Sancti Johannis Baptiste, anno regni domini Edwardi regis Angl[ie] secundo finiente. » Public record office, Assize rolls, n° 1160 r°. Ce rôle a été publié dans les *Placita de quo warranto* Londini, 1818, in-f°, p. 822-839.

[3] *Placita de quo warranto*, p. 840, c. 1.

[4] Le plait de *quo warranto* était une action révocatoire dirigée contre les usurpateurs de biens ou de droits royaux et dans laquelle la charge de la preuve pesait sur ceux-ci ; faute par le défendeur de produire un titre légal d'acquisition, le bien ou le droit usurpé rentrait dans le domaine royal.

habitants de Jersey et de Guernesey leurs privilèges et leurs coutumes[1]. Les commissaires commencèrent par sommer les habitants des Iles de déclarer la loi qui les régissait. Les Guernesiais répondirent qu'ils ne suivaient ni la loi anglaise, ni la loi normande, mais des coutumes spéciales en vigueur de temps immémorial; les Jersiais dirent qu'ils étaient régis par la coutume normande, sauf sur quelques points où ils avaient des usages différents et ils remirent à l'appui une cédule contenant ces *consuetudines diversitantes*[2]. Les deux communautés furent alors ajournées devant les justiciers itinérants pour répondre à un plait de *quo warranto*[3]. On se flattait qu'elles ne pourraient fournir la preuve d'une concession royale et

---

[1] Le procès des coutumes de Guernesey, qui occupe le rôle 4 rᵒ, a été publié deux fois (*Placita*, p. 825, c. 2, et 826, c. 1. *Reports of the commissioners appointed to inquire into the state of the criminal Law in the Channel Islands. Second report*, p. 293-295); celui des coutumes de Jersey, qui se trouve dans le rôle 9 rᵒ, n'a été imprimé qu'une fois (*Placita*, p. 835 et 836, c. 1). Le protocole des deux instances est presque identique.

[2] « Communitas hujus insule [de Gernereye] allocuta qua lege utuntur et per quam legem clamant deduci, an videlicet per legem Angl. vel Normann. aut per speciales consuetudines eis per reges concessas etc. dicunt quod nec per legem Angl. nec Normann., set per certas consuetudines in hac insula usitatas a tempore quo memoria non existit. » *Placita de quo warranto*, p. 825, c. 2.

« Communitas hujus insule [de Gereseye] allocuta qua lege utuntur et per quam legem clamant deduci, an videlicet per legem Angl. vel Normann. aut per speciales consuetudines eis per reges concessas, dicunt quod per legem Normann., excepto quod ipsi habent certas consuetudines in hac insula usitatas a tempore quo memoria non existit, diversantes tamen a legibus Normannorum, prout patet plenius in quadam cedula quam hic liberarunt. » *Ibid.*, p. 835, c. 1.

« Predicta communitas jam de novo per hujus juratos suos volunt sibi attrahere jurisdictionem regiam... in lesionem corone et dignitatis domini regis... » *Ibid.*, p. 835, c. 1.

[3] « Postea predicta communitas summonita fuit ad respondendum domino regi de placito quo waranto sine licencia et voluntate domini regis et progenitorum suorum regum Angl[ie] clamant habere de se ipsis unam duodenam hominum juratorum... » *Placita de quo warranto*, p. 826, c. 1. *Second report*, p. 294.

on espérait arriver par cette voie détournée à faire disparaître leurs coutumes que l'on aurait déclarées supprimées au profit du roi.

Le gouvernement anglais avait encore d'autres griefs contre les insulaires. Guillaume Dumaresq, qui soutenait l'accusation au nom du roi, les énumère tout au long dans ses deux réquisitoires contre les Jersiais et les Guernesiais[1]. L'avocat de la couronne accuse les magistrats locaux de commettre des illégalités flagrantes, d'assurer l'impunité aux malfaiteurs, de corrompre les commissaires royaux[2]. Il attaque surtout la prétendue ancienneté des coutumes alléguées par les insulaires et il reproche aux Jersiais d'avoir tout récemment adopté un traité composé par un normand du nom de Maucael longtemps après que la Normandie fût sortie de l'allégeance du roi d'Angleterre[3]. Ceux-ci répliquent que c'est avec raison qu'ils se servent de la « Summe de Maucael », parce qu'elle contient les lois de la Normandie. Ils se déclarent prêts d'ailleurs, ainsi que les Guernesiais, à prouver que leurs ancêtres jouissaient des privilèges qu'ils réclament[4].

---

[1] « Dominus rex per Willelmum des Mareys qui sequitur pro eo petit versus abbatem de Blancalanda advocacionem ecclesie Sancti Laurenci.. » Assize rolls, n° 1160, r. 7. *Placita de quo warranto*, p. 831, c. 1.
« Willelmus des Mareys qui sequitur pro domino rege dicit... » Assize rolls, n° 1160, r. 7 *tergo. Ibid.*, p. 824, c. 2. La même formule se retrouve rôles 2, 8 et 9.
[2] *Placita de quo warranto*, p. 826, c. 1; p. 835, c. 2. *Second report*, p. 294. J. Tardif, *op. cit. (N. r. h.*, t. IX, p. 178 et 179).
[3] « Dicit eciam quod predicta communitas jam quasi de novo assumpserunt sibi quamdam novam sectam de quodam tractatu, quem quidam cognomine Ma... normannus fecerat diu postquam Normanni recesserant a fide domini regis Angl[ie], et scripta ejus sequun[tur in] hiis que placent eis et que[dam inde dimittant, prout patet in eorum cedula, et sic insulani hic disc[ordant] ab usibus aliorum insulanorum... » Assize rolls, n° 1160, r. 9. *Placita de quo warranto*, p. 835, c. 2.
[4] « Et dicunt quod ipsi bene curant de predicta summa de Maucael eo quod leges Normann[ie] bene in ea continentur, nec volunt ipsi placitare cum domino rege. » Assize rolls, n° 1160, r. 9. *Ibid.*, p. 836, c. 1.

Les justiciers itinérants embarrassés se bornent à renvoyer l'affaire devant la cour du Banc du roi[1], où elle traîne en longueur pendant plus de vingt ans sans arriver à une solution[2]. Au mois de juillet 1331, de nouveaux justiciers itinérants, Robert de Scarborough, Robert de Norton et Richard de Wescote[3], reprennent les procédures commencées par Jean de Fresingfield et ses collègues. La communauté de Guernesey assignée dans l'île de Jersey fait défaut et voit ses franchises confisquées[4], les habitants de Jersey demandent jour de conseil. Les deux instances sont portées de nouveau devant la cour du Banc du roi où elles ne tardent pas à être jointes[5]. Lassés de ces lenteurs, les insulaires adressent au roi une pétition pressante vers la fin de décembre 1332 ou dans les premiers jours de janvier 1333[6]. Ils lui exposent qu'ils suivent et ont toujours suivi « la « coustume de Normendie q'est appelé la Summe Maukael », parce que les Iles ont fait anciennement partie du duché de Normandie[7]; ils représentent que les plaits de *quo*

---

[1] « Dies datus eis de audiendo judicio suo coram domino rege... » *Placita de quo warranto*, p. 826, c. 2; p. 836, c. 1.

[2] A la date du 28 mai 1318, il y avait eu douze remises successives des deux affaires. Les insulaires de leur côté présentèrent des pétitions au Parlement en 1319 et en 1324-1325.

[3] Pat. rolls, 5 Edw. III, m. 6. (J. Havet, *op. cit.*, Pièces just., n° xxx. *Bibl. de l'Ec. des chartes*, t. XXXIX, p. 239. *Second report*, p. 300.)

[4] « Communitas ejusdem insule [Gernereye] summonita fuit ad respondendum domino regi de placito quo waranto clamat habere duodecim juratos de se ipsis, qui eligi debent per ministros domini regis et per se ipsos, cum opus fuerit... Et super hoc dies datus est predicte communitati apud Lungeville, in insula de Jereseye... Et predicta communitas non venit. Ideo consideratum est quod omnes predicte libertates in manu domini regis capiantur. *Placita apud S. Petrum de Portu in insula de Gernereye coram Roberto de Scardeburgh...* 5 Edw. III. » (*Second report*, p. 300 et 301).

[5] *Coram rege* rolls, Mich. 6. Edw. III, r. 23 (J. Havet, *op. cit.* Pièces just., n° xxxiii. *Bibl. de l'Éc. des chartes*, t. XXXIX, p. 242 et 243).

[6] J. Havet, *op. cit.* (*Bibl. de l'Ec. des chartes*, t. XXXIX, p. 244, n. 3).

[7] « Es dites Isles tiegnent et usent et eient touz jours usez la coustume de Normendie q'est appelé la Summe Maukael... » *Coram rege* rolls,

warranto ne leur sont pas applicables, parce qu'ils ont été introduits par un statut récent obligatoire seulement pour ceux qui tiennent de la couronne d'Angleterre, tandis qu'ils relèvent directement du roi comme seigneur des Iles[1]; ils rappellent que la légitimité de leurs prétentions a déjà été reconnue par Édouard II en 1319; enfin ils font valoir des raisons d'un autre ordre, qui devaient peut-être produire plus d'impression, c'est qu'ils ont eu beaucoup à souffrir du voisinage des Français, sans jamais se départir de leur fidélité aux rois d'Angleterre[2].

Cette requête ne resta pas sans effet : un bref du 12 février 1333 ordonna aux juges du Banc du roi de suspendre les poursuites pendant l'examen de la pétition par la commission du Parlement chargée de ce soin[3]. Cet ordre de sursis était un acheminement à l'abandon de toute procédure contre les habitants de Jersey et de Guernesey. Il fut suivi d'une confirmation expresse des privilèges des deux îles accordée par Édouard III, le 10 juillet 1341[4]. Ce prince n'avait pas voulu, au moment

---

Mich. 6 Edw. III, r. 23 (J. Havet, *op. cit.* Pièces just., n° xxxv. *Bibl. de l'Éc. des chartes*, t. XXXIX, p. 245). La véritable leçon est « Maukael » et non « Mankael », ainsi qu'on peut le constater sur l'original.

[1] « A tiel brief [de quo waranto] ne devoient respondre pur ce que ce estoit un estatut fait de novel en Engleterre que lient taunt soullement ceux que tiegnent de nostre seignur le roi come tenantz de sa corone... Come les Isles soient de auncieneté parcele de la duché de Normendie et en tiel maniere tiegnent de nostre seignur le roi come de duc... » *Ibid.*

[2] « Mesmement pur ce q'ils sont enclos de la grant mer en la marche de toutes nacions, par quoi il covient q'ils soient toutz jours prestz, ils ne seyvent quel hure, pur defendre eux et lour biens et sauver les chasteax et la terre al oeps nostre seignur le roi et de ses heirs. » *Ibid.*

[3] *Coram rege rolls*, Mich. 6 Edw. III, r. 23 (J. Havet, *op. cit.*, Pièces just., n° xxxiv, *Bibl. de l'Éc. des chartes*, t. XXXIX, p. 244).

[4] « Sciatis quod nos grata memoria recensentes quam constanter et magnanimiter dilecti et fideles nostri homines insularum nostrarum de

où il était en lutte contre Philippe VI, s'aliéner des sujets dont l'hostilité pouvait lui être fort dangereuse.

L'identité de la Summe Maucael et du coutumier de Normandie ne semble guère douteuse en présence de documents aussi positifs que le rôle des assises tenues par les justiciers itinérants de 1309 et la pétition des insulaires de 1332. Ces témoignages sont dignes de toute confiance, puisqu'ils émanent de contemporains[1] et lorsqu'à deux reprises, en 1309 et en 1332, les habitants de Jersey et de Guernesey affirment que la Summe Maucael contient les lois et coutumes de la Normandie, ne doit-on pas ajouter foi à leurs déclarations. Le procureur du

Jeresye, Gernereye, Serk et Aureneye in fidelitate nostra et progenitorum nostrorum regum Anglie semper hactenus perstiterunt et quanta pro salvatione dictarum insularum et nostrorum conservatione jurium et honoris ibidem sustinuerunt tam periculo corporum quam suarum dispendio facultatum, et proinde volentes ipsos favore prosequi gracioso, concessimus pro nobis et heredibus nostris dictis hominibus insularum predictarum quod ipsi, heredes et successores sui, omnia privilegia, libertates, immunitates, exceptiones et consuetudines in personis, rebus, monetis et aliis, eis virtute concessionum progenitorum nostrorum regum Anglie vel alias legitime competentia habeant et teneant ac eis sine impedimento vel molestatione nostri, heredum vel ministrorum nostrorum quorumcumque plene gaudeant et utantur, prout ipsi et eorum antecessores, habitatores dictarum insularum, eis usi sunt rationabiliter et gavisi, que jam eis in forma predicta generaliter confirmamus.
T. R. apud Turrim Londoni., x. die julii.
Per petitionem de cons. in parliamento. »
Pat. rolls, 15 Edw. III, p. 2, m. 38 (Rymer, *Fœdera, litteræ et acta publica*. London, 1818, 6 vol. in-fol., t. II, p. 1167. J. Duncan, *History of Guernsey*, Appendix, p. 582).
Édouard III confirma les coutumes de Guernesey d'une façon spéciale, le 20 février 1357. Pat. rolls, 31 Edw. III, p. 2, m. 10 (J. Havet, *op. cit.,* Pièces just., n° xxxviii. *Bibl. de l'Éc. des chartes*, t. XXXIX, p. 250).
[1] On trouve, en 1331, Guillaume Dumaresq dans la paroisse de Saint-Ouen à Jersey :
« Guillelmus du Maresc pro portione quam tenet de dicto feodo [de Vincheleys] per annum v. d[enarios]... Feodum Guillelmi du Maresc quod Guillelmus du Maresc tenet cum partic[ipibus] suis ad idem festum v. s. » *Extenta de insula de Jeresey* (Société jersiaise, publication 1ere. Jersey, 1876, p. 27 et 28).
« Guillelmus du Maresk » figure, en 1323, parmi les jurés de la paroisse de la Trinité (Société jersiaise, Publication 1ere, Fragment I, p. 3) et, en 1331, parmi les jurés de la paroisse de Saint-Ouen (*Ibid.*, Fr. II, p. 7).
On rencontre aussi la forme du Marest (Acte du 7 septembre 1419 passé sous le scel de la baillie de Guernesey).

roi, Guillaume Dumaresq, ne devait pas de son côté être
moins bien informé. Il n'était pas, comme la plupart des
commissaires anglais, absolument étranger aux usages et
aux institutions des Îles[1]. C'était, suivant toutes proba-
bilités, un avocat[2] appartenant à une des familles les
plus anciennes et les plus considérées de Jersey. la
famille Dumaresq[3]. Il mentionne en effet des particularités qui eussent échappé à un Anglais; il est tout à fait
au courant de ce qui se passait alors en Normandie : c'est
ainsi qu'il invoque contre les Jersiais l'usage établi dans
le duché de payer au roi de France un droit de treizième
pour toutes les ventes d'héritages ou de rentes[4], qu'il se

[1] « De quibus iidem justiciarii, quibus consuetudines insule sunt
incognite, petierunt avisamentum a xij. juratis antequam processerunt
ad judicium... » *Placita de quo warranto*, p. 835, c. 1.

[2] Il n'y avait pas alors d'office permanent de procureur du roi dans
les Iles. Lorsque les rois d'Angleterre y envoyaient des justiciers itinérants, ils chargeaient généralement un avocat du pays de défendre les
intérêts de la couronne. C'est seulement au xve siècle qu'on trouve
des procureurs généraux en titre d'office à Jersey et à Guernesey.
J. Havet, *op. cit.* (*Bibl. de l'Éc. des chartes*, t. XXXVIII, p. 302).
Aujourd'hui ces magistrats font encore partie du barreau et peuvent
plaider pour des particuliers (Jersey, *First report*, Minutes of evidence,
p. 107, n° 86. — Guernesey. *Second report*, Minutes of evidence, p. 88,
n° 3286. *Code of Laws for the island of Jersey*. Jersey, 1860, Appendice,
p. 71, art. xvii).
Le règlement des justiciers Spigurnel et Denon pour l'île de Guernesey
(1323) traite dans un de ses articles des devoirs et du serment des avocats
(*Placita coram Henrico Spigurnel*, 17 Edw. II. *Second report*, p. 299).
L'existence d'avocats à Jersey à la même époque n'est pas douteuse :
le serment que prêtent aujourd'hui les avocats jersiais est très ancien
(*Code of Laws*, p. 293) ; de plus on voit, au xive siècle, certains personnages s'occuper spécialement des procès des insulaires (*Placita de quo
warranto*, p. 831, c. 2 ; p. 833, c. 1).

[3] Falle (*Cæsarea or an account of the island of Jersey*. London,
1797, in-4°, p. 27, n. 1) s'exprime ainsi à propos de cette famille :
« 'Tis one of the best, ancientest and most numerous families in the
island. » En 1602, le fief de Saumarez appartenait à Jean Dumaresq
(De la Croix, *op. cit.*, t. II, p. 373). Cf. sur la famille Dumaresq, *Extente
de 1607* (Société jersiaise, Publication 5e, Jersey, 1880, p. 99, 103 et 104).
Extente de 1668 (Société jersiaise, Publication 7e, Jersey, 1882, p. 93).

[4] « Dicit eciam quod aliter decreverunt in decepcionem domini regis
de custumis sive consuetudinibus sibi debitis in eo videlicet quod ubi
dominus rex habere debet hic, sicut et in insula de Gerner., tertium decimum denarium de omnibus tenementis et reddititus venditis in feod., et

réfère à une transaction intervenue entre l'abbaye de Blanchelande et celle de Marmoutier[1], c'est ainsi encore qu'il signale les empiètements des officialités de Coutances et d'Avranches[2]. Or l'avocat de la couronne ne conteste aucune de leurs affirmations en ce qui touche la Summe Maucael; il reconnaît que ce traité renferme l'exposé de la coutume de Normandie et il reproche seulement à ses adversaires de ne pas en observer toutes les dispositions.

Les traditions locales confirment les assertions de Guillaume Dumaresq et des insulaires. On n'a jamais cessé de considérer dans les Iles le coutumier de Normandie et la Summe Maucael comme un seul et même ouvrage[3], et les historiens jersiais ou anglais, Le Geyt[4], Poingdestre[5], Dicey[6], paraissent croire qu'il ne saurait

---

in Normannia similiter sic usitatum est, dominus rex non percipit hic plus quam iij s. de vendicione, licet non specificetur illa diversificacio in predicta cedula communitatis. » *Placita de quo warranto*, p. 835, c. 2.

[1] *Ibid.*, p. 822, c. 2.

[2] *Ibid.*, p. 834, c. 1.

[3] Dans la pétition des insulaires (1332-1333), on voit que c'est la coutume de Normandie qui forme la base de la législation des Iles :
« Pur ce que touz les articles des coustumes usees es dites Isles que desacordent de la coustume de Normendie ne sont pas mys toutz eu dit roulle... » *Coram rege* rolls, Mich. 6. Edw. III, r. 23 (Havet, *op. cit.*, Pièces just., n° xxxv. *Bibl. de l'Éc. des chartes*, t. XXXIX, p. 246).
Dans les ordonnances rendues pendant l'occupation française de Jersey par le comte de Maulévrier, le 3 nov. 1462, c'est encore « la coutume du pays de Normandie » qui est mentionnée (art. 21). G. Syvret, *Chroniques des îles de Jersey, Guernesey, Auregny et Serk*. Guernesey, 1832, in-8°, p. 16. Cf. Le Quesne, *Constitutional history of Jersey*, p. 77 et 98.

[4] « Il me semble que ce livre qu'on nomme Mancael ne peut estre autre chose que le livre imprimé qu'on appelle le vieux Coutumier de Normandie. » *Les manuscrits de Philippe Le Geyt*, t. IV, p. 80.

[5] « Leur loix et coutumes étaient celles de Normandie, comprises dans le Coutumier qui en avait été compilé, il n'y avait pas fort longtemps, appelé la Somme de Mancel... » Poingdestre, Œuvres manuscrites, cité par de Gruchy, *L'ancienne coutume de Normandie*, p. 363.

[6] « The antient Custom of Normandy as it stood before the alienation of that Dutchy, in the time of king John, and was contained in an old book, called in the rolls of the itinerant judges (before spoken of) *La Somme de Mançel*, that is *Mançel's Institutes*. » Dicey, *An historical account of Guernsey*. London, 1751, in-12, p. 89. Cf. Lerouge, *Histoire détaillée des isles de Jersey et de Guernesey*. Paris, 1757, in-12, p. 128.

s'élever à cet égard aucun doute. On ne connaît pas du reste d'autre livre sur la matière rédigé en Normandie dans la dernière moitié du XIIIᵉ siècle, et cependant les bibliothèques de cette province sont trop riches en documents du temps pour qu'il soit possible de supposer qu'une œuvre de cette importance ait disparu sans laisser de traces.

Il est à peu près certain que c'est le coutumier latin qui est désigné sous le terme de Summe Maucael dans le procès des coutumes de Jersey. Ce texte porte en effet dans de nombreux manuscrits le titre de *Summa de legibus in curia laicali* ou *Summa de legibus Normannie in curia laicali* ou encore de *Summa de legibus consuetudinum Normannie,* tandis que le coutumier français n'a jamais reçu cette dénomination. Or les Jersiais non seulement donnent au traité le nom de *summa,* mais ils ajoutent qu'il contient les *leges Normannie*[1].

Ainsi témoignage des contemporains, traditions locales, communauté de nom, analogie de contenu, tout se trouve réuni pour autoriser une assimilation, qui a été reconnue de nos jours par Ch. Giraud[2], J. Havet[3] et M. G. Dupont[4]. L'identité de ces deux textes constatée, il semble plus facile de résoudre la question si controversée des origines du coutumier de Normandie. Que signifierait en effet le nom de Maucael, si ce n'était celui de l'auteur ou de l'un des auteurs du traité. Désignerait-il le copiste du premier exemplaire connu ou celui qui aurait introduit l'ouvrage dans les Iles ? Ce sont des hypothèses inadmis-

---

[1] « Et dicunt quod ipsi bene curant de predicta summa de Maucael, eo quod leges Normannie bene in ea continentur... » *Placita de quo warranto,* p. 836, c. 1.
[2] *Journal des savants,* 1878, p. 565.
[3] J. Havet, *op. cit.* (*Bibl. de l'Éc. des chartes,* 1871, t. XXXVIII, p. 65).
[4] G. Dupont, *Histoire du Cotentin,* t. II, p. 54, n. 4.

sibles en présence des termes formels de Guillaume Dumaresq. N'était-ce pas d'ailleurs l'habitude au moyen âge de distinguer ainsi d'après leur auteur les nombreux ouvrages qui portaient le titre de Sommes ?

§ 4. *Les Maucael de Basse-Normandie et les auteurs de la* Summa de legibus.

Le procès des coutumes de Jersey et de Guernesey nous apprend qu'un normand appelé Maucael avait pris à la rédaction du coutumier de Normandie une part assez importante pour que son nom y restât attaché dans les traditions des Iles.

Ce nom propre assez rare, qu'il ne faut pas confondre avec celui de *Mancel, Mansel* ou *Maunsel*[1], se présente sous la forme *Malchael* ou *Malcael* à la fin du XIIe siècle et au commencement du XIIIe; il devient dans le cours de ce siècle *Maukael, Maucael, Mauchael,* et enfin *Maucheel* ou plus simplement *Mauchel*. On ne le rencontre qu'un petit nombre de fois en Angleterre dans les comtés d'York, de Westmoreland et de Cumberland[2], tandis

---

[1] Le nom propre *Mancel* ou *Mansel* qu'on rencontre en Normandie et en Angleterre a une autre origine. L. Delisle, *Cartulaire normand,* p. 77, no 465. Léchaudé d'Anisy, *Grands rôles,* p. 205, c. 2.

Il n'y a donc pas lieu de rattacher le coutumier de Normandie à Jean Mansel ou Maunsel, qui fut garde du sceau d'Angleterre sous Henri III, ainsi que l'a pensé M. G. Dupont (*Histoire du Cotentin,* t. II, p. 145, n. 1).

[2] York. — 1176. « Humphry Malchael ». J. Bain, *Calendar of documents relating to Scotland.* Edinburgh, 1881, in-4o, p. 21, no 145.

Westmoreland. — 1201. « Wilhelmus Mauchel ». *Rotuli de oblatis et finibus,* ed. by Th. Duffus Hardy. London, 1835, in-8o, p. 127.

1256. « Alexander Mauchael ». J. Bain, *op. cit.,* p. 403, no 2067.

1272. « Johannes Mauchel ». J. Bain, *op. cit.,* p. 546, no 2664.

1291-1292. « Johannes Mauchael ». *Placita de quo warranto,* p. 790, c. 1; p. 791, c. 1; p. 227, c. 2; p. 608, c. 1.

Cumberland. — 1291-1292. « Johannes Mauchael ». *Placita de quo warranto,* p. 128, c. 1.

Cf. *Rotuli chartarum,* ed. by Th. Duffus Hardy. London, 1837, in-fol., t. I, p. 180, c. 2.

qu'il y a sur le continent deux familles de ce nom, l'une auprès de Vire, l'autre dans les environs de Valognes.

Un seul membre de la première famille nous est connu, Hervé Malcael ou Maucaiel, tenancier d'Eude de Vassy, qui vivait en 1180[1] et fit don à l'abbaye de Cordillon au diocèse de Bayeux d'une acre de terre qu'il possédait à Coupigny[2]. L'absence de documents plus précis ne permet pas de se rendre compte des liens qui unissaient ce personnage aux autres Maucael[3].

Il n'en est pas de même de la famille Maucael établie dans le Cotentin, dont on retrouve cinq membres. Vers 1200, Richard et Guillaume Malchael figurent parmi les tenanciers de l'abbaye de Saint-Sauveur le Vicomte à Arthéglise[4]. La principale branche de cette famille était celle qui habitait Valognes; elle y possédait un manoir, pour lequel elle payait une redevance de trois deniers à Lucie du Quesnay et plus tard à l'abbaye de Cherbourg, quand celle-ci eut cédé cette rente aux chanoines du Vœu, en 1238[5]. On peut suivre cette branche pendant

---

[1] Il est ainsi mentionné dans le grand rôle de l'Échiquier de 1180 : « De Herveio Malcael x. solidos [pro vino super vendito] ». Stapleton, *Magni Rotuli Scaccarii Normanniae*. Londini, 1840-44, in-8°, t. I, p. 4.
[2] Bibliothèque du chapitre de Bayeux, Chartes de Cordillon. J. Tardif, *op. cit. (N. r. h.,* t. IX, p. 194, n. 1).
Landelles et Coupigny. Calvados, arr. de Vire, cant. de Saint-Sever.
[3] La donation de Michel Maucael à l'Hôtel-Dieu de Caen citée plus bas prouve que la branche Valognaise avait des relations avec cette partie de la Normandie.
[4] Archives de la Manche, Fonds de Saint-Sauveur le Vicomte, *Rôle des revenus.* J. Tardif, *Ibid.*, n. 4.
Saint Pierre d'Arthéglise. Manche, arr. de Valognes, cant. de Barneville.
[5] 1230. « Ego Lucia, domina de Kesneto, vidua dedi et concessi Deo et abbatie beate Marie de Voto juxta Cesar[is]burgum... totum redditum quem habebam... in manerio Valoniarum, quod Radulfus Mauchael, pater Michaelis Mauchael, de me tenuit... ita tamen quod Radulfus Mauchael, filius Michaelis Mauchael, et heredes ejus de ipsis et successoribus eorum predictum manerium cum pertinentiis tenebunt... » Archives de la Manche, Fonds de Cherbourg, H. 3826. J. Tardif, *Ibid.*, n. 5.

trois générations. Le père, Raoul Malchael ou Mauchael[1], donne à l'abbaye de Montebourg, dans les premières années du XIIIᵉ siècle, une acre de terre dans la lande d'Yvetot[2]. Michel Maucael, son fils, confirme cette donation et y ajoute encore des redevances en nature assises sur des terres de cette paroisse[3]. Vers 1228 ou 1229, Michel Maucael achète à Robert de Baubigny, chevalier, une terre que celui-ci avait aux Pieux[4]; à ce domaine était attaché le droit de patronage de la moitié de l'église de ce village[5], dont Michel Maucael fit presque aussitôt abandon à l'abbaye de Cherbourg[6]. Cette libéralité n'était peut-être pas tout à fait désintéressée. On voit en effet, en 1230, l'évêque de Coutances, Hugue de Morville, conférer, sur la présentation de l'abbé et des chanoines du

[1] Raoul Malcael figure dans les grands rôles de l'Échiquier : 1180. « De Rad. Malcael x. solidos. » — 1184. « Rad. Malcael x. solidos. » Stapleton, *Magni Rotuli Scaccarii*, t. I, p. 35 et 287.
[2] *Cartul. de Montebourg* (Bibl. nat., ms. lat. 10087), p. 184, nº 609 ; p. 305, c. 2. J. Tardif, *op. cit.* (N. r. h., t. IX, p. 195, n. 2). Yvetot. Manche, arr. et cant. de Valognes.
[3] Archives de la Manche, Fonds de Montebourg, H. 12508. *Cartul. de Montebourg*, p. 184, nº 608. J. Tardif, *op. cit.* (N. r. h., t. IX, p. 196, n. 1).
[4] Manche, arr. de Cherbourg.
[5] Archives de la Manche, Fonds de Cherbourg, H. 3275 et H. 3267, nº 3. J. Tardif, *Ibid.*, n. 2.
[6] Archives de la Manche, Fonds de Cherbourg, H. 3267, nº 1. J. Tardif, *Ibid.*, n. 3.
Il est difficile de savoir si la charte suivante en faveur de l'Hôtel-Dieu de Caen se rapporte à la moitié du patronage des Pieux achetée par Michel Maucael à Robert de Baubigny ou à une acquisition postérieure qu'il aurait faite de l'autre moitié de ce patronage :
« Nov[erint] un[iversi] quod ego Mikael Ma[u]kael pro s[alute] an[ime] mee et Rad[ulfi] Ma[u]kael, patris mei, et aliorum antecessorum meorum dedi et concessi Deo et hospitali s[ancti] Thome et [sancti] Antonii de Cadomo et fratribus et pauperibus ibidem commorantibus patronatum omni jure sue medietatis ecclesie sancte Marie des Puies in puram, liberam et perpetuam elemosinam possidendum, retenta mihi omni alia hereditate extra dictum patronatum quam ante istam donationem in parochia ejusdem ecclesie possidebam ; istud vero et heredes mei ad usum et consuetudines Normanie garantizare tenemur. Quod ut ratum et stabile perseveret in posterum sigilli mei munimine presens scriptum roborâvi. » Collection Mangon du Houguet, vol. 5, f. 199 rº (Bibl. de Grenoble, nº 3909, 5).

Vœu, la moitié de l'église des Pieux à un clerc nommé Raoul Maucael[1], qui était sans doute le fils du donateur[2]. Robert de Baubigny contesta à l'abbé de Cherbourg ce droit de présentation; l'affaire fut portée, en janvier 1231, aux assises de Carentan tenues par Jean de Friscamp, bailli de Cotentin, et les prétentions de Robert de Baubigny furent écartées sur le seul vu des titres[3]. On rencontre encore Michel Maucael et Raoul Maucael, en 1238, dans l'acte de donation de Lucie du Quesnay pour l'abbaye du Vœu. Raoul Maucael n'est pas qualifié de clerc dans cette charte, qui ne contient du reste aucune allusion au bénéfice des Pieux. Il le possédait encore vraisemblablement en 1243, si, comme tout le fait supposer, il est question de lui dans une bulle d'Innocent IV du 14 novembre de cette année[4]. Mais, en 1251, Raoul Maucael n'avait plus son bénéfice des Pieux; le recteur alors en fonctions était Gautier le Bochu[5]. On le perd dès lors complètement de vue.

[1] Archives de la Manche, Fonds de Cherbourg, H. 3274 et 3267 n° 6. Toustain de Billy, *Histoire ecclésiastique du diocèse de Coutances.* Rouen, 1874-1886, in-8°, t. I, p. 363.
[2] Voy. p. CCXXVIII, n. 5.
[3] Archives de la Manche, Fonds de Cherbourg, H. 3267, n° 4. Cf. Léchaudé d'Anisy, *Grands rôles*, p. 205, c. 1. Toustain de Billy, *op. cit.*, t. I, p. 362. J. Tardif, *op. cit.* (*N. r. h.*, t. IX, p. 197, n. 3).
[4] On trouve à cette date deux bulles de dispense *ob defectum natalium* expédiées en faveur de clercs du diocèse de Coutances. L'une est adressée : *magistro Jacobo, persone ecclesie sancte Marie de Audervalle* (sic), *Constantiensis diocesis. Exhiberi gratiam...* et ainsi datée : *Datum Laterani* XVIII *kalendas decembris, anno primo* »; à la suite se lit l'annotation suivante : « *In eundem modum Radulpho, persone ecclesie sancte Marie de Podiis, Constantiensis diocesis.* » Arch. Secr. Vatic., Reg. XXI, *Reg. Innocentii IV*, ann. I, f. 38, ep. 231. E. Berger, *Les registres d'Innocent IV.* Paris, 1884-87, t. I, p. 41, c. 2, n° 232.
La forme *Audervalle* est une faute de transcription pour *Audervilla*. Auderville. Manche, arr. de Cherbourg, cant. de Beaumont.
[5] « Ecclesia de Podiis. Patroni abbates Sancti Salvatoris et Cesaris Burgi. Rector medietatis abbatis Cesaris Burgi percipit omnia... Et valet

Bien que les membres de la famille Maucael ne portent aucun titre dans les chartes, ils ont leur sceau[1], une maison à Valognes, des terres à Yvetot et aux Pieux, où ils exercent un droit de patronage. Tous ces faits annoncent une famille riche et considérée. La lettre que Michel Maucael adresse à l'évêque de Coutances, Hugue de Morville[2], pour le prier de confirmer la donation du patronage des Pieux, montre qu'il avait des relations suivies avec ce prélat, dont il était peut-être le vassal[3].

Les documents cités dans le procès des coutumes de Jersey et de Guernesey établissent que l'auteur ou l'un

---

pro Galtero iiij[xx]. libras. Item pro vicario xx. libras. » *Lib. nig. cap. Constanc. (Recueil des Hist. de France,* t. XXIII, p. 527 b).

Ce recteur des Pieux est mentionné comme venant de mourir dans une lettre du bailli de Cotentin au chapitre de Coutances de 1280 : « Super jure patronatus portionis quam tenuit Galterus dictus le Bochu nuper defunctus in ecclesia de Podiis... » Archives de la Manche, Fonds de Cherbourg, H. 3278. Lechaudé d'Anisy, *Grands rôles,* p. 207, c. 2.

[1] Radulfus Malchael. « sigilli mei testimonio confirmavi. » *Cartul. de Montebourg,* p. 184, n° 609.

Michael Maucael. « sigilli mei munimine confirmavi. » Archives de la Manche, Fonds de Cherbourg, H. 12508. — « sigilli mei munimine confirmavi. » *Ibid.,* H. 3267, n° 1. — « aliam [cartam] vero sigillo Michaelis [Malcael] predicti confirmatam. » *Ibid.,* H. 3267, n° 4. — « sigilli mei munimine... roboravi. » Bibl. de Grenoble, n° 3909,5.

[2] L'évêque de Coutances, Hugue de Morville, était originaire de la paroisse de Morville (arr. de Valognes, cant. de Bricquebec), voisine de celle d'Yvetot, où la famille Maucael possédait des terres.

[3] « Viro venerabili et patri in Christo H., Dei gracia episcopo Constanc[iensi], suus in omnibus Mikael Maukael salutem et se totum. Noveritis me dedisse et concessisse et carta mea confirmasse Deo et ecclesie Beate Marie de Voto juxta Cesarisburgum et canonicis ibidem Deo servientibus pro salute anime mee et patris et matris mee et omnium antecessorum et successorum meorum in puram et perpetuam elemosinam patronagium medietatis ecclesie de Podiis cum omnibus pertinenciis suis; quapropter requiro vos, sicut dominum et patrem spiritualem, quatinus pro Dei amore et mei servicio, si placet, predictos canonicos ad medietatem predicte ecclesie recipere et promovere velitis, hiis intersingnis, quod die Pasche misi vobis apud Constancias transcriptum debitorum meorum, sicut precepistis michi in camera vestra apud Valonias, tantum super hoc, si placet, facientes quod vobis in perpetuum tenear obnoxius. Valete in Domino. » Archives de la Manche. Fonds de Cherbourg, H. 3268 et 3267, n° 2. Toustain de Billy, *op. cit.,* t. I, p. 332. Lecanu, *Histoire du diocèse de Coutances et Avranches.* Coutances, 1877, in-8°, t. I, p. 282.

des auteurs du coutumier de Normandie était un normand appelé Maucael, qui vivait longtemps après la conquête du duché par le roi de France. Or il existe précisément à la même époque en Basse-Normandie une famille
de ce nom. Il y a entre ces deux faits trop peu de relation
sans doute pour que leur simple rapprochement fasse
découvrir la vérité; toutefois on peut trouver dans les
circonstances énumérées au cours de ce chapitre des
intermédiaires qui relient ces faits et donnent aux induc-
tions qu'on serait tenté d'en tirer une grande vraisem-
blance.

C'est en Basse-Normandie qu'a été profondément
remanié, sinon composé, le coutumier latin : Valognes
est le seul nom de lieu, qui figure à la fois dans le bref
de douaire du texte originaire et, sauf un ou deux manuscrits, dans toutes les formules d'establie et de loi apparente insérées dans les chapitres additionnels; les seules
localités mentionnées dans le chapitre *De monetagio* sont
Mortain et Saint-James; l'unique manuscrit, qui ait conservé ce traité sous sa forme la plus ancienne, a été
exécuté dans le diocèse de Coutances.

C'est dans le bailliage de Cotentin seulement que le
coutumier de Normandie et plus tard la Coutume réformée
ont été en vigueur dans leur entier; dans le reste de la
province, il y avait presque partout des coutumes locales,
qui en modifiaient les dispositions[1].

---

[1] « Et d'autant que par actes judiciaires faits ès vicontez de Cons-
tances, Carenten, Valongnes et Avranches, il nous est apparu qu'il n'y
a aucun usage local et qu'ils se gouvernent esdites vicontez suivant la
coustume generale... » *Procès verbal des coustumes locales de Normandie* (*Nouveau Coutumier général*, t. IV, p. 140).
Quant à la vicomté de Mortain, il n'y avait d'usage local que pour le
paiement des droits de treizième et de relief. *Ibid.*, p. 139.

C'est avec le Cotentin et l'Avranchin que les habitants
de Jersey et de Guernesey avaient le plus de rapports :
ils relevaient au spirituel de l'évêque de Coutances[1] ; les
grandes abbayes de cette région, Cherbourg, Saint-Sauveur le Vicomte, Blanchelande, le Mont Saint-Michel,
avaient, ainsi que le chapitre de Coutances, de vastes
possessions dans les Iles[2], si bien que pour les insulaires
les diocèses de Coutances et d'Avranches étaient la Normandie par excellence[3]. La fréquence de ces relations
permet de donner aux documents jersiais et guernesiais,
qui parlent de la Summe Maukael, leur véritable interprétation.

Enfin les moyens d'étude ne faisaient pas défaut dans
cette partie de la Normandie. Valognes, où résidaient
Raoul et Michel Maucael, avait une certaine importance au moyen âge ; c'était là que se tenaient le plus
souvent les assises du bailliage de Cotentin. Cette ville
était à proximité de Cherbourg, dont les écoles de grammaire, un moment dirigées par Thomas Hélie, étaient
renommées dans tout le pays[4]. En outre le voisinage
de l'abbaye du Vœu et les relations amicales qu'entre-
tenaient avec elle les Maucael pouvaient leur permettre
de consulter la bibliothèque abbatiale, qui, au dire

[1] J. Tardif, op. cit. (N. r. h., t. IX, p. 200, n. 3).
[2] J. Tardif, op. cit. (N. r. h., t. IX, p. 201, n. 1-5).
[3] « Item si placuerit domino regi mittere bladum suum in Normanniam, scilicet inter Montem Sancti Michaelis et Cesarisburgum... » Extente de 1248. Public record office, Inquisitiones, 32 Hen. III, nº 6.
(Second report, p. 292). Cf. Second report, p. 292 et 309. Extente de 1274.
Société jersiaise, Publication 2e, p. 24.
[4] Le bienheureux Thomas Hélie, mort à Biville en 1257, fut un des
personnages de Basse-Normandie les plus renommés pour leur science
et leur sainteté ; il avait étudié la théologie à Paris. Rec. des Hist. de
France, t. XXIII, p. 558 e.

d'Eude Rigaud, bon juge en cette matière, était riche et variée[1].

Chacune de ces circonstances prise isolément n'a qu'une valeur secondaire, mais rapprochées les unes les autres elles forment un ensemble de présomptions, qui permettent d'attribuer à l'un des membres de la famille Maucael un rôle important dans l'histoire du coutumier latin. On s'explique ainsi qu'il cite de préférence dans les formules Valognes comme lieu de situation des immeubles litigieux, que son livre ait été connu de bonne heure dans les Iles de la Manche, que le souvenir de son nom s'y soit conservé plus longtemps que partout ailleurs.

Il est difficile, en l'absence de documents positifs, de déterminer exactement la part qui revient au jurisconsulte valognais dans la composition de l'ouvrage. Toutefois, si on se rappelle que Valognes est le seul nom de lieu mentionné dans les formules des chapitres additionnels *De brevi de stabilia* et *De lege apparenti,* on sera amené à cette conclusion que Maucael ne serait pas l'auteur du texte primitif, mais seulement le plus illustre de ses continuateurs, celui qui a donné au traité sa forme définitive en le complétant par l'insertion des derniers chapitres[2]. Le rédacteur de ces parties ajoutées, sans être un esprit aussi vigoureux et aussi méthodique que son devancier,

---

[1] *Regest. visitationum Odonis Rigaud,* publié par Th. Bonnin. Rouen, 1852, in-4°, p. 555.

[2] D'un côté, l'emploi fait à deux reprises dans le procès des coutumes des Iles du mot *Summa* pour désigner le coutumier normand ne permet pas de songer à la rédaction première du traité; celle-ci, ainsi qu'on l'a vu plus haut, n'a jamais porté cette dénomination, mais celle de *Regestrum de judiciis Normannie* ou quelque autre analogue. D'autre part, l'intitulé *Summa de legibus...* ne se rencontre que dans les manuscrits des Familles VII et VIII.

était plus porté que lui aux spéculations théoriques, ainsi qu'on peut s'en convaincre en lisant les chapitres *De lege probabili* (cxxii) et *De disraisnia* (cxxiii).

CHAPITRE VII

LES ÉDITIONS DE LA *SUMMA DE LEGIBUS*.

La plupart des éditions de la *Summa de legibus* sont imprimées en caractères gothiques; deux seulement sont modernes. En dehors de ces publications spéciales, quelques ouvrages anciens contiennent des fragments plus ou moins étendus du coutumier latin.

§ 1. *Les éditions gothiques de la* Summa de legibus[1].

Les éditions gothiques de la *Summa de legibus* sont au nombre de cinq, puisque l'édition de 1539 est une simple reproduction de celle de 1534. L'abbé Saas cite encore une impression sans date en caractères gothiques, où le

---

[1] La liste des éditions gothiques du coutumier de Normandie se trouve dans les ouvrages suivants :
Saas, *Abrégé de cosmographie*. 1760. Camus et Dupin, *Lettres sur la profession d'avocat*. Paris, 1818, in-8°, t. II, p. 233. Brunet, *Manuel du libraire*. Paris, 1860-1880, in-8°, t. II, c. 375-380. Frère, *Manuel du bibliographe normand*, t. I, p. 297-301. Graesse, *Trésor de livres rares et précieux*. 1861, in-4°, t. II, p. 290. Pannier, *Les ruines de la Coutume de Normandie*. Rouen et Paris, 1856, in-24, p. i-xxij. W. L. de Gruchy, *L'ancienne Coutume de Normandie*, p. 339-344.

coutumier latin figurerait seul [1], mais il n'a pas été possible de la retrouver.

1o Édition *princeps*. — « Le repertore de ce livre. || Ensuit le repertore de ce present livre... || Premierement. Le texte en françoys du livre cou|stumier du pays et duchie de Normendie... || Le se|cond chapitre est le texte en latin dicelluy... »

Cette édition, souvent attribuée à 1483 [2], n'a pas de titre ; elle ne porte ni date, ni nom d'imprimeur, ni indication de lieu (342 ff. à longues lignes non chiffrés, y compris 2 feuillets blancs).

Le coutumier latin suit immédiatement le texte du Grand Coutumier ; il occupe 74 feuillets (f. aa. j. — ii. x.).

2o Édition de 1510. — « Le grant coustumier du pays et duché de Nor|mendie... euquel est le texte dicelluy en françoys... et mesmes le texte en latin tres correct..... nouvellement imprimé a Caen | par Laurens Hostingue... l'an de grace mil cinq cens et dix le xxviij jour d'apvril » (214 ff. à longues lignes, dont 174 chiffrés [3]).

Quarante feuillets (f. cxxv. ro — clxiiij. vo) sont consacrés à la *Summa de legibus,* qui suit immédiatement le Grand Coutumier comme dans l'édition précédente.

3o Édition de 1516. — « Le grant coustumier du pays et du|ché de Normendie... euquel est le texte diceluy en françois...

---

[1] « *Consuetudo Normaniæ latina,* en lettres gothiques, sans date, in-12. » *Abrégé de cosmographie,* 1760.

[2] Cette attribution repose exclusivement sur la mention suivante qui se lit à la fin d'un petit traité de Jean André imprimé à la suite dans le même volume : « Finit tractatus magistri Johannis Andree super arbo-ribus consanguineita|tis affinitatis nec non spiritualis cognationis. Anno Domini millesimo quadringen|tesimo octuagesimo tercio. » f. mm. vij. ro. Brunet, *op. cit.,* t. II, c. 376.

[3] Le titre porte en outre les cinq distiques latins : *Summus honor Tetrici... — Justicia in sese... Volvite causidici Normanas...* etc., et il est suivi d'un avertissement intitulé : *Epistola ad juvenes* ; distiques et avertissement se retrouvent au recto et au verso du titre dans les éditions de 1516 et de 1523.

|| Et mesmes y est le texte en latin tres | correct..... nouvellement imprimé a Rouen pour Michel Angier libraire juré de l'université de Caen [1]... »

Cette édition, qui est composée en deux sortes de caractères et ne porte ni date, ni nom d'imprimeur, est des premiers mois de l'année 1516 [2] (224 ff. sur deux colonnes, dont 174 chiffrés).

Le texte latin est séparé du Grand Coutumier par le « Stille et ordre de proceder de la court de Parlement », les *Tractatus arboris consanguineitatis, affinitatis*...; il comprend 40 feuillets (f. cxxv r° — clxiiij v°).

4° Édition de 1523. — « Le grand coustumier du pays et duché | de Normendie... euquel | est le texte diceluy en françois... || Et mesmes y est le texte en latin tres correct..... nou|vellement imprimé a Rouen pour Françoys Regnault libraire juré de l'université de Paris. »

L'impression du volume, qui offre deux séries de caractères, a été terminée à la fin de juillet 1523 [3] (227 ff. sur deux colonnes, dont 209 chiffrés).

Le coutumier latin, dont les folios sont numérotés à la suite du Grand Coutumier, occupe 27 feuillets (f. cxxxiij. r°—clix. v°).

5° Éditions de 1534 et de 1539. — « Le grant Coustumier du | pays et duché de Normendie... euquel est le texte diceluy en fran|çoys... || Avec plusieurs additions, allegations et concordances tant | du droit canon que civil com|posees par scientificque personne maistre Guillaume le Rouillé Dalençon... || Aussi y est le texte en latin tres correct.....

---

[1] Dans certains exemplaires l'éditeur est « Jehan Richard libraire demourant... à la parroisse Saint Nicolas devant le Colliege du pape » à Rouen.

[2] Le volume contient le « Stille et ordre de proceder de la Court de Parlement de Normendie » arrêté le 21 janvier 1515 (a. s.), et le privilège du libraire est daté du 14 février 1515 (a. s.).

[3] On lit à la fin de cette édition : « Cy finist le grant coustumier de Normendie... nouvellement imprimé | pour Francoys Regnault libraire juré de l'uni|versité de Paris le xxvj. de juillet mil cinq cens xxiij ».

Nouvellement imprimé a Paris par (sic) Françoys Regnault libraire juré de l'université de Paris. || 1534. »

Nouvellement imprimé a Rouen par Nicolas le Roux pour Françoys Regnault | libraire juré de l'université de Paris, pour Jehan Mallard demourant a Rouen||... 1539. »

Les éditions de 1534 et de 1539 [1] sont imprimées sur deux colonnes en trois séries de caractères ; elles sont divisées en deux parties, dans chacune desquelles les feuillets ont un numérotage distinct ; la seconde partie commence avec le coutumier latin (1534 : 238 ff., dont 228 chiffrés ; 1539 : 246 f., dont 234 chiffrés).

L'édition de 1539 n'est, pour la plus grande partie, que la réimpression de celle de 1534. Le titre, les bois, les signatures, tout ce qui se rattache à la disposition matérielle du volume est identique. On y rencontre les mêmes erreurs typographiques [2] et la mise en pages n'a pas été changée dans les 24 feuillets consacrés au coutumier latin. Ce qui distingue principalement l'édition de 1539, c'est l'addition d'une consultation de Guillaume Le Rouillé [3] et la place assignée au Traité des arbres de consanguinité et d'affinité, qui se trouve, en 1539, intercalé entre les textes français et latin, tandis qu'il est rejeté presque à la fin de la seconde partie dans l'édition de 1534 [4].

---

[1] L'édition de 1534 a été publiée le 4 août 1534. L'édition de 1539 est sortie des presses de Nicolas Leroux à Rouen ; elle est datée du 10 septembre 1539.
Ces indications se trouvent à la fin du « repertoire du coustumier de Normendie ».

[2] Outre les erreurs communes aux impressions précédentes et qui sont indiquées plus loin, il y a des fautes telles que celles-ci : *attenuati etiam habent curias.* C. LIII(=LII, 9), *solide querimoniam excitavit.* C. LVIII(=LVII, 2), qui ne se rencontrent que dans les éditions de 1534 et de 1539.

[3] Cette consultation intitulée : « *De confiscationibus consilium.* Guillelmi Rubinei Alenconiensis de confiscationibus consilium », est placée à la suite du Grand Coutumier, qui finit f. clx. v°.

[4] Dans l'édition de 1539, le traité des arbres de consanguinité et affinité est contenu dans le même cahier de six feuillets ajouté à la fin de

Les éditions gothiques de la *Summa de legibus* ont de nombreux traits de ressemblance. Elles ne sont pas d'abord spécialement consacrées au coutumier latin, qui n'y figure qu'au second plan à la suite du Grand Coutumier[1] avec d'autres textes de droit normand (Charte aux Normands, arrêts de règlement de l'Échiquier, « Stille et ordre de proceder de la court de Parlement de Normendie[2] », « Stille de proceder eu pays de Normendie »). Elles sont imprimées dans un format semblable et en caractères presque identiques[3]. Elles portent encore même intitulé et même *explicit*[4], rejettent pareillement à la fin la table des matières[5], sont divisées en un nombre égal de chapitres[6] et contiennent, intercalés à la même place,

la première partie (f. + j. + ij. + iij.), qui renferme aussi la consultation de Guillaume Le Rouillé.
Dans celle de 1534, ce traité est inséré entre les ff. lxviij. et lxix. de la seconde partie du volume avant le « Stille de proceder eu pays de Normendie ».

[1] C'est ce qu'indiquent les mentions suivantes des tables : « Le second chapitre est le texte en latin dicelluy... » Éd. *princeps*. — « Et mesmes le texte en latin tres correct... » Éd. de 1510. — « Et mesmes y est le texte en latin tres correct... » Éd. de 1516 et de 1523. — « Aussi y est le texte en latin tres correct... » Éd. de 1534 et de 1539.

[2] Ce style se trouve dans toutes les éditions à partir de 1516.

[3] Cette observation ne s'applique qu'aux éditions qui contiennent les deux textes du coutumier de Normandie; celles qui ne renferment que le Grand Coutumier sont souvent imprimées à longues lignes, dans un plus petit format et en caractères romains.

[4] « Incipiunt jura et consuetudines quibus regitur ducatus Normannie. Cum nostra sit intencio in presenti opere... »
L'*explicit* : « Finit liber jurium ac consuetudinum ducatus Normannie » manque dans les éditions de 1534 et de 1539.

[5] La table des chapitres porte le même intitulé dans toutes les éditions, sauf dans la première où il y a simplement : « Tabula hujus libri. »
« Tabula hujus libri. || Tabula ad capitula jurium ac consuetudinum ducatus Normannie secundum numerum foliorum (1534, 1539 *aj*. precedentium) invenienda. » Éd. de 1510, 1516, 1523, 1534, 1539.
Elle finit de même par les mots : « Tabula finit feliciter » (Éd. *princeps*. « Finit tabula »).

[6] Elles comptent 128 chapitres ou quelquefois 129 par suite d'un dédoublement du chapitre *De lege recordamenti*, et dans la table les chapitres de la seconde partie sont répartis en quatre distinctions.

deux documents étrangers au coutumier (*Carta Philippi Regis* et *Littere prelatorum Normannie*)[1]. Ces éditions renferment tant de mauvaises leçons et de fautes d'impression communes qu'il y a lieu de croire qu'elles dérivent toutes de l'édition dite de 1483, qui leur a servi de type. La présence d'incorrections de plus en plus nombreuses à mesure que l'on s'avance dans le xvi° siècle montre qu'on s'est borné à réimprimer le texte antérieur sans chercher à l'améliorer[2]. Guillaume Le Rouillé seul

[1] Ces documents sont insérés entre les ch. *De patronatu ecclesie* (cxj = cx) et *De feodo et vadio* (cxiij = cxi).

[2] Éd. princeps.

Éd. princeps.	1510.	1516.	1523.	1534.	1539.
Pr. prestinorum memoria.	—	—	—	predestinorum memorie.	—
ad hoc opusculum inspicientibus.	—	adhoc opusculum insipientibus.	—	—	—
ii. jus de querelis habeat.	jus de reliquis habeat.	—	—	—	—
iii. pene irrigacio.	—	—	—	—	—
vi. ex irrogacione injurie.	ex irrigacione injurie	—	—	—	—
non soluto indeputato.	—	—	—	—	—
ix. in contencionibus ecclesiarum.	—	—	in conventionibus ecclesiarum.	—	—
efficacem rationem debet proponere.	efficacionem debet proponere.	—	—	—	—
x. per cartas confirmata.	—	—	per certas confirmata.	—	—
fossi autem villarum. vel mara.	—	—	—	—	—
vel mara.	vel amara.	—	—	—	—
xv. vallis Monetonii.	—	—	—	—	—
xvi. mensuras potus.	mensuratus potus.	—	—	—	—
xvii. decurios... robanium.	—	—	—	—	—
xx. dyocesano episcopo.	—	—	—	dyocesario episcopo.	—
xxiv. in audiencia parrossie.	in audacia parrossie.	—	—	—	—
xxv. in feodi reseracione.	—	—	—	—	—
de feodo loricali decimum fuerit.	de feodo loricali decimum fuerit.	—	—	—	—
xxv. de curacione revii.	—	—	—	—	—
fracta feste domorum.	—	fracta facte domorum.	—	—	—
xxvi. per sacramentum duodecim hominum.	—	per sermentum duodecim hominum.	—	—	—
xxix. de parte tamen tercia.	de pace tamen tercia.	—	—	—	—
xli. partus mulieris emissionem.	—	—	—	—	—
vi. congregacio in curia usticiariorum.	—	congregacio in curia justorum.	—	—	—

paraît avoir soumis à un travail de révision les éditions de 1534 et de 1539 qu'il a données[1], mais ses corrections n'ont pas porté sur le coutumier latin où il a laissé subsister toutes les erreurs de ses devanciers.

Il ne faut donc pas chercher ici des éditions critiques. Le premier éditeur s'est contenté de reproduire un seul manuscrit du type de la Famille IX[2]; les similitudes frappantes qu'on remarque entre le texte imprimé et les manuscrits de ce groupe ne laissent aucun doute à cet égard. La reproduction a été si fidèle que des fautes de copiste sont passées dans l'impression. Il est regrettable que le choix du premier éditeur soit tombé sur un des textes les plus défectueux du coutumier latin.

Éd. princeps.	1510.	1516.	1523.	1534.	1539.
opiniones... fuerint infirmate.	opiniones ... fuerint infirmitate.	—	—	opiniones ... fuerint in firmitate.	—
LVIII. scolide querimoniam excitavit.	—	—	—	solide querimoniam excitavit.	—
LXII. testium autem alii.	tercium autem alii.	—	—	—	—
LXVII. in... possessione assaltati.	—	—	in possessione assaltavi.	—	—
LXVIII. et hoc subito et inopinate et causa celata.	et hoc dubito et inopinate et causa celata.	—	et hoc dubito et inopinate et casa celata.	—	—
LXXXXIII. ex institucione... fiunt instituciones.	—	—	—	—	—
LXXXXIIII. si non accesserit vel exoniatus fuerit.	—	—	si non accesserit vel exornatus fuerit.	—	—
C. per propinquitatem generis est amittendus.	—	—	—	—	—
CII. cum sponsa mariti sui cubiculum subnitraverit.	cum sponsa mariti sui cubiculum subintraverit.	—	—	—	—
CXIII. non obstante duodecim contradictione.	non observante duodecim contradictione.	—	—	—	—
CXXV. deraisniam... in jure contigerit.	—	—	—	—	—

[1] Dans une de ses annotations marginales sur le Grand Coutumier Guillaume Le Rouillé cite des manuscrits de ce texte : « *reperi in quodam antiquo volumine consuetudinis manu scripto...* » Ch. De bref de prochaineté de ancesseur, add. 2. Éd. de 1534, f. cxvj. v°, c. 1.

[2] L'exemplaire du coutumier latin qui a servi pour la première édition était un manuscrit presque identique à celui de sir Thomas Phillipps.

16

§ 2. *Les éditions modernes du coutumier latin.*

Les impressions modernes de la *Summa de legibus* sont au nombre de deux, celle qu'a donnée Jean Pierre de Ludewig, en 1726[1], et celle qu'a récemment publiée M. W. L. de Gruchy.

1° *Édition de Ludewig.*

La *Summa de legibus* occupe 269 pages (p. 149-418) dans le tome VII du recueil de documents publié par Ludewig sous le titre de *Reliquiae manuscriptorum omnis aevi diplomatum ac monumentorum ineditorum adhuc*[2]; elle y est intitulée : *Codex legum normannicarum ex membranis descriptus et illustratus notulis.*

L'édition de Ludewig diffère à plusieurs points de vue de toutes les autres : c'est la seule où le coutumier latin soit publié isolément. Les impressions gothiques devaient, pour répondre aux besoins de la pratique, être aussi complètes que possible; de là la réunion dans un même volume des textes latin et français. Cette édition au contraire est due à la curiosité d'un savant[3], qui a reproduit un manuscrit lui appartenant, le manuscrit de Pithou et de Foucault, aujourd'hui à Copenhague (Fonds de Thott, n° 303)[4]. Ludewig a suivi son exemplaire avec tant de fidélité qu'il ne s'est pas aperçu que plusieurs feuillets

---

[1] Le t. VII des *Reliquiae* porte le millésime de 1726 ; mais la préface du volume est de la fin de 1725.

[2] Francofurti et Lipsiae, MDCCXX-XLI, 12 volumes in-12.

[3] Ludewig croyait que le coutumier latin était inédit : « Licet artem gallicae versiones typis exscriptae multoties : tamen codex latinus, quantum nobis constat, nondum vidit lucem. » *Reliquiae*, t. VII, Praefatio § 22, p. 51.

[4] Voy. p. LVI.

avaient été transposés ; il s'est borné à subdiviser les chapitres en paragraphes et à les numéroter dans chacune des deux parties du traité au lieu de conserver le numérotage unique, qui a toujours été traditionnel. Le manuscrit de Thott renferme beaucoup de mauvaises leçons[1], mais l'éditeur en a grossi le nombre et on est étonné en parcourant le coutumier d'y rencontrer des termes singulièrement défigurés[2]. En outre, de nombreuses corrections ont été faites au texte, et si quelques unes de ces restitutions peuvent se justifier, la plupart ne sont pas aussi heureuses[3].

[1] Voici quelques exemples de ces fautes :
K. utentii. *Lud.* p. 149. viventium (= irretitum). — *K. L.* p. 160. saisinas... obtentatas. — *K. L.* p. 169. colinii (= telonei). — *K. L.* p. 219. causa materie (= maturius) fuerit terminata. — *K. L.* p. 277. de panno et scorio. — *K. L.* p. 292. de protectione monarum (= viduarum). — *K. L.* p. 296. alterum (= atrium) sanctum. — *K. L.* p. 307. de pantatione (= nantatione). — *K. L.* p. 330. furtiva processio (= possessio). — *K. L.* p. 337. per patientum (= inquestam). — *K. L.* p. 338. insaniose (= infamose). — *K. L.* p. 347. ponderem (= spondam) cubiculi. — *K. L.* p. 382. desinatio (= de finatione) facta. — *K. L.* p. 403. paterni et materne (= patrini et matrine). — *K. L.* p. 413. secundum minam (= misericordiam).

[2]

K. anxios impetus.	*L*. p. 149. acrior impetus.
K. ut parisius dicitur jus.	*L*. p. 151. ut parisinis dicitur jus.
K. operativa juris.	*L*. p. 153. operantia juris.
K. et secundum eas reddere jus.	*L*. p. 156. et serviens reddere jus.
K. deliberatione nantorum.	*L*. p. 157. deliberatione mantorum.
K. vel profugos... justiciare.	*L*. p. 157. vel prosagos...justiciare.
K. ad dampnificationem pratorum.	*L*. p. 169. ut addam puificationem pratorum.
K. non postea responsurus.	*L*. p. 170. non postea hoc usurus.
K. francos canes et francas aves... varium grisum.	*L*. p. 187. francos, strautas, lanes... varmigrisum.
K. usuum specialium.	*L*. p. 193. usurarum spiritualium.
K. dilationum dispendio.	*L*. p. 201. dilationum suspendio.
K. et marrementa.	*L*. p. 201. et marcementa.
K. gesine.	*L*. p. 242. gesme.
K. justo seonio.	*L*. p. 324. justo sconio.

[3] Telles sont les suivantes :

K. semper defensionem.	*L*. p. 171. separatam defensionem.
K. ex parte ducis.	*L*. p. 197. ex potestate ducis.
K. de prati servicio.	*L*. p. 208. de predicti servicio.
K. tunicis consutis.	*L*. p. 277. tunicis consuetis.
K. contentionarii adjornantur.	*L*. p. 319. contentionarii attornantur.

Ludewig propose quelquefois des corrections qui peuvent se justifier, comme celle de *roballum* en *corallium* (p. 187, n. 46), des mots : *auditur illa revocandi* ou *revocanti* en ceux-ci : *clauditur via revocanti* (p. 418).

Ludewig a joint à son édition une courte introduction insérée dans la préface du t. VII des *Reliquiae* (p. 47-57) et des notes, qui forment une sorte de commentaire perpétuel du texte. Cette introduction contient la description succincte du manuscrit, des renseignements sur la date et le caractère du traité, la liste des éditions de la coutume de Normandie et de ses principaux commentaires, la table des chapitres du manuscrit; elle est précédée de quelques lignes où l'éditeur rappelle la conformité des lois germaniques et scandinaves et cite les rapports existant entre le droit normand et le droit saxon comme une nouvelle preuve de cette parenté[1]. C'est là surtout ce qu'il s'est proposé dans ses notes, où il fait des rapprochements entre le droit romain, le droit germanique et les coutumes normandes[2]; il y donne aussi la signification des termes dont le sens lui paraît difficile à saisir. Ludewig accuse dans sa préface Du Cange d'avoir commis de nombreuses erreurs[3]; mais on doit reconnaître que les explications du savant allemand offrent peu d'intérêt, quand elles ne sont pas tout à fait inexactes[4]. Il lui suffisait cependant d'ouvrir les écrits de commentateurs tels que Terrien, Bérault, Basnage, dont il cite

---

[1] Praefatio, § 20, p. 47.

[2] Voy. par exemple p. 185, n. 36, p. 186, n. 41. p. 216, n. 15.

[3] « In quibus plurimos lapsus deprehendimus incomparabilis Fresnei, glossatoris ideo multoties felicis parum, quod nesciverit linguam Germanicam juraque patriae nostrae... Qui latinum eciam authenticum habuit in manibus; sed ultimo usus est indiligenter. » Praefatio, § 24, p. 57.

[4] On peut citer notamment l'explication des mots : Rochinum *vel* rouchinum *idem quam* rock, *Germanis vestis superior,* ein Oberkleid. p. 304, n. 95. — Betum *idem quam solum, quandoque etiam canon sive tributum... nam solum dicimus nostra lingua* boden. p. 318, n. 33. — Scacarius *idem quam* missus principalis *sive legatus. nostris moribus* commissarium *dicimus. est ergo etymon* ein geschickter, *scacarius.* p. 389, n. 42. — Pugiles curiae *a pugillis sive tabulis dicti. in patrio jure silentiarius scilicet secretarius, actuarius.* p. 409, n. 51.

les noms, pour trouver les éclaircissements qu'il cherchait.

2° *Édition de M. de Gruchy.*

L'Ancienne Coutume de Normandie. Réimpression éditée avec de légères annotations[1].

L'édition de M. W. Laurence de Gruchy a une toute autre valeur. L'éditeur s'est placé à un point de vue pratique : il a voulu mettre à la portée de ses compatriotes le texte légal qui les régit et dont il n'existait que des éditions fort coûteuses, presque inaccessibles au public.

M. de Gruchy, ancien juré-justicier à la Cour royale de Jersey, a publié, en 1881, le Grand Coutumier et la *Summa de legibus* sous le titre d'*Ancienne coutume de Normandie.* Les textes latin et français sont placés en regard sur deux colonnes. Cette publication n'est pas une nouvelle édition, puisque l'éditeur, obligé de respecter le texte consacré par l'usage, n'a pu tenir compte des manuscrits; c'est plutôt une réimpression des anciennes éditions gothiques faite avec autant de soin que d'intelligence. M. de Gruchy a pris pour base de son travail le texte donné par Guillaume Le Rouillé en 1539, mais il y a introduit de meilleures leçons choisies dans les éditions antérieures et a corrigé les erreurs évidentes[2]. Il a ajouté au bas des pages des notes pleines d'intérêt, qui contiennent l'interprétation des termes techniques, des

[1] Jersey, Ch. Le Feuvre, 1881, in-8°, xxv-420 p. — *Bibl. de l'École des chartes,* 1882, t. XLIII, p. 244-246.

[2] Telles sont les corrections : *recordatores* au lieu de *recordationes,* p. 31. — *Moretonii* au lieu de *Monetonii,* p. 45. — *dextrarios* au lieu de *decurios,* p. 49, n. 2. — *curatione rivi* au lieu de *revii,* p. 75. — *in ducis curia* au lieu de *judicis curia,* p. 99, n. 2.

renvois aux traités de droit anglais ou aux documents
relatifs à l'histoire des Iles de la Manche[1], et surtout
d'utiles indications sur les cas où la coutume normande
a été modifiée par l'usage[2]. L'ouvrage se termine par une
liste très complète des anciennes éditions du coutumier
de Normandie et une série d'extraits des auteurs qui se
sont occupés de l'histoire de ce texte[3].

§ 3. *Ouvrages qui renferment des extraits de la* Summa de legibus.

En dehors des éditions où la *Summa de legibus* est
publiée en entier, on trouve encore des extraits de ce
texte dans des ouvrages consacrés à d'autres matières,
tels que le glossaire de Du Cange[4], le recueil des conciles de Normandie de D. Pommeraye et de D. Bessin[5].
Ces fragments ne sont pas sans intérêt parce qu'ils sont
souvent empruntés à des manuscrits anciens du coutumier latin, qui n'ont pas été utilisés ailleurs : c'est ainsi
que D. Carpentier s'est servi pour ses additions au
glossaire de Du Cange[6] du manuscrit latin 4651 de la

---

[1] Il cite Glanville, Bracton, le Fleta, et surtout les différentes Extentes
de l'île de Jersey.
[2] Il donne ainsi la signification actuelle du mot « vavasseur » à Guernesey (p. 80, n. 3), des termes « désertes » (p. 107, n. 1) et « voyeurs »
(p. 222, n. 4) à Jersey.
[3] P. 339-376.
[4] *Glossarium mediæ et infimæ latinitatis...* digessit G. Henschel.
Parisiis, Firmin Didot, 1840-50, 7 vol. in-4°.
[5] *Concilia Rotomagensis provinciæ. Accedunt diœcesanæ synodi...*
Rotomagi, Fr. Vaultier, 1717, in-f°.
[6] Du Cange cite toujours le coutumier latin d'après les éditions
gothiques, comme l'indique le titre de *Jura et consuetudines Normanniæ* :
« *Jura et consuetudines Normanniæ*, c. 8 = vm, 2, 3, 4. Tempus quo
terræ sunt communes... nisi clausa fuerit ex antiquitate.» V° *beno* (t. 1,
p. 577, c. 3).

Bibliothèque nationale[1] et que D. Bessin a consulté en même temps que l'édition de 1523 un manuscrit, qui paraît bien être celui de Saint-Ouen (aujourd'hui Y. 204 de Rouen)[2].

« *Jura et consuetudines Normanniæ,* cap. 17, *De verisco* = xvi, 4. Ex eo Dux habet... omnem piscem ad varballum.,. » V° *varballum* (t. VI, p. 735, c. 2).

« *Jura et consuetudines Normann.,* c. 24 = xxii, 7, 8. Diffugiens autem ad ecclesiam... devitando vel capiendo in omnibus agendum est. » V° *abjuratio* (t. I, p. 22, c. 3).

Parfois du Cange ne se réfère qu'au Coutumier français qu'il cite d'après les mêmes éditions :

« *Vetus Consuetudo Normanniæ,* cap. 15. Le monneage est une aide de deniers... » V° *foagium* (t. III, p. 329, c. 1).

Voy. toutefois v° *retrobannus* (t. V, p. 748, c. 1), où il mentionne un manuscrit du texte français.

[1] « Consuet. Norm., part. 1, c. 12 = xi. Ex Cod. reg. 4651 : Debet dux... incendatores. » V° *incendator* (t. III, p. 791, c. 2).

« Consuet. Norman., part. 1, cap. 19 = xviii, 1, 2. Cod. reg. 4651 : De rebus autem vaivis... sunt inventa. » V° *vaivus* (t. VI, p. 725, c. 1).

« Consuet. Norman., part. 1, cap. 27 = xxiv, 1. Ex Cod. reg. 4651 : Partibilis autem dicitur hæreditas... et etiam servilia. » V° *censaria 2* (t. II, p. 273, c. 1).

« Consuet. Normann., part. 2, cap. 8. = lxxiv, 1. Ex Cod. reg. 4651. Ego queror de tali... me nequiter assaltavit. » V° *agaitum* (t. I, p. 137, c. 3).

« Consuet. Norman., part. 2, cap. 10. = lxxvi, 2. Ex Cod. reg. 4651 : Olim mulieres... juisio se purgabant. » V° *juisium* (t. III, p. 922, c. 2).

« Aliud iterum sonat *caable*... in vet. Consuet. Norman., part 2, cap. 19. = lxxxv, 9. Ex. Cod. reg. 4651, ubi versio latina : De prostratione ad terram quod quadablum... » V° *cabulus* (t. II, p. 10, c. 3).

« Consuet. Norman., part. 2, cap. 30 = xciv, 3. Ex Cod. reg. 4651 : Dum milites in visneto... debeant amoveri. » V° *soonium* (t. VI, p. 299, c. 1).

« Consuet. Norman., part. 2, cap. 39 = cx, 7. Ex Cod. reg. 4651 : Brevii visio per quatuor milites... debet sustineri. » V° *sonatio* (t. VI, p. 296, c. 3).

[2] Les trois fragments insérés par D. Bessin (I, p. 165-166) sont les suivants :

« *De damnatis qui fugiunt ad ecclesiam.* [= lxxxi].
Ex ms. Consuet. Norman., art. cxiii. Ex vet. ejusd. edit., art. lxxxi.
Si quis autem damnatus... non debet patrocinium ulterius exhibere. »

« *Quomodo forbannisatur diffugiens ad ecclesiam.* [= xxii, 7, 8, 8 *quater*].
Ex Consuet. ms. Norm., art. xxxv. Deest edit. Diffugiens ad ecclesiam... capiendo in omnibus est agendum.

Ibidem., art. xxxvi. Ecclesia autem qui homicidium... per eamdem fuerint liberati. »

« *De temporibus in quibus leges non debent fieri.* [= lxxx].
Ex Consuetudine Norm. ms., artic. cxii. Ex edita anno 1523, artic. lxxx.
Notandum est autem quod quedam sunt tempora... duellum est deducendum. »

D. Bessin s'est servi du ms. de Rouen Y. 204, dont il reproduit les leçons caractéristiques du ch. xxii, 7 et 8.

EXPLICATION DES ABRÉVIATIONS.

A. désigne le ms. 804 de la Bibliothèque de l'Arsenal.

B¹. — — ms. lat. 4651 de la Bibliothèque nationale.

B². — — — — 4652 — — — —

B³. — — — — 11033 — — — —

C¹. — — — — 4650 — — — —

C². — — — — 4790 — — — —

C³. — — — — 4764 — — — —

C⁴. — — — — 4653 — — — —

D¹. — — — — 18557 — — — —

D². — — — — 18368 — — — —

G. — — ms. F. lat. 4 in-8° de la Bibliothèque Sainte-Geneviève.

H. — — ms. lat. 12883 de la Bibliothèque nationale.

K. — — ms. 303 du fonds de Thott, de la Bibliothèque royale de Copenhague.

L. — — ms. lat. 11035 de la Bibliothèque nationale.

O. — — ms. 2964 du fonds Ottoboni, de la Bibliothèque du Vatican.

P. — — ms. 9223 de Sir Thomas Phillipps, à Cheltenham.

Q. — — ms. de MM. Quaritch et Lormier, à Rouen.

R¹. — — ms. Y. 23 de la Bibliothèque de Rouen.

R². — — ms. Y. 204 — — — —

R³. — — ms. de M. Dutuit, à Rouen.

S. — — ms. 9 du fonds français, de la Bibliothèque royale de Stockholm.

V¹. — — ms. lat. 15068 de la Bibliothèque nationale.

V². — — — — 14690 — — — —

V³. — — — — 14689 — — — —

BB — — — — 11032 — — — —

Imprimerie FR. SIMON, successeur de A. LE ROY, Rennes.

INDEX ALPHABÉTIQUE

22*

23

defensio¹. xxiii, 3. xlix, 9. cxi, 6.
cxiv, 1, 2. cxv, 3, 4. cxxi, 16.
— querele defensio. cxiii, 5. —
defensionem dimittere. xlix, 5.
— facere. cxxiv, 14. — infirmare.
cxx, 2. — super se recipere. cxi, 6.
defensio² (in boscis). viii, 4.
defensor¹ (protector). lxxvii.
defensor² (garantus). xlix, 2, 3.
defensor³ (reus in actionibus criminalibus). lxvii, 1, 6, 8.
lxviii, 4. lxxi, 3. lxxv, 4, 7. cxxiv,
13.
defensum. viii, 4.
deficere. lvii, 3. xciii, 6. cxi, 14.
cxiii, 7. cxxiv, 3, 6, 7, 8, 10. — defi-
cientis incommodum reportare.
xxxix, 5. — pena ferire. xcv, 2.
défiaitions dans la Summa de legibus, p. cxxi, n. 4, cxxix, n. 1,
cxvij et n. 1, clxviij, n. 3.
defloratio virginum. iv^bis, 1. v, 1.
lxv, 8. lxvi, 6.
deflorator virginum. xi.
deliberatio. v, 2.
delictum. iv^bis, 1. vi, 1. xi.
demanda. cxx, 2. cxxiv, 13.
demencia. lxxviii, 1, 2.
demens. lxxviii, 2.
denarius. v, 2. vii, 6. xxii, 3, 6.
lxxxv, 9. lxxxvii, 2. cxiii, 5.
cxxii, 5, 6. cxxiv, 14. — ad denarios principis. xxii^bis, 3.
dépôt, p. clxij.
deprehensio. cxxi, 13.
deraisnatio, deresnatio. deraisna-
tor, deresnator. V. disraisniatio,
disraisnator. p. 24, n. 13.
deraisniare, deraisnare, deresnare,
derasniare. p. 24, n. 13. V. disraisniare.
deresne, p. cij, clviij. — nombre des
cojurateurs, p. ciij.
desperati. xx, 1, 2.
desraisnare, desreisnare, desres-
nare, desrenare. p. 24, n. 13. 62,
n. 15. V. disraisniare.
desraisnatio, desresnatio, desrena-
tio. desraisnator. p. 24, n. 13.
V. disraisniatio, disrainator.
desraisnia, desraisna, desreisna,
desrainia, desresnia, desrenia.
p. 24, n. 13. V. disraisnia.
dessaisina, dessesina, desaisina.
p. 25, n. 10. V. dissaisina.
dessaisinatio. p. 25, n. 10. V. dissaisina.

dessaisio, desaisio, dessesio. p. 25,
n. 10. V. dissaisina.
detentio. xviii, 3bis. xcv, 4.
detentor. vii, 7. xviii, 3bis. — namnorum detentor. vii, 7.
Deus. xxii, 8. lxvii, 6. lxxi, 1. lxxiv,
1, 4. lxxv, 1. lxxxv, 2. xcv, 7, 8.
dextrarius. xvi, 4.
dictum. lxvii, 15. cxi, 4.
dictum juratorum. xcv, 6. cx,
7, cxi, 16. cxii, 3. cxiii, 11.
— vij recordatorum. xxi, 16.
dies. vii, 2, 3. xix, 2. xxii, 7. xxxviii,
8. xliii, 1. xlv. xlix, 4. lvii, 2.
lxxix, 1. xciii, 2. xcvi, 1. cxiii, 8.
cxxiii, 8. cxxiv, 2. — diem assignare. xxxviii, 4. xlix, 4. li, 4.
lvi, 3. lviii. lxxxiv, 4. xciii, 2,
3, 4. xcv, 4. cxiii, 3, 4. cxvi, 3.
— habere. xxxviii, 8. — reportare.
xciii, 4, 5.
per unum diem. liii, 4. dies et
hora. xcviii, 5. — vij dies. xviii,
3bis. — infra nonum diem. lxxxi,
1. — per ix dies. xx, 2. — ad
quintum decimum diem. cxxv, 2.
in quinto decimo die. cxxv, 2.
— per xl. dies. xxii^bis, 5, 5. cxxiv,
2. — spacium unius diei. cxxv,
1. — xv. dierum. xlviii. lii, 8.
lviii. lix, 8. lx, 2. lxxxv, 7. cxvi,
6. — xl. dierum. xxii, 4. xlix, 4.
liv. lx, 7. cxiii, 7. cxxiv, 2.
dies assignata. lvii, 2. lx, 2.
lxvii, 3. lxxxv, 7. cxii, 7. cxxii,
4. — assignatus. xxxviii, 8. xxxix,
1. xlix, 4. lxi, 6. cxxiv, 2. — certa.
lii, 4. lix, 12. lxv, 2, 5. lxvii,
11. — certus. cxxi, 15. — competens. xlix, 4. — dominica. lx,
7. — nominata. lxxv, 5. — solemnis. lxxx, 2. lxxxvi, 3. — terminata. lxi, 6. lxvii, 2. lxxxv, 1.
dies assisie. xxii, 5. — dedicatio-
nis ecclesie. lxxx, 2. — ix. lectionum. lxxx, 2. — quatuor
temporum. lxxx, 2. — treuge
ecclesiastice. lxxx, 2. — vicionis.
xxxix, 1. xciii, 2, 3, 4 cxvii, 3.
dies et annus. xvi, 2. xviii, 2.
xix, 5. xxi, 2bis. xxii, 12bis.
xxiv, 20. xxv, 4. xxxv, 2. xxxix,
3. xli, 1. lxvii, 11 lxxvi, 1.
lxxix, 1. xc, 4. xciii, 9. xciv,
1. xcviii, 3, 5. c, 1 3, 3, 13,
14, 15. cxviii, 1. cxix, 4. V. annus
et dies.

collection de documents à la Bibliothèque de Grenoble, p. ccxxix, n. 6. — ms. du coutumier latin dont il était possesseur, p. xviij.

manus. cxi, 1, 5, 6, 9. cxii, 1, 4. cxvi, 12. — *secunda, tercia manus.* cxvi, 12. — *manum apponere.* xcv, 4,15. — *mittere.* xciii, 2. *a manu regis exire.* xcviii, 2. — *in manu domini regis arrestare.* xcviii, 2. — *in manu regis capere.* cxi, 14.
  a manu principis extramittere. xciii, 2. cxxiv, 2. — *in manu principis arrestare.* xciii, 2, 3. cxxi, 7. cxxiv, 2. — *capere.* xciii, 3. xcv, 4. cxi, 3. cxiii, 6, 9. cxxiv, 2, 8, 10. — *detinere.* cxxiv, 2, 10. — *esse.* cxvi, 6. — *observare.* cix, 6. — *resumere.* cxxiv, 2. — *servare.* cx, 4. — *tenere.* cxiii, 6, 7, 9. cxvi, 7. cxxiv, 10.

manuscrit lat. 18557 de la Bibl. nat. ses rapports avec le texte primitif, p. cvij et n. 2, cxij, cxiij. — base de la présente édition, p. cxliv, cxlv. — exécution défectueuse, p. xlvj, cxvij. — fautes, p. cvj, n. 2, cxvij, n. 3. — leçons uniques, p. cviij, n. 1-2. — orthographe, p. cxlv, n. 1, cxlvj, n. 1.

mara. iv^{bis}, 6.

marchands de l'eau de Paris. confirmation de leurs privilèges, p. xvj.

marché de bourse. V. retrait lignager.

maritagium[1] *(matrimonium).* c, 11. cii, 2. cxxi, 16. — *maritagium celebrare, facere.* cxxi, 16. — *celebramentum, conditiones maritagii.* cxxi, 16. V. *recordamentum, recordatio maritagii.*

maritagium[2] *(dos).* xxiv, 14, 15, 16, 17. c, 2, 4, 12, 13, 15. ci, 13. cxv, 10. — *in maritagio tradere.* cxxi, 16.
  maritagium competens. xxiv, 17. — *impeditum.* xci, 3. c, 1, 4, 7. ci, 1, 10. cxv, 10. — *indebitum.* c, 14.

maritare. xxiv, 14, 17. xxxi, 13, 14. c, 11, 15. cxxi, 16. — *maritare de catallo.* c, 13. — *ex mobili.* xxiv, 14.

maritus. xiv, 5. xxix, 3. c, 1, 4, 7, 9. ci, 2-7, 9. ci, 12, 13. cxi, 12. cxv, 10. cxix, 1.

marrementum, marramentum. p. 68, n. 6. xxii, 13.

masagium, masuagium. V. *masnagium.* p. 85, n. 10.

masculus. xxiv, 21. xxxv, 1. xciv, 3. xcix, 1. — *masculi dignitas.* xxiv, 21. V. *jus masculinum.*

masnagium, maisnagium. p. 85, n. 10. xxiv, 18.

masura. xxvi, 5.

mater. xxiii, 5, 9bis, 10, 11. lxxxvi, 5. xcix, 1. c, 13. ci, 13. cxvi, 11. — *hereditas ex parte matris.* xxiv, 10.

materia. xxiii, 4ter. V. *francus.*

Matillis. p. 246, n. 18. 256, n. 2.

matrimonium. xxiv, 16. xxv, 2, 2bis. xxxi, 14. ci, 3, 13, cxix, 5. — *matrimonium celebrare.* lxxx, 1. — *contrahere.* xxiv, 16. c, 10. ci, 2, 3, 5, 6, 7. cxix, 2, 4, 5. cxxi, 5. — *matrimonio copulare.* ci, 7.
  matrimonii celebratio. cxxi, 16. — *solemnitas.* cii, 1. V. *contractus matrimonii.*

matrina. cxxii, 8.

Maucael, auteur de la Somme suivie par les Jersiais, p. ccxx, n. 3-4, ccxxj, n. 7. — part qu'il a prise à la rédaction du coutumier latin, p. ccxxxiv.

Mauchael *(Alexander).* p. ccxxvij, n. 2. — *Johannes.* p. ccxxvij, n. 2. — *Michael.* p. ccxxviij, n. 5, ccxxix, ccxxx, ccxxxj. — *Radulfus.* p. ccxxviij, n. 5, ccxxix, ccxxx et n. 1.

Mauchel *(Johannes).* p. ccxxvij, n. 2. — *Wilhelmus.* p. ccxxvij, n. 2.

Maukael *(Mikael).* p. ccxxix, n. 6, ccxxxj, n. 3. — *Radulfus.* p. ccxxix, n. 6. V. Malcael, Mauchael.

Maulévrier (Pierre de Brézé, comte de). ordonnances rendues en son nom pendant l'occupation française de Jersey (1462), p. ccxxv, n. 3.

mechaignum, mechaignium. p. 19, n. 10. V. *mehaignium.*

mehaignare, mehaigniare, mehaingnare, mehagniare. p. 19, n. 10. lxxiii. lxxviii, 1. c, 3.

mehaignator, mehaingnator, mehagnator. p. 19, n. 10. xi.

6. IVbis, 1. XI. LI, 1. — *principis.*
LXXIX, 1. — *forma sequele de as-*
saltu et fracta pace. LXXIV, 1.
*pax*² *(concordia).* LXXV, 3. —
pacem concordare. LXIX, 2. —
reformare. IV *bis*, 1. LXXV, 3. —
de pace componere, tractare.
LXXV, 3.
pecia, pechia terre. XXIV, 4.
pellis. XVI, 2. — *pelles sebeline.*
XVI, 4.
pena. III, 3. IV *bis*, 6. XV, 3. XXXVII,
2. LXVII, 2. LXXV, 5. XCV, 16. —
penam reportare. LIII, 3. LXXIX, 2.
— *pena simplex.* LIII, 6. — *amis-*
sionis vite vel membrorum. LIII, 3.
percussio palme. LXXXV, 9. —
pugni. LXXXV, 9. — *enormis.* c, 3.
— *simplex.* LXXXV, 8.
peregrinatio. XLIV, 1, 2. XCIV, 1. XCVIII,
5. c, 3. — *solemnis.* XC, 4. — *votum*
peregrinationis. XXII, 8 *quater*.
peregrinus. XC, 4.
perfidia. CXXI, 16.
perjurare. LXVII, 6.
perjurium. LXI, 3. LXVIII, 2. LXXXV,
6. XCII, 2.
perjurus. CXI, 16.
persecutio. LXXXVI, 5.
*persona*¹. LXXXII. LXXXV, 10-12.
CXXI, 3, 6 *ter*, 7, 7 *bis* 10, 11, 16.
CXXII, 7. CXXIII, 2, 4. CXXIV, 12.
— *persona assistens in curia.*
CXXI, 3. — *autentica.* LXXXV, 10.
— *conjuncta.* LXXXV, 6. — *laica.*
XC, 4. — *laicalis.* CX, 7, 8. —
notabilis. XCII, 2. — *religiosa.*
LXXXII. — *simplex.* LXXXV, 9. —
non suspecta. CXXI, 16.
*persona*² *(rector, clericus).* CXXI, 3.
— *persona ecclesiastica.* LXXXII.
CX, 7, 8. — *ultimo defuncta,*
mortua. CX, 1, 2, 5, 6, 8, 11.
personatus. CXXI, 3.
pestis frenetica. XX, 2 *bis*.
Petau (Paul et Alexandre). catalogue
et cotes de leur bibliothèque, p.
xlvj, n. 2, liv, n. 2, lvj, n. 1. —
mss. du coutumier latin leur ayant
appartenu, p. xlvj, n. 2, liv, n. 2,
lvj, n. 1. — signatures de Paul
et d'Alexandre Petau, p. xlvj, n. 2,
lvj, n. 1.
Petrus. XIX, 2. XXI, 1, 2. XXII, 5.
LXXI, 3. LXXXV, 2. LXXXVII, 2.
LXXXIX, 1. XCV, 7, 8, 10. XCVIII,
1. C, 4.

Philippe-Auguste. p. xvij, clxxv, n. 1,
clxxvj et n. 3, clxxxij, ccij, ccxv,
n. 5. — titres donnés à Philippe-
Auguste, p. clxxxiij, n. 1, 3, 4.
V. ordonnances.
Philippe III. p. clxxv, n. 1, clxxix.
— titres donnés à Philippe III,
p. clxxxiij, n. 4. V. ordonnances,
mandements.
Philippe IV. p. clxxvj, n. 1.
— titres donnés à Philippe IV,
p. clxxxiij, n. 4. V. ordonnances,
mandements.
Philippus, rex Francorum. VI, 7.
CX, 8, 10. CXI, 13. V. Philippe-
Auguste.
Phillipps (collection de sir Thomas).
ms. du coutumier latin qui en fait
partie (n° 9223), p. lxiv.
Pierre Mauclerc, duc de Bretagne.
p. ccxv, n. 6.
Pieux (Les), Manche. p. ccxxix. —
patronage, p. ccxxix, n. 6, ccxxx,
n. 1, 4-5, ccxxxj, n. 3. — rec-
teurs, p. ccxxx et n. 1, 4-5.
piscaria. IVbis, 3. XXXI, 16.
Pithou (Pierre). ms. du coutumier
latin lui ayant appartenu, p. lvj,
n. 4.
placitare. VII, 3. XXXVIII, 3, 8.
XLIII, 6. LII, 2. LVI, 3. LXXXV, 5.
CXXI, 2, 7. CXXII, 7. CXXIV, 2, 12.
— *placitare de proprietate.*
XLIV, 1. CX, 6.
placitator. XXXVIII, 2. LII, 3, 4. LXII.
LXXXIV, 2. XCV, 7.
placitor. 128, n. 4. 158, n. 1.
V. *placitator.*
placitum. IV *bis*, 7. V, 1. VII, 2, 9.
XXXVIII, 4. LII, 3. LIII, 7. LIV.
LVIII. LXXXVI, 3. CXXI, 15. —
placitum prorogare. XXXVIII, 5.
— *tenere.* XCIX, 2.
placitum spade. II, 2. IV *bis*, 1.
VI, 7. LII, 5, 7. LIII, 5.
placita de quo warranto. p.
ccxviij, n. 4, ccxix, ccxxj et n. 1.
— *vicecomitalia.* p. clj, n. 4.
LIII, 8.
plaga. LXV, 6. LXIX, 3. LXX, 1. LXXI,
3. LXXIII, 1. LXXV, 1.
plaga cum effusione sanguinis.
LXXXV, 9. — *per violenciam illata.*
LXV, 5. — *simplex.* LXXV, 2. —
plaga et sanguis. LXXI, 3. LXXV, 1.
plan du coutumier. p. cliij. — ses
défauts, p. clxj.

25

TABLE DES MATIÈRES

AVEC LA CONCORDANCE DES ÉDITIONS DE LA *SUMMA DE LEGIBUS*.

INTRODUCTION.

SUMMA DE LEGIBUS IN CURIA LAICALI.

* Éditions de Ludewig et de Gruchy.

QUINTA DISTINCTIO.

SECUNDA PARS.

26

ADDITIONS.

P. xxvj, n. 2. *aj.* 149 est une faute d'impression pour 153 dans l'édition des *Concilia* de 1717.

P. liv, n. 1. *aj.* Il faut joindre à ces noms celui d' « Iboldus de Grandi Ponte », qui était mort avant 1180. Fonds du chapitre de Rouen, G. 4362-4364 (*Inv. somm. des Archives de la Seine-Inférieure*, Archives ecclésiastiques, t. III, p. 354 et 355).

P. lxviij, n. 3. *aj.* Une description détaillée de ce registre se trouve dans les *Anciens catalogues des évêques des églises de France* de M. L. Delisle (*Histoire littéraire de la France*, t. XXIX, p. 420).

P. cv, n. 1. *aj.* Le chapitre *De vadiis et emptionibus* (xxi) fournit encore une raison de considérer les textes I-II comme antérieurs aux textes VII-VIII. La rédaction primitive du ch. xxi, § 1, conservée uniquement dans les mss. B², C⁴, D¹, D², O, R¹, V³, emploie exclusivement le terme *emptio*, que porte aussi la rubrique dans presque tous les manuscrits. Cette concordance entre la rubrique et la teneur du chapitre n'existe pas dans la version remaniée du § 1 (*In terris autem venditis...*), qui est commune aux autres familles : ici le terme *venditio* se rencontre concurremment avec *emptio* : *si emptores... venditionem negaverint, — rem traditam pro venditione*; C¹ qui rejette, ainsi que G et K, le mot *emptio* dans la rubrique, l'emploie cependant uniquement dans le § 1 remanié.

P. cxiv, n. 1. *aj.* On voit apparaître dans les derniers chapitres de la *Summa de legibus* soit des expressions moins correctes comme *maritagium* [pour *matrimonium*] *celebrare, maritagii* [pour *matrimonii*] *celebramentum* (cxxi, 16), soit des mots de formation récente, *demanda* au lieu de *querimonia* (cxx, 2. cxxiv, 13), *personatus* à côté de *dignitas* (cxxi, 3); il faut aussi signaler l'emploi, spécial au ch. *De lege que fit per recordamentum* (cxxi), du terme *recordamentum* dans les locutions composées : *recordamentum assisie, scacarii,* au lieu de : *recordatio assisie, scacarii*; on y rencontre encore l'expression *essonium de infirmitate residenti* (cxxii, 4) inconnue au ch. *De essonio* (xxxviii).

P. cxxv, n. 4. *aj.* A côté de l'expression *generale passagium* (xxii, 8*quater*), qui est propre à ce remaniement, on doit encore citer comme caractéristique la locution *feodum loricale* pour *feodum lorice*, qui ne se rencontre que dans le ch. *De exercitu* (xxii *bis*, 5, 6); ce chapitre renferme également le terme classique *hostis* (§ 3) au lieu de *inimicus principis*, que donne la rédaction primitive dans le ch. *De proditione* (lxxii); *hostis* ne figure qu'une autre fois dans une ancienne addition du ch. *De capitalibus auxiliis* (xxxiii, 2*bis*).

P. cxliv. L'emploi dans la rédaction primitive des désignations usuelles de *Petrus, Thomas, Ricardus*, est attesté par l'uniformité que présentent à cet égard les premiers chapitres de la *Summa de legibus* (xix, 2. xxi, 1, 2. xxii, 5) où le ms. G et Q sont les seuls à remplacer ces prénoms par les vocables *Seius* et *Titius* empruntés aux jurisconsultes romains.

P. 373, c. 2. aj. *prisio* avant *prisiona*, et à l'art. *prisonia* (l. 3), lxxvi, 1, entre lxxv, 8, et lxxix, 1.

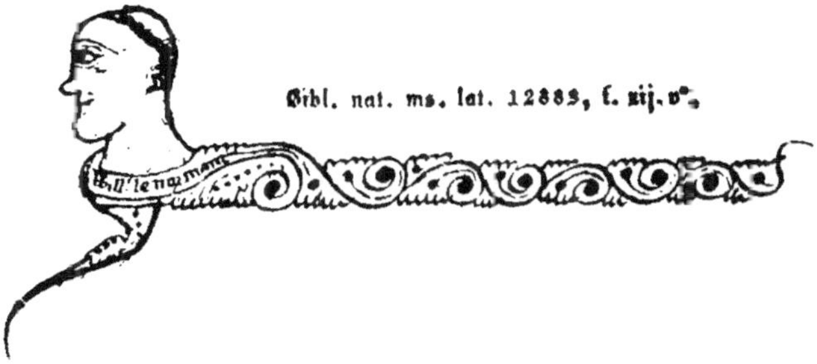

Bibl. nat. ms. lat. 12883, f. xij. v°.